REFORMAS

EL ESPIRITU DEL CAMBIO:

Base De La Evolución Social.

VIDA, LIBERTAD Y FELICIDAD

MIGUEL SOTO

Fotografía en la pasta del libro: patrocinada por diseñadora del libro.
Gráficos, otras imágenes y trabajo de arte es del autor.
ISBN de libro versión impresa: 978-1-7347532-2-6
ISBN de libro versión electrónica: 978-1-7347532-3-3
Libro impreso en Los Estados Unidos de América.

Otras obras del autor, Miguel Soto
Life Cycles: The work of the spirits
Cicles de Vida: El trabajo de los Espíritus
Misterios: Amor, Luz y Vida
Project Information Manager, Vol. 1 Pre-construction phase
Angels in My Way

Descargo de responsabilidad: El contenido de este libro es una opinión mesurada del autor. El autor declara no ser abogado, y da su opinión en ejercicio de su derecho de libre expresión. El autor en calidad de ciudadano de Los Estados Unidos siente la obligación de exponer su interpretación de la historia y de los acontecimientos de las últimas décadas, que, en su opinión merecen ser expuestas al público. Su opinión no acusa a ninguna persona privada o pública. Sugiere la existencia de fallas en la Unión de los Estados Unidos de Norteamérica, que impiden cumplir el mandato constitucional de formar una unión más perfecta. Nadie puede negar el derecho ciudadano de pedir reformas a la constitución. El autor invita a sus conciudadanos y realizar su propio análisis imparcial de la situación social, política y económica actual y peticionar las reformas correspondientes.

CONTENIDO

En aquel entonces, la gente de un pueblo nuevo en tierras desconocidas, indignada por crueldades y desigualdades del gobierno que controlaba sus vidas y creencias, en coro dijo:

> *"Consideramos que estas verdades son evidentes, que todos los hombres son creados iguales, que son dotados por su Creador con ciertos derechos inalienables, que entre ellos están la Vida, la Libertad y la búsqueda de la Felicidad…"*

Y con este sentimiento de amor por sus comunidades y la humanidad, el pueblo se levantó en armas; y sin temor a las consecuencias luchó contra fuerzas superiores de aquella monarquía despótica, hasta lograr su independencia y su libertad. No fue fácil, costó muchas vidas, y el deseo de ser libres venció a la opresión. Fue como un cuento de hadas que termina con el regalo del Creador en la forma de un premio por sus penas y sacrificios —ellos ganaron una gran nación junto con sus derechos y libertad—. Por ese gran sacrificio no se puede admitir ni permitir que una persona o grupo de personas egoístas destruyan esta independencia, la libertad, —la soberanía popular o su república democrática o su soberanía nacional—.

El deber de cada ciudadano de esta nación es continuar aquella lucha de libertad para hacer cada día una *"Unión más perfecta"*, donde el principio de que *"todos los hombres son creados igual"* exista en una sociedad que respeta sus derechos inalienables dotados por su Creador. El mismo Creador puso todo lo necesario para dar paso, fomentar, y mantener la vida en todas sus formas, incluyendo el libre albedrío y lo hizo libre desde su nacimiento para que buscara un estado, tranquilidad, satisfacción y con plena gratitud a la divina Providencia.

Discurso temático del libro

El autor admira en este libro la grandeza de Los Estados Unidos desde su nacimiento forzado por condiciones involuntarias impuestas en Europa hasta el tiempo actual de la ilustración informativa. El autor establece el objetivo, u objetivos, del tema del libro en este prólogo, aclarando que no se trata de una repetición de registros históricos sino, más bien, de exponer los principios constituyentes de esta gran Unión de estados libres, recopilados en datos históricos disponibles.

El autor habla sobre el espejismo de la constitución, gobierno y democracia de los Estados Unidos en la actualidad en este prologo. El da detalles de este espejismo, arribando a la conclusión de que producto de la debilidad política, ambición, la corrupción del hombre. Después, habla sobre la naturaleza del Cambio y de su aplicación en el caso del gobierno de la Unión Americana.

En el capítulo uno, el autor habla de los antecedentes históricos que preceden la independencia y de la situación de aquel tiempo y va tras la intención y el marco mental e intelectual del pueblo de las colonias inglesas en América. Busca la razón o por qué los ingleses dejaron Inglaterra. Presenta influencias que sentaron las bases de la unión de las colonias americanas. La base de la grandeza de la Unión fue la diversificación del pensamiento, anhelos y sueños de la gente europea derivados de un período de ilustración y renacimiento; —en realidad fue la liberación del hombre para manejar su propia vida—. Ese sueño no tiene rasgos raciales; por tanto, no fue la supremacía blanca que en aquel entonces apenas escapaba de una monarquía absoluta y despótica.

Tocando brevemente la guerra de los siete años. Este capítulo expone las debilidades y vulnerabilidades, según el criterio del autor, y los riesgos que de estas puede precipitarse. Junto con estas debilidades el autor expone la falibilidad de la Unión, presenta el encauce de su formación, y las evidencias disponibles. El autor habla sobre la iluminación que llega a la mente del hombre y se separa del teocentrismo –sale de la influencia de Roma– y se afianza en el antropocentrismo. El autor expone el resentimiento de los colonos que abrió las puertas para la posible acción de independencia. Da ciertas advertencias y consecuencias para abrir el tema de la necesidad de reformar la constitución, dando las causas en la sección final de este capítulo. Con referencia a las justificaciones, el autor habla sobre la composición demográfica de las colonias incluyendo la descripción del carácter de los colonos.

El autor habla de la razón o razones por las cuales ciertos ingleses escogieron abandonar el suelo patrio —Inglaterra—, y aventurarse en el nuevo continente, recién descubierto. Aclara la causa o causas de los resentimientos de los peregrinos en la Gran Bretaña, que los obliga a emigrar. En este capítulo, el autor estudia otras fuerzas que alentaban la salida urgente de los europeos hacia el nuevo continente, como fueron (1) escapar de la iglesia de Inglaterra que salió de la influencia y control del Vaticano, (2) escapar de las consecuencias de la guerra de los siete años —una guerra a nivel mundial, prácticamente—, (3) adoptar la influencia de la era de ilustración y renacimiento europeo, y (4) buscar libertades para manejar su propio destino social, político, y económico que no habían tenido. En realidad, había mucho en las mentes y almas de los europeos desesperados a punto de estallar. Entre los antecedentes históricos veremos la influencia de las guerras en Europa como la guerra de los siete años, y luego el despotismo de los reyes de Inglaterra que provocaron el gran resentimiento de los colonizadores ingleses —la última gota que derramo el agua del vaso—.

El autor analiza otros conceptos detrás de la independencia de las colonias, como lo fue la influencia de las grandes potencias europeas, España, Francia, y Holanda, además de Inglaterra. Estas influencias fueron factores importantes en la mentalidad de los colonos y líderes en las colonias que sirven de base para el argumento independentista. Como factor de influencia, el autor, menciona el fenómeno social, político y económico que aporta la era de la ilustración y el renacimiento de Europa. Fue una ilustración propagada al mundo de entonces y que los peregrinos y colonizadores trajeron al nuevo continente. El autor habla del carácter de las colonias, y presenta ciertos conceptos que influyeron en el contenido de declaración de independencia; factores como la diversificación demográfica, los derechos civiles, el mercantilismo y el autonomismo, etc.

En el capítulo dos el autor habal sobre la situación de las colonias días antes de la toma de decisión de declararse independientes. Habla sobre la naturaleza de a constitución y expone el lugar de la falla, concluyendo que la Unión está enferma, infestada de odio, egoísmo, racismo, codicia que la aparta de los principios de su constitución. Su espíritu, la soberanía nacional y popular, muere lentamente por esa enfermedad, la corrupción. El autor predice que la republica y democracia están al borde de una revolución por restaurar el sueño de los fundadores. El autor estudia la enfermedad de la Unión y abre la constitución y sus enmiendas buscando el remedio para el espíritu de la república; y analiza otros conceptos detrás de la independencia de las colonias. Busca la base de la desviación en áreas como la constitución misma sus enmiendas. Igualmente estudia conceptos como la falibilidad, el encauce de la independencia, las evidencias de apoyo y cierra el capitulo con advertencias y consecuencias. Además, en este capítulo, el autor expone ciertas acciones del gobierno que ameritan reformas, en su criterio El autor anticipa que el antídoto para la enfermedad de la Unión, es una reforma general basada en las causas encontradas.

En el capítulo tres, el autor aborda el tema de las influencias humanas, religiosas y política de Europa que dan bases a la declaración de independencia, la situación de Europa de antes de la emigración europea al nuevo continente, incluyendo la era de la ilustración (el renacimiento). Entre estas influencias, incluye los conceptos de fisiocracia y subsidiariedad. El autor estudia la noción de la separación de poderes políticos; además de las causas y consecuencias de la separación de la Gran Bretaña. Y termina el capítulo tres con un recuento del espíritu de la ley, la definición de *"Contrato Social"* y de los *"derechos naturales.* También estudia en este capítulo los conceptos de libertad civil y de derecho civil.

En el capítulo cuatro el autor trae a este discurso el tema de principios fundamentales filosóficos, sociales y políticos que influyen en la formación de la declaración de independencia, el preámbulo de la constitución y la constitución misma. El autor considera importante estudiar ciertos conceptos que contribuyen a formar el carácter de los colonos antes de la declaración de la independencia. Conceptos como (1) el pluralismo, (2) la ley natural, (3) la soberanía popular, (4) el contrato social, (5) libertarismo, (6) libertades civiles, (7) intervencionismo, (8) el concepto de laissez-faire, y (9) el capitalismo, agregando el ignorado concepto del capital humano. La comparación muestra que la situación de fondo no cambia y sigue igual en tiempo actual.

En el capítulo cinco el autor estudia la formación original del gobierno de las colonias y luego de la unión de sus estados. Mas adelante enfoca el perfil de los fundadores y analiza la secuencia de eventos de la independencia, las causas justificantes, la legalidad de esta acción y el desenlace de la guerra. Aquí se ventila el argumento de la legalidad de la declaración de independencia, toca ligeramente sobre la guerra, dando énfasis a la distribución de poder y a los temas controversiales de gobierno estatal y federal. Él presta atención especial a la definición del sueño americano. La injusticia social, política y económica no son diferente a la de aquellos tiempos, solo ha cambiado de forma; el fondo o su origen sigue siendo lo mismo. En aquel entonces el pueblo estableció la legalidad del movimiento. Esa base legal sigue vigente y se aplica a la situación actual.

El autor dedica el capítulo seis a estudiar aspectos importantes de la constitución, dando énfasis a la definición de Gobierno, división de poderes, el alcance y tamaño del gobierno; luego estudia la autoridad de los estados y el gobierno central, incluidos en la enmienda diez a la constitución. La Unión está lejos de ser perfecta. En este capítulo estudia el origen de los partidos políticos y el proceso electoral y la importancia de las lecciones aprendidas durante la historia de los Estados Unidos, señalando puntos que pueden mejorarse con una reforma constitucional para perfeccionar la constitución de los Estados Unidos con una reforma. En este capítulo abordamos el concepto de Unión de las colonias —pero no de los territorios geográficos o de los gobiernos que las rigen, sino de los principios mentales, intelectuales y también morales que fundamentan el principio de unión— como los derechos naturales, los derechos humanos, los derechos civiles.

El autor profundiza en conceptos, hipótesis y teorías de pensamientos progresivos sobre libertades enfocados a formular la perfección de la unión de los Estados Unidos de América bajo la idea —o el sueño— de que la unión es de personas bajo un mismo ideal y no de los gobiernos o estados. El libro enfoca la constitución y enmiendas adoptadas simultáneamente, aduciendo las evidencias que apoyan cambios legislativos para actualizar la constitución las reglas legales, y la democracia a las necesidades sociales, económicas y políticas de la actualidad. Aquí el autor compara la intención original de los principios constitucionales con la realidad socio, económica y política actual. Él habla sobre los derechos humanos y los derechos naturales como temas principales.

En el capítulo siete, el libro presenta lecciones aprendidas durante casi dos y medio siglos, incluyendo la situación racial, la corrupción política, las crecientes grietas sociales, etc. Y extrae nociones útiles para cambiar la interpretación y curso de la forma de vida del pueblo americano, incluyendo las libertades y derechos del ciudadano. cuenta las lecciones aprendidas haciendo referencias a los registros históricos. Las lecciones aprendidas de los sucesos de los últimos años de la democracia americana discutidas en el capítulo cinco están categorizadas en cinco aspectos que influyen el bienestar general. Estos aspectos son (1) económicos, (2) educacionales, (3) sociales, (4) salud, y (5) políticos. También presenta en este capítulo la intención y fundamento de la necesidad de un cambio general o una reforma constitucional.

Moral
Ética y Honestidad
Transparencia
Lealtad

En el epilogo, el autor concluye con sus comentarios de cierre y sus conclusiones, dice, *"Puede ser que mi ego flaquee dentro del espejismo que menciono, pero el sentimiento de que vamos por mal camino no traiciona mi mente, el sufrimiento y dolor del pueblo es evidencia en mi conciencia".* El interés del autor no es crear una separación, o discordia socio-política entre los ciudadanos; pero anticipa que hay bases formidables que señalan una necesidad de cambiar el curso de vida del pueblo, dentro de un marco legal, político, social, más perfecto y más cerca de lo que los padres de la nación concibieron. Así mismo, presenta recomendaciones para un cambio efectivo. Toda democracia depende de la voluntad, o el poder, del pueblo y cuando esa voluntad o ese poder se reduce o se elimina la presión del deseo de liberación aumenta hasta el punto de "no más tolerancia" —el punto de la gran explosión social— como sucedió en las colonias inglesas de Norteamérica, Francia y las naciones de América latina —todo eso por el mismo tiempo—. No es "el punto de no retorno" porque entre el punto de "no más tolerancia" y "el punto de no retorno" hay un espacio de tiempo dentro del cual se puede y se debe buscar una solución al estado de la Unión. No podemos negar que la Unión no está operando en la forma esperada. Aún estamos a tiempo y la válvula de escape es una reforma constitucional de los Estados Unidos de América.

Además de lo anterior, el libro incluye una lista de notas finales que dan al lector(a) la oportunidad de ahondar en los diferentes temas considerados en este libro. También incluye suficientes notas al pie de página como referencias a fuentes de información para la ampliación y soporte de su lectura.

El espejismo

El sueño de los colonos y la visión de los fundadores se pierde en el espejismo de la Justicia, la Igualdad y la Libertad. Todo se esconde en la sombra de la efigie o se pierde en la niebla que cubre el símbolo, la esperanza o el anhelo de aquel sueño —el espejismo sobre la arena de una árida ética, moral, y transparencia de los representantes del pueblo en el gobierno—. Los objetivos de la constitución, del gobierno republicano y la democracia está quedando detrás de su letra porque su espíritu está muriendo dentro de este espejismo. Solo vemos el sueño en el fondo como vemos el símbolo en esta imagen. Hay muchos intereses personales, muchas agendas escondidas en las mentes y conciencias de los políticos manejando su juego detrás de las cortinas que separan al público (el pueblo). Ya pasaron más de doscientos años y la predicción de Benjamín Franklin se ha cumplido. Hoy nos corresponde a nosotros levantar el espejismo.

Siempre el sueño de la gente es su esperanza; pero la realidad puede ser otra. Siempre hay un objetivo y la mayoría de las veces ese objetivo se escapa de la mente. Esa fue la razón que los fundadores escribieron la necesidad de "formar una Unión más perfecta" a través del tiempo. En la densa neblina de la vida, la realidad es única y no se puede alterar. No importa el empeño o empecinamiento de aquellos que quieren cambiarla. Puede que duerma latente suplantada por una realidad virtual, —es el maquillaje con que algunos egoístas ambiciosos disfrazan la verdad—. La verdad es la única realidad y está guardada en el espacio y amparada por el tiempo de la existencia. Lo que vemos no es lo que es; la realidad se pierde en el espejismo que produce el desierto de la ignorancia y la apatía humana. Parte del espejismo lo formamos nosotros al seguir ciegamente a supuestos líderes que nos ofrece realizar el sueño patrio cuando en verdad persiguen satisfacer sus propósitos personales y egoístas —esa es nuestra densa apatía—.

Digo apatía humana porque todo se revierte al pueblo cuando no pone atención a lo que hacen a sus espaldas con su patrimonio sus representantes electos a puestos públicos. Esos son aquellos que se toman y dominan el sueño de la gente, y crean y alimentan el espejismo. Ese espejismo es una mueca o remedo de lo que los padres fundadores de esta Unión americana originalmente concibieron. Es el espejismo de la forma de gobierno, y la democracia de América; es el sueño del pueblo americano distorsionado por políticas amañadas o agendas escondidas favoreciendo a los ricos, famosos y poderosos. Y mientras la gente vive ocupada en sus quehaceres cotidianos —en su afán de sobrevivir— ellos aprovechan esta situación para usurpar los beneficios de libertad de la gente —el pueblo—. Ese espejismo es la mentira, el fracaso del sueño americano que los demagogos pintan para la percepción del pueblo; pero es una realidad virtual. Hacen creer al pueblo que tiene la vocación para servirles, cuando el propósito es servirse ellos de los recursos del pueblo —los beneficios de la libertad—, mientras buscan a quien culpar del caos o abusos que cometen. Ese es el espejismo.

En este espejismo que nos rodea vemos esfumarse al vacío los deseos de paz, la libertad, prosperidad, bienestar general —como un sueño—. Este sueño que por ahora solo existe en el espejismo que vibra en la realidad diaria mas no en la realidad de nuestras vidas retorciéndose sobre la superficie caliente de nuestro entorno. La acción de muchos políticos crea el espejismo de lo que puede —en realidad debe— ser. Y después de tantos años de vivir en esta irrealidad involuntaria el espejismo llega a ser la realidad vigente —una realidad virtual—. Tal vez ya llego el día cuando un payaso gobernante con sus costumbres trate de hacernos vivir en su circo —su realidad virtual—. Y así con su magia disperse el humo anti real y nos imponga de nuevo una monarquía, un gobierno autocrático o una dictadura vitalicia. El ardor patriótico despierta y exalta el interés de mantener la forma de gobierno republicano, la democracia, la constitución, y el espíritu que dio y mantiene la vida y libertad de los Estados Unidos de América.

El autor es un ciudadano, como probablemente sos vos lector(a), igual que los demás. No es, ni pretende ser, abogado; pero como ciudadano siente el deber y compromiso de aportar respetuosamente sus ideas sencillas al perfeccionamiento de la Unión. Así mismo somete este libro y su contenido al juicio del lector(a) y al público en general, pensando que es tiempo de estudiar la efectividad de la constitución y su reglamento de leyes aplicables al estado social, político del tiempo presente. Si, porque la constitución y su regla de leyes se envejece y se debilita con el pasar del tiempo y la evolución de la sociedad que pretende proteger. La constitución es rígida mientras es dinámica y cambia con los tiempos sus costumbres, sus ideales y su forma de vivir.

La situación actual no es del todo encomiable en todos los aspectos políticos, sociales y económicos del país; hay grandes diferencias, brechas sociales y económicas que afectan la república y la democracia. La discriminación existe abierta y solapada. Se nota el odio y la venganza; hay fuerzas que instigan las diferencias. Y la explotación del hombre por el hombre es pública. La libre empresa juega con la necesidad humana y el gobierno cómplice ignora esos actos.

El gobierno de los Estados Unidos ha fallado, está fallando, y seguirá en ese camino mientras, nosotros, el pueblo no despierte de su letargo. Los gobernantes cambiaron el sueño americano proclamado en la declaración de independencia, en el preámbulo de la constitución, en la constitución misma, y en el reglamento de leyes de esta. Ellos han permitido, con alevosía y premeditación, que el egoísmo de la empresa privada y el mercado libre se tomara, no solo la república y la democracia de los Estados Unidos de América, sino también el sistema económico del capitalismo. Es decir, una minoría con su codicia y egoísmo destruyó los buenos principios y preceptos del capitalismo natural. Hoy lo que regula la economía es el mercantilismo (todo por ganancia) y el concepto de precio justo descansa en paz en la historia. La codicia del capitalismo se tomó el gobierno y quiere eliminar la democracia. Y todo eso debe cambiarse, ese es el verdadero suampo que hace del sueño americano un espejismo.

Ese suampo es el mercantilismo; la idea de que el poder del hombre, social, político y económico, se basa en la acumulación (sin límites) de la riqueza a expensa de las clases media abajo —eso es la codicia y egoísmo mencionado antes—. Este concepto es parte del espejismo de la vida del hombre. Es una teoría económica invalida, inmoral, que trae como consecuencias profundas diferencias sociales, económicas y políticas, haciendo a los hombres que tienen y controlan la riqueza poderosos, monarcas inhumanos, autócratas, dictadores del mundo. Ese es el espejismo actual, la realidad virtual, que los ávaros egoístas ha creado por conveniencia. Pero aquel capitalismo de la edad media fundado bajo el concepto del precio justo y basado en la utilidad del uso de los productos y servicios degrado al mercantilismo egoísta. Sin embargo, si el capitalismo se adaptara al espíritu y letra de la constitución de los Estados Unidos, el capitalismo operaría fomentando el bienestar general del pueblo, contribuyendo con el fin de formar una unión más perfecta, sin alterar la tranquilidad nacional, más bien promoviendo la búsqueda de la Felicidad de cada ciudadano. Entonces dejando este sistema económico en libertad sería un capitalismo social; pero jamás un socialismo, porque la constitución establece el derecho inalienable de la Vida y este derecho conlleva el derecho a la propiedad privada.

El sueño de Abraham Lincoln, *un gobierno del pueblo, para el pueblo y por el pueblo,* está en coma. La operación errónea del capitalismo distorsiono su sana intención. La ambición y codicia de unos pocos está terminando con la Vida de la mayoría, el bienestar general y la Felicidad. La justicia la compra quien tiene el capital, la tranquilidad nacional no existe, la defensa común o los ejércitos pelean guerras económicas defendiendo los intereses de los ricos, el gobierno hace lo mínimo (o nada) para fomentar el bienestar general -que los ricos de derecha tildan como socialismo-, y los beneficios de la libertad son solo para las grandes empresas y dueños del noventa y nueve por ciento del capital total. Las evidencias están en las estadísticas y en lo que hacen los que poseen el capital-dinero.

Si, hay unas pocas personas que tiene el noventa y nueve por ciento de las riquezas de la nación mientras que el noventa y nueve por ciento del pueblo solo tiene el uno por ciento de esa riqueza. El alto costo de vida no es problema para los ricos, quizás de la tercera parte alta de la clase media para arriba, pero para las dos terceras partes de esa clase para abajo es limitante. Esa estrata social menos pudiente no tiene oportunidades de surgir y competir, no tiene acceso a la educación superior, no tiene posibilidad de ahorro e inversión, escasamente paga por su salud, y no puede cubrir el costo de su educación. Y en esta situación se hunde día a día en la pobreza. Pero, la sociedad pregunta, porque hay tanta gente sin casa, viviendo bajo de un puente, en las aceras de las calles. ¿Dónde está el gobierno responsable de velar por el Bienestar General? Esa es una gran pregunta.

El espejismo de grandeza cambia la imagen de esta nación al mundo, y no muestra que la grandeza es de unos pocos y la conspiración es el concepto de mantener al pueblo marginado, en la pobreza, ocupado en la búsqueda de su sobrevivencia. Por eso es que aún no reconocen el valor real del capital humano [conocimiento, habilidades y experiencia]. El mercado (libre) laboral mantiene el salario mínimo en valor mínimo a nivel de pobreza. La mujer no gana por el mismo trabajo lo que gana el hombre. Y los ricos pagan por que la justicia falle a su favor. El gobierno central falla cuando no establece que todo, incluyendo cualquier sistema, social, político y económico, lo que existe en el territorio de los Estados Unidos debe acatar el espíritu y letra de la constitución, y los principios que dieron origen a la Unión de los estados americanos. Nada, absolutamente nada, debe quedar o ubicarse por encima de la ley. Esto incluye al sistema capitalista. Por tanto, la libertad de este sistema económico, la formación y operación de la empresa y mercado libre, debe legalmente cumplir operando bajo los preceptos de la constitución.

La pandemia de COVID-19 (Coronavirus) que apareció en el año 2020, demuestra todas estas diferencias, las grietas sociales, políticas y económicas, de modo que quien no puede defender su salud, lamentablemente muere en la soledad –eso porque no tiene un seguro que cubra los gastos o no tiene el dinero para pagar esa cuenta. La constitución especifica la intención de fomentar el bienestar general y dentro de este bienestar esta la salud y educación del pueblo. El gobierno de estos años, un gobierno apático, autocrático, supremacista, no le interesa el bienestar del pueblo. Esa es la realidad. El espejismo revela que todo está en condiciones nunca antes vistas. Debemos recordar que fueron condiciones crueles y despóticas lo que dio paso a la independencia de las colonias inglesas en Norteamérica.

El concepto de hacer "América grandiosa de nuevo", es parte de este espejismo. Las condiciones y circunstancias del tiempo de la independencia no son las mismas que las que enfrenta la Unión en los últimos años. En aquel entonces la relación de las colonias era casi exclusiva con las naciones de Europa. Y su relación social-política era también con la Gran Bretaña. Desde hace tiempo, después de la creación de los Estados Unidos de América, una corrupción creciente invade los principios fundamentales de la nación; y con esto crece la posibilidad de que el gobierno republicano y la democracia caiga, como cayeron el imperio romano y la Unión Socialista Soviética.

Hace varias decenas de años llegó el momento de actualizar los principios constitucionales de los Estados Unidos y adaptarlos a la realidad actual de la vida del pueblo americano. Es un deber constitucional estudiar seria y profundamente el estado de la Unión, y promulgar cambios para estabilizar la nación, enfocando los intereses, libertades y derechos de, nosotros el pueblo, los ciudadanos americanos. De no hacerse así, los estados serán los Estados Desunidos de América, separados en cincuenta y dos pequeñas naciones; y el sueño de 334 millones de personas quedará encerrado en la historia para siempre.

Nosotros, el pueblo, no debemos permitir que los Estados Unidos de América, como nación, se vuelve otra nación corrupta sin ética, social, política, económica o moral. Debemos aclarar el espejismo de nuestra realidad política, social y económica. El balance social y económico es lo bueno, correcto y justo para restaurar la grandeza, la igualdad de la gente de la nación, el sueño que el pueblo intenta alcanzar o realizar desde su independencia. Ese sueño en el que la gente de los Estados Unidos de América obtiene el Bienestar General es la prioridad máxima para vivir libres en una Tranquilidad nacional sostenida, sabiendo que la Justicia se imparte por igual y con igualdad ecuánime a todos; y dentro de esa igualdad los jóvenes tienen educación garantizada por el estado y compiten, mujeres y varones, con igualdad de oportunidades de trabajo con igual pago. ¿Sera que eso es solo el sueño, no la realidad de la vida? No, no es solo un sueño; la causa que bloquea ese sueño nace de la incompatibilidad de propósitos que tienen la constitución y el sistema económico escogido por la gente. El afán de lucro del capitalismo es la causa de las brechas sociales y económicas del pueblo.

La corrupción no es una quimera, y no es el espejismo que explico, es la causa de ese espejismo, es el remedo de la realidad de aquel sueño. Traidores son todos aquellos que ignoran los principios constitucionales y entregan la patria a los intereses de la ambición, egoísmo, del capitalismo corrupto distorsionado, el uno por ciento de los ciudadanos del pueblo. Benjamín Franklin anticipó la corrupción y la necesidad de cambios a medida que la república democrática envejece. Y creó en su mente o lo veía en su sueño, y por eso lo declaro explícita y públicamente.

> *"Necesitamos una revolución cada 200 años debido a que todos los gobiernos se vuelven obsoletos y corruptos después de ese tiempo."*

Cambios

El curso de los acontecimientos humanos hace necesario que el pueblo busque nuevas rutas, procedimientos, políticas, formas sociales y económicas para hacer una nación más perfecta; es decir, nosotros debemos mejorar el bienestar social, asegurar la tranquilidad nacional bajo la igualdad de los ciudadanos del pueblo y la justicia igualitaria. Entonces romperemos el espejismo que el autor menciono anteriormente.

En verdad estamos viendo realizada en estos años la sabiduría de Benjamín Franklin, pero ya se nos venció el plazo. Han pasado 244 años desde la declaración de la independencia, y la corrupción y abuso de autoridad es obvia y frecuentemente pública. Y aunque Franklin se haya referido a una revolución armada en ese tiempo, ahora la revolución es más intelectual que militar.

Ya vivimos el impacto de la invención de la imprenta; hemos pasado una revolución industrial que nos llevó través de los siglos XVIII y XIX. Sufrimos la gran depresión de 1929. Fuimos testigos de serias acusaciones a cuatro diferentes presidentes, Johnson (1868), Nixon (1974), Clinton (1999) y Trump (2020), —de estos los tres últimos fueron a un proceso de destitución política—.

Hemos visto la agilización de los procedimientos empresariales y de negocios con la invención de servidores electrónicos, banco de datos, y el florecimiento de aplicaciones de las bases de datos. En los últimos años la tecnología nos introdujo a la era de la comunicación instantánea y redes sociales —a nivel mundial— que han cambiado el pensamiento humano con la disponibilidad de información. Y por consecuencia de la intervención de Rusia en las elecciones de 2016 [en favor del candidato Donald Trump] nuevas metodologías florecieron, como la seguridad cibernética. El Internet abrió las puertas a una nueva fase de ilustración que sobrepasa la separación del teocentrismo y el antropocentrismo de los siglos XV al XVII. Es bastante difícil esconder la verdad, y la velocidad de transmisión de información en las redes sociales presenta los acontecimientos casi en tiempo real. El pensamiento humano está entrando al plano del reconocimiento del ser humano mental o intelectual, abandonando el concepto del ser material —esa noción del ser material predominante—. Es decir, el hombre se percata de que sus valores mentales, conocimiento y experiencia mezclados con la habilidad física es el verdadero capital humano —esa es la fuente y fuerza de la evolución del hombre—.

En el campo político la diplomacia —las reglas de la relación social, domestica, local y o internacional— ha regresado a la ley del más fuerte (el más rico, famoso o poderoso) en la nueva selva inhumana. Por ejemplo, la diplomacia del presidente Trump es de atropello, denigrar a los que le oponen, dividiendo para vencer. Es una filosofía antigua de Nicolò Machiavelli. Machavelli sugirió la teoría inmoral: el uso de la violencia y el engaño en la política para dividir al oponente y vencer. Esta es la política de los dictadores, la de Putin, Maduro, Ortega y ahora actuación política del presidente Trump. Y después de cuatro casos de destitución política y enjuiciamientos de presidentes vemos crisis constitucionales llevando al gobierno republicano rumbo a una posible destrucción de la democracia y del mismo gobierno que soñaron los fundadores. Todo eso ha pasado, y nuestra constitución continua en su infancia. Todavía hay vestigios obsoletos en su espíritu y letra; es necesario ayudarle a crecer a su vida adulta para que llene y o satisfaga la necesidad de nosotros, su pueblo, en tiempo presente.

El autor nota, a su criterio, que la constitución y su marco de leyes tiene serias debilidades que han puesto en riesgos la soberanía nacional y popular. Es necesario hacer esta distinción ya que estas dos soberanías no son equivalentes; y en la jerarquía del poder, la soberanía popular esta sobre la soberanía nacional. El poder y autoridad de la segunda se deriva de la primera como lo explican la declaración de la independencia y la constitución [el poder del estado se deriva o nace del poder del pueblo]. Pues la soberanía nacional solo tiene el poder estipulado en la constitución y todo lo que no esté sancionado en ella le pertenece al estado o al pueblo que originó esta nación. Es decir, el poder o autoridad de la república es un subconjunto del poder de sus estados y del pueblo. El pueblo ha sido testigo en las últimas décadas, que es posible destruir el balance de los poderes de un estado y consecuentemente ignorar la constitución y eliminar la democracia del pueblo, la Unión de los cincuenta y dos estados. La constitución del pueblo americano debe prevenir, reducir y o eliminar estas condiciones o situaciones políticas.

La ley de combinaciones y permutaciones de la existencia indica que cuando los poderes legislativos, judicial estén bajo el dominio de un poder ejecutivo de un mismo partido político [una situación posible] el ejecutivo puede cambiar el gobierno republicano y su democracia por un estado autócrata, dictatorial, despótico, como lo hace Putin en Rusia, la dinastía de Kim Un Jung en Corea del Norte, o la que impuso Daniel Ortega en Nicaragua, Fidel Castro en Cuba, etc. También puede montar una monarquía igual a la de la Gran Bretaña contra la cual este pueblo se rebeló en el año 1776. Estamos viendo esta posibilidad con el presidente Trump y el partido republicano en control del Senado. Por fortuna el tiempo cuando los tres poderes estaban en manos de los republicanos no duro lo suficiente para que Trump tuviese el control total del gobierno. El peligro existe y existirá si el propósito y letra de la constitución no previene la situación mencionada. Y es posible que un día esa nación caiga bajo una monarquía permanente. La Unión no es perfecta, y el poder legislativo tiene la responsabilidad de legislar para formar la Unión que los padres fundadores soñaron en 1776.

La constitución todavía carga vestigios de la situación de los años mil setecientos setenta y seis, por ejemplo, la necesidad, objetivo de una milicia, cuando en estos tiempos los Estados Unidos cuenta con las más poderosas fuerzas armadas del mundo, además de la organización constitucional de la guardia nacional en cada estado capaz de resolver cualquier conflicto o situación interna o externa. No existe la necesidad de, o de legalizar, una milicia de protección como cuando se vivía al acecho del ejército de la Gran Bretaña en tiempo de las colonias. La milicia en los Estados Unidos ya cumplió su misión y ahora solo presenta un peligro para la defensa común y la tranquilidad nacional.

El planteamiento de que el vicepresidente asuma el cargo de presidente del senado contradice el concepto de separación de los poderes del estado. Siendo que, en dado momento, en caso críticos, su voto puede considerarse a favor del partido al cual pertenezca.

Así como este punto hay otros más que el autor plantea como temas de este libro. Los ciudadanos, todos, de los Estados Unidos, deben despertar de su letargo y ver los peligros que enfrenta la Unión y su democracia en el curso de su existencia. Los fundadores vieron todos estos peligros e incluyeron el mandato, un fin especifico, constitucional de formar una Unión (cada día) más perfecta —una acción patriótica que no es para un solo momento sino para toda la vida de esta nación—.

Por ejemplo, la soberanía popular se destruye cuando cada individuo, integrando un pueblo, no es capaz de elegir a sus representantes, sus presidentes y vicepresidentes. De qué sirve el derecho al voto si la intención del mismo se deja en manos de unos cuantos electores colegiados, quienes tienen derecho indiscutible a elegir al presidente y vicepresidente. Es posible que la voluntad de la mayoría de los ciudadanos (la soberanía popular) sea suplantada por la discreción de unos cuantos electores colegiados escogiendo a un candidato que logra la mayoría de votos. Estos electores expusieron al pueblo a influencias internas y externas de la corrupción, favoreciendo a un partido político o candidato; el colegio de electores puede no seguir la voluntad de la mayoría. Especialmente cuando ellos tienen el derecho de votar de acuerdo a su criterio, preferencias y conciencia. El congreso debe diseñar y sancionar una metodología electoral más evolucionada que garantice la libertad, seguridad y exactitud del sufragio electoral.

Así mismo cuando los intereses de un partido político alteran la función de cualquiera de los tres poderes, esos intereses violan la soberanía nacional, y traicionan la voluntad popular, deponiendo la república y la democracia e instalando poderes autocráticos. Este es el caso cuando las cámaras, cualquiera que sea, y cualquier magistrado de la corte suprema y o jueces de las cortes, o del poder ejecutivo, o el presidente, no trabajan por los intereses del pueblo sino por intereses escondidos, personales, o de terceras partes. Las acciones intencionales y frecuentes, bajo advertencia del caso que violen el juramento al cargo que ostentan, el presidente, vicepresidente y cualquier otro funcionario debe tipificarse como traición a la constitución de la nación; por tanto, a las soberanías nacional y popular. Tal acción debe juzgarse como delito de traición, o atentado contra la constitución y su reglamento de leyes.

La constitución en su debilidad permite que la corrupción política contamine los principios que mantienen la integridad, ética y transparencia, de estos tres poderes. Por ejemplo, el sistema de selección y o elección de los representantes al poder ejecutivo y judicial del Estado. La separación de los poderes de la república no es efectiva, si el poder ejecutivo, el presidente, nomina los candidatos a ocupar los cargos del poder judicial, Magistrados y jueces federales. La importancia del poder Judicial es tan critica que el pueblo debe ejercer el derecho de elegir a estos funcionarios por sufragio público. Si el pueblo no elige separadamente por votación libre, no hay separación de los poderes de esta nación. Y el gobierno está expuesto a la corrupción política —o el favoritismo hacia un partido político o un individuo.

Así mismo la división de poderes de los estados y de su gobierno central, la Unión, no está totalmente clara. Hay, aunque está claro que el poder y facultades de la Unión es, únicamente, lo que está escrito en la constitución, todo lo demás que no esté ahí definido o detallado cae bajo el poder y facultades de los estados y o el pueblo. La pretensión de un presidente a reclamar absoluto poder o derecho por encima de la soberanía de los estados o del pueblo, es un concepto errado. Por esto es necesario enmendar el Articulo II de la constitución para aclarar el alcance del poder, facultades, y autoridad del presidente del poder ejecutivo. No puede, ni debe haber, poder más alto que la soberanía popular, de la cual se deriva la soberanía nacional, de esta el poder y autoridad de los representantes en los tres poderes del estado.

No es efectivo ni eficiente permitir que personas ineptas, sin experiencia ocupen un cargo político, especialmente el cargo de presidente o vicepresidente. En la empresa privada las empresas redactan y publican los requisitos de cada puesto abierto o disponible. Y todo candidato al puesto debe mostrar sus credenciales compatibles con los requisitos del cargo y las credenciales que satisfacen los requisitos son electos a selección comparativa. La mejor propuesta gana el puesto. El pueblo no escoge de esa manera a los candidatos a los distintos puestos de los poderes de su gobierno. Y es por esto que el pueblo elige personas que no tiene conocimiento, habilidades ni experiencia compatibles con el puesto en la boleta de votación. Hay solo tres requisitos claros, la ciudadanía, domicilio y la edad. Hemos jugado con el pueblo, exponiendo su vida, derechos, Libertad y su democracia, irresponsablemente.

Igualmente, dejar en manos del candidato a presidente la escogencia del vicepresidente introduce el riesgo de poner a cualquier persona en el paso a la presidencia en el caso que el vicepresidente asuma la presidencia. La falla está en no calificar o precalificar al vicepresidente para ese cargo. Es decir, los candidatos de presidente y vicepresidente deben tener las calificaciones –conocimiento, habilidades y experiencias– necesarias para asumir el cargo de presidente.

Los cambios no son nada nuevo. Los cambios se dieron aun antes de que los estados ratificaran la constitución original, poniendo en evidencia la voluntad, la soberanía de la gente de los pueblos de las colonias. Cuatro estados no ratificaron la constitución inmediatamente después de su promulgación porque sus pueblos insistían que no llenaba los requisitos que pudieran satisfacer su soberanía popular. El ejercicio de esa voluntad popular hizo que se considerara las doce enmiendas que se agregaran (aunque solamente diez fueron aprobadas) para ratificar la constitución. Dos de esas doce enmiendas aún siguen pendientes.

CAPÍTULO 1

Antecedentes históricos

Ningún evento sucede si las condiciones o circunstancias u otros eventos no se dan anteriormente. Y cada conjunto de condiciones y circunstancias solo permite eventos que satisfacen esas condiciones y circunstancias del momento actual. Es posible decir que la acción de las entidades vivientes se ajusta a las condiciones y circunstancias de cada momento. Sin embargo, de acuerdo con la ley de causas y efectos, lo que resulte de las causas son los efectos o consecuencias anticipadas. Mas siempre las acciones dan resultados, positivos y o negativos, de acuerdo a esa ley de causa y efecto. Y aunque hay eventos aleatorios, estos imprevistos que ocurren al azar, no alteran el fin o propósito de los eventos causales. La vida siempre tendrá sus eventos basados en condiciones y circunstancias que se dan para conformar el evento.

La independencia de las colonias inglesas en la América del norte, tiene sus causas claramente definidas. Y la necesidad de reformar la constitución de los Estados Unidos también tiene, y siempre tendrá, sus causas justificadas. Mas esas causas se formaron en las mentes, en la idiosincrasia del entendimiento común de la gente, del pueblo de aquellas colonias. El evento resultante era inevitable por las condiciones y circunstancias, las causas, así forzaban el evento del desenlace —la independencia—. La forma de pensar de los europeos cambio drásticamente de conceptos al final de la edad media, al final del feudalismo, al final del control que Roma tenía sobre la mente de esta gente. Pero el control sobre los pobres e inocentes continúa. El hombre descubre que él puede vivir sin religiones, pero las religiones no pueden vivir sin los hombres. La naturaleza nos enseña que las especies inferiores al hombre conviven sin tener una biblioteca de leyes que regulen sus interrelaciones. Pero el hombre necesita de leyes para tapar sus acciones. En verdad el hombre necesita solo tres principios para mantener sus relaciones con otros hombres en paz. Estos tres principios son (1) amar al prójimo como a sí mismo, (2) compartir con los demás lo que explotamos del universo que es de todos, y (3) respetar el derecho ajeno.

El autor encuentra un artículo en el Internet que narra importantes apuntes históricos. El interés por las ciencias renace con una intensa fuerza y la creencia que Dios era el centro de todo se vuelve una controversia más del pensamiento en tiempos pasados, empezando en los siglos XV hasta el XVII. La nueva mentalidad de ese tiempo enfocó y desarrolló el interés en nuevos valores, nuevos conocimientos e implantó confianza en las ciencias, como la medicina, la biología, y la botánica, la astronomía, física, las matemáticas, entre otras. Este movimiento inyectó un empuje optimista hacia el avance técnico y científico, buscando nuevas posibilidades de mejorar la vida del hombre. Los valores sociales cambian —en realidad constantemente beneficiando el bienestar común después de todo— a diferentes tasas, en diferentes tiempos; y vemos en esa época un pensar deferente que incluye, el estudio la naturaleza y razón de la belleza. Esta nueva forma de pensar apoya la vida seglar o laica (no religiosa), un sentimiento de optimismo, *gozar y vivir la vida, viviendo el presente*. Esta es la nueva mentalidad que los colonos trajeron al nuevo continente. Y con esta mentalidad veían la alternativa (la escogencia) de libertades opuestas a la represión impuesta por las monarquías absolutas de esos tiempos —*la suerte estaba echada.*

El pensamiento moderno despertó la investigación científica, la filosofía y la dependencia en la razón, en vez de descansar en la fe. El hombre se inclinó sobre el antropocentrismo opuesto al teocentrismo de esos tiempos. Fue, en realidad, la obtención de la libertad intelectual del oscurantismo medieval y religioso el factor que creo un nuevo hombre. Es decir, el hombre descubre que puede ser libre del férreo control que la iglesia mantenía sobre la mente del hombre.

Como fue la santa inquisición, por ejemplo, a las brujas en España, en 1610, o la supresión de la herejía por parte de la Iglesia católica, de 1478 hasta 1834; extendiéndose a los territorios conquistados (expropiados). La historia cuenta de la inquisición portuguesa por los mismos años; y la inquisición romana que comenzó en 1542 y duró hasta 1965. Es decir, no había libertad de culto ni derecho a tendencias sexuales (homosexualidad). Por otro lado, estaba el control tenaz de reyes despóticos sobre la vida de la gente.

Pero la naturaleza tiende a mantener su balance o equilibrio, su estatus quo, mientras el balance mantenga la conformidad (tranquilidad) del sistema —un estado sostenido—. Son las condiciones y circunstancias asfixiantes que crean ambientes hostiles o inhóspitos, y los cambios llegan por naturaleza. Y cuando estas condiciones y circunstancias asfixiantes se dan, también se dan las condiciones y circunstancias que abren pasos a posibles cambios, justificando su decisión y acción. Y los colonos lo dicen claramente en sus declaraciones de protesta contra Inglaterra.

> "Cuando en el curso de los acontecimientos humanos, se hace necesario que un pueblo disuelva las bandas políticas que las han conectado con otra, y asuma entre los poderes de la tierra, la estación separada e igualitaria a la que las Leyes de la Naturaleza y del Dios de la Naturaleza les da derecho, un respeto decente a las opiniones de la humanidad requiere que declaren las causas que los impulsan a la separación".

El Creador de la Naturaleza y sus las Leyes regulan el comportamiento del universo y otorga los sagrados atributos de la vida, libertad y libre escogencia. Y en esta vida el hombre recibe junto con los derechos inalienable de gozar de la vida, todo lo que el universo contiene en un estado de tranquilidad, igualdad y bienestar. Ningún hombre tiene potestad para alterar, reducir o negar tales atributos y derechos a ningún otro hombre. Ya hemos visto en esta nación más de un hombre alterando, reduciendo y más aun tratando de eliminar los derechos inalienables del hombre.

Observemos que el cambio intelectual de aquel tiempo hizo crecer una clase media, la burguesía, que usa la educación para alcanzar posiciones cómodas en las sociedades —la nueva clase burguesa—. Y esta burguesía fue agente de nuevos cambios. Es preciso notar que el auge de una nación viene de la clase media apoyada con la clase trabajadora; pero la acumulación de la riqueza no baja de los feudales. Quizás de este entendimiento sale la frase *"solo el pueblo salva al pueblo"*. Esta es una frase cierta porque se ha visto que el egoísmo de los ricos y poderosos primero piensan en la multiplicación de su propia riqueza. El fenómeno social y antropológico demuestra que el bienestar general de toda sociedad nace y crece con el crecimiento de la clase media; y esta levanta el nivel de la clase pobre marginada. Mientras que la riqueza en manos de una monarquía o unos pocos individuos, crea brechas y separación de clases ricos y pobres, brechas que aumentan con el pasar del tiempo. La reducción del bienestar general y la injusticia es la madre de las rebeliones y de las guerras en el mundo, como se ha visto a través de la historia. El cambio al bienestar general nace de la liberación de la clase media abajo con la educación. La educación y la aplicación de esta hará los cambios sociales que se necesitan para fomentar el bienestar general.

En realidad, siempre habrá cambios sociales, políticos y económicos en las naciones —no se pueden evitar porque la evolución del hombre se basa en la secuencia de cambios—. Los fundadores de los Estados Unidos sabían que la Unión —la Unión de los ciudadanos— no era perfecta y tiene que seguir un paso de muchos cambios para que la Unión alcance su perfección. Esta perfección puede lograrse con el incremento de conocimiento y la aplicación del mismo; porque a mayor conocimiento mejor es la condición de la vida, más frecuentes es la necesidad de cambios. Es por esto es que la educación debe ser libre y uniforme, estableciendo un avance uniforme y una distribución estable de los beneficios de la libertad. Esto fue lo que los padres fundadores, sabios, vieron y plasmaron en la declaración de la independencia, definiendo la justificación y necesidad el cambio. Sin embargo, este estado Nirvano aún no existe y es responsabilidad de los gobiernos perfeccionar la Unión del pueblo para alcanzar tal estado. Es claro que el marco mental de los europeos había cambiado en grande, por consecuencia del impacto intelectual del periodo del renacimiento del siglo XV. Ya la gente del viejo continente había despertado a la edad moderna —el deseo de libertad y el sagrado derecho de la libre escogencia—.

Algunos dicen que el renacimiento arranca a raíz de la caída de Constantinopla en 1453, cuando cae el imperio bizantino —la parte oriental del imperio romano—. [1] Es decir, unos años antes del descubrimiento de América. Y el cambio muestra el abandono (prácticamente) del feudalismo y la economía agrícola, abriendo las puertas al concepto y practica de la economía mercantil.

> La economía mercantil es un sistema de control centralizado y despótico impuesto sobre el comercio y exportación durante los siglos XVI al XVIII. Este sistema regula la economía bajo la premisa de que el auge de una nación depende del capital acumulado representado por la acumulación de oro y plata, mayormente.

Ese es aquel dicho que dice, *"cuanto tenés es cuanto vales"*. El pensamiento mercantilista aún existe como parte intrínseca del sistema capitalista actual, [2] —Es la idea del enriquecimiento ilimitado, el afán de lucro, si regulaciones restrictivas—, la especulación. Parece ser, que el término nación no acoge al pueblo sino solamente al cúmulo en la cúpula de los gobiernos —en este caso las monarquías—. Hoy en día aún se nota esta influencia en el respaldo de la moneda que se usa en transacciones diarias en el mundo.

El feudalismo, por su lado, organiza la sociedad alrededor de la tenencia de tierras a cambio de servicios o de trabajos. Los campesinos trabajan para la tenencia de un pedazo de tierra al precio

---

[1] https://es.wikipedia.org/wiki/Imperio_bizantino
[2] https://es.wikipedia.org/wiki/Mercantilismo

de trabajar o servir al dueño de la tierra, el señor. [3] Es evidente que el Creador no creo la tierra y su contenido para unos pocos, ni tampoco vendió o concedió derechos exclusivos a ciertos individuos como lores, feudales, monarcas, o ricos poderosos de tiempos actuales. La tierra y su contenido es de todos y para todos, pero fue usurpado de ciertos individuos o grupos de individuos, por la fuerza. No hay, ningún hombre que pueda presentar, un título de propiedad original que el Creador haya dado a nadie. Por la misma razón los recursos de la tierra son de todas las creaturas vivientes, hombres y animales, por igual.

El mercantilismo, el feudalismo, el poder absoluto de las monarquías, y el control religioso de Roma, hacían o creaban ambientes hostiles —insoportables— en Europa. El cambio de la mentalidad de la gente en general (según los datos históricos recopilación), es conforme a lo que se entiende con el análisis y síntesis, o lo que se sabe, de los acontecimientos de aquel entonces. Al final de la edad media, el ser humano toma el centro de atención y la creencia teocéntrica se diluye. [4] Y cuando Constantinopla cae a manos del imperio turco, el imperio bizantino también cae y con este, el control férreo del Vaticano en Roma.

¿Por qué los ingleses dejaron Inglaterra?

El asunto de la fama, riqueza y poder no puede ser más explícito que lo que encierra la reforma anglicana y el *acta de supremacía* —un documento aprobado por el parlamento de Inglaterra— confirmando el poder absoluto del monarca, Enrique VIII, y oficializaba la Reforma inglesa, 1534. Fue un juego político en las altas esferas de los poderosos de España, Inglaterra y el Vaticano. Este juego involucraba al Papa Clemente VII, Los reyes católicos de España, Enrique VIII y el Parlamento Inglés, Catalina de Aragón, [5] hija de Isabel y Fernando, los reyes de España —Esposa de Enrique VIII, previamente casada

---

[3] https://en.wikipedia.org/wiki/Feudalism
[4] https://www.aboutespanol.com/que-es-el-renacimiento-2206950
[5] https://es.wikipedia.org/wiki/Catalina_de_Aragón.

con Arturo Tudor, hermano mayor de Enrique VIII—. El pueblo inglés o el pueblo español no participan en estos juegos, pero en cierto modo, el pueblo paga por los platos rotos de las controversias de aquellos. En este enredo, Enrique VIII furioso porque Catalina no le dio un hijo varón como primer descendiente, decide anular el matrimonio. El Papa se oponen; los reyes católicos, Isabel y Fernando, consienten, y el parlamento de Inglaterra acuerda que el rey Enrique VIII es la máxima autoridad y lo hacen jefe supremo de la iglesia de Inglaterra. Este juego favorecía a la amante de Enrique VIII, Ana Bolena —Madre de la reina Isabel I—. Ana fue acusada, condenada y ejecutada por delito de adulterio, incesto y traición al Rey. La ejecución de Ana fue un combustible más que encendió agitaciones políticas y religiosas, e impulsaron la reforma inglesa. [6] En este período la secuencia de eventos llevaba al imperio a la separación de las iglesias de Inglaterra y católica, como de hecho sucedió.

La gente no escapa de Inglaterra por su voluntad, en verdad; fue por aquel capricho egoísta del rey. Inglaterra pasaba por momentos difíciles, en los primeros años de la centuria 1600; una situación socio política y económica critica.

Enrique VIII, quien buscaba anular su casamiento, creo grietas en su relación (ya con problemas) con el Vaticano en Roma. Y el capricho del rey causo una disputa política, aunque no necesariamente teológica. Entonces, por el contenido del *Acta de Supremacía Real*, el rey pasa a ser el jefe supremo de la iglesia, independiente de Roma. Y por *la ley de traiciones,* acompañando a esa acta, clasifica como traidor a quien negara la supremacía del Rey. La actitud del rey crea irremediables conflictos. Un grupo separatista rompió con la Iglesia de Inglaterra; ellos opinaban que la iglesia de Inglaterra no representaba, más bien quebrantaba, los valores cristianos, bíblicos. [7] El reino inglés ya había desatado una persecución religiosa contra todos aquellos que se oponían o rompieron con la Iglesia de Inglaterra —estos serían considerados traidores—. Los separatistas fueron los llamados peregrinos que huyeron de Inglaterra con la intención

---

6   https://es.wikipedia.org/wiki/Ana_Bolena
7   https://www.allabouthistory.org/spanish/peregrinos.htm

de no regresar jamás, a mediados de 1600, bajo la amenaza de la Reforma anglicana. [8] Así que los peregrinos llegaron a América por el año en 1620 y fundaron la colonia Plymouth —en lo que ahora es el estado de Massachusetts—. Llegaron pobres, atemorizados, y sin esperar ayuda de la corona inglesa. No todos estos peregrinos escaparon con suerte; y según el cuento, la mitad murió de hambre en los primeros meses en suelo americano. Y de no haber sido por los nativos de América, el resto también hubiese muerto. Los nativos americanos enseñaron a los peregrinos como sobre vivir en estas tierras y en este clima. Mas, aunque hayan huido de Inglaterra, y viniesen al continente americano, los peregrinos aun eran súbditos de la corona inglesa, —eran como propiedad del rey—, y por tanto estaban balo la hegemonía del rey. Así comenzaron las colonias. [9] El Creador y las leyes de su Naturaleza consideran al hombre, (ni nada en el universo) es propiedad de ningún hombre. La corrupción del hombre, sus sociedades, sus gobiernos, sus sistemas económicos y sus sistemas políticos caen dentro de su corrupción. Esta corrupción se ha visto desnuda en los Estados Unidos. Es galopante y está en aumento. Si no se detiene este gobierno, esta democracia y esta nación no vivirá muchos años más. Como dice la gente, la historia se repite y aquí tendremos un levantamiento del pueblo para recobrar lo que los colonos hacen doscientos cuarenta y cuatro años decididamente hicieron. El comportamiento del presidente Trump, el encubrimiento del senado y de los republicanos en el proceso de destitución de Trump, el asesinato de George, despertó la necesidad de una reforma profunda pero no para cambiar la constitución sino para identificar y tapar los huecos por se pasan las ratas.

El sistema de colonización de los españoles no es igual al sistema de colonización de los ingleses. Estos dos sistemas tienen una diferencia. El sistema español consistió en conquistas —armadas más bien invasiones militares—, ejecutadas con expediciones autorizadas por los reyes católicos a un determinado territorio. La Conquista era, prácticamente una imposición, de evangelización y enseñanza

---

[8] https://Es.wikipedia.org/wiki/reforma_anglicana
[9] https://historiaybiografias.com/trece_colonias/

de la cultura europea. No era realmente un proceso de conquista, o sea unirse por voluntad propia —por los encantos de la cultura europea—. Era un sistema de explotación con el afán de extraer las riquezas, metales preciosos, del nuevo continente y llevarlas a los reyes católicos (eso es mercantilismo). Este sistema funcionaba con dos componentes, la casa de contratación y el consejo de indias. El primer componente controlaba la actividad comercial, y el otro representaba la forma de gobierno. [10]

Las conquistas tenían un solo fin; un fin económico: El fin era explotar las riquezas de América, incluyendo la extracción de minerales en particular oro y plata. Y la conquista aprovechaba la mano de obra forzada de los nativos de América. El propósito fue claro, enriquecerse explotando al nuevo continente. Y además de eso las colonias fundadas tenía que pagar impuestos por vivir, producir y comercializar lo que de hecho les pertenencia desde antes que llegaran los españoles. Los nativos no tenían beneficios de esta operación— excepto la sumisión a los reyes católicos—y no tenían libertad de comercialización por su propia cuenta; recibiendo a cambio la enculturación europea.

La situación de las colonias americanas fue diferente. Los emigrantes europeos vinieron con el afán de producir independientemente de la corona inglesa; ellos buscaban ser libres de escoger su religión, forma de vida, de producción y comercio —eso era su sueño—, y no pensaban volver a Inglaterra. El pensamiento europeo de entonces era industrialmente avanzado, y los emigrantes trajeron a América su conocimiento, habilidades y experiencias; su afán de producir independientemente de la corona inglesa. A deferencia de los españoles, los ingleses veían el nuevo continente como la gran oportunidad de hacerse de tierras —aunque fuera expropiando a los nativos— y explotarlas para sus propios intereses y beneficios. Y con respecto a la corona inglesa, y a pesar de que los colonizadores tenían ciertos derechos, o libertad de actuar, la corona inglesa no les permitía procesar materia prima. Ellos arrastraban las cadenas que los

---

[10] https://iesalagon.educarex.es/web/departamentos/sociales/documentos/trabajo moderno.

ataban al imperio ingles de por vida. La corona reservaba el derecho de procesar la materia prima por su cuenta. Así mismo, la corona inglesa no permitía que los colonizadores comerciaran directamente a nivel internacional y reservaba esa función para la corona. [11] Se sabe que Inglaterra manejaba las colonias bajo un sistema mercantilista, por medio del cual la administración central del gobierno controlaba para su beneficio sus posesiones, comercio y exportaciones. [12] No se puede decir que la Gran Bretaña practicara una economía dirigida; en realidad lo que produjeran los colonos no era tan importante como era controlar lo que produjeran para beneficio económico de la corona. Obviamente este sistema de la corona violaba los derechos inalienables que el Creador otorga a los hombres.

La historia es clara. Las hordas de los Unos bajaron de Mongolia y arrasaron con gran parte de Europa, expropiando las tierras de sus residentes, matando niños, adultos y ancianos para robarle lo que tenían de valor. En Europa las monarquías y los lores hacían lo mismo. También el Vaticano con las cruzadas que en nombre de la cruz provocaban desastres, ruinas y matanzas. Siempre ha sido lo mismo. Y los colonos expropiaron y casi exterminaron a los verdaderos americanos originales. La historia no esconde detalles y muestra el comportamiento del hombre tal y como es. El hombre arrastra se sombre de deshonestidad, codicia y egoísmo.

En América del norte, para el año 1750 las primeras trece colonias operaban exitosamente, contando con cerca de un millón y medio de habitantes. Inglaterra manejaba las colonias por medio de una cámara Junta Británica de Comercio, y un Concejo Real y el Parlamento —era un sistema de control parecido al sistema utilizado por España—. Pero a pesar de este control las colonias implantaron su forma independiente de actuar fuera del control británico. Aquel régimen económico imperante en Europa —el mercantilismo— durante ese tiempo del siglo XVIII, tuvo mucha influencia en las colonias de América. El mercantilismo es un afán sin escrúpulos

---

[11] https://elnacimientodeclio.wordpress.com/2013/04/27/sociedad-y-economia-en-las-13.

[12] https://es.wikipedia.org/wiki/Trece_Colonias

cuyo objetivo era manejar controlar, producir y comerciar cualquier forma o método con el objetivo de obtener ganancias desmedidas —prácticamente bajo el fin justifica los medios—. [13] El mercantilismo abraza un sistema de manejo que regula la producción y el comercio internacional con el fin de favorecer el desarrollo e infraestructura de la Gran Bretaña y no de las colonias. [14] El mercantilismo de esa época seguía reglas regulatorias en tres componentes fundamentales, control de la moneda, control de las relaciones entre el poder político y las actividades económicas supeditadas a la intervención del gobierno. Es decir, el Estado controlaba toda la producción, el mercado, recursos naturales, mercados internos y externos —exportación e importación— y hasta el crecimiento de la población. Pero había favoritismos subsidiarios para la empresa privada, dando facilidad para crear monopolios privilegiados —una clara corrupción estatal—. Y también gestaba la imposición de aranceles a productos foráneos regulando exportación —el afán eran acuñar la moneda en oro y plata—. Es decir, el gobierno intervenía fuertemente en la economía, de acuerdo con el absoluto poder del reinado inglés para sus beneficios. Claro un abuso, explotación y restricción a las libertades que los colonizadores rechazaban. El escenario, condiciones y circunstancias, casi terminaban el periodo de gestación social, política y económico sentados bases para un cambio radical. Además de todo lo anterior se puede decir que el mercantilismo fue un mecanismo de control social, político, económico para beneficio de las monarquías europeas —una evidente explotación del hombre por el hombre—. La constitución de los Estados Unidos se redactó para cambiar, reducir poco a poco, y eliminar esa forma de gobierno.

La gente fue muy trabajadora, emprendedora, y la riqueza del gran continente americano propiciaba la producción —casi sin límites—. Pero las colonias no tenían firme control sobre su función operativa primordial —la producción y comercio internacional—. La idea de tener libertad religiosa, política y económica era un sueño que se veía factible en el nuevo continente (como le llamaban), y los

---

[13] https://economipedia.com/definiciones/comercialismo.html

[14] Mercantilismo: https://es.wikipedia.org/wiki/Mercantilismo

emigrantes ingleses y europeos continuaban llegando a América. El flujo de inmigrantes no se detuvo, especialmente de gente experta en producción industrial que sale de Inglaterra y Europa. Ellos venían con ansias de trabajar, quedarse aquí, y hacer una nueva vida. Obviamente, esta tierra era para los libres y la bravos —el pueblo estaba dispuesto a trabajar duro para ganar libertad, libertades religiosas, personales y económicas—. Esta tierra fue, en las palabras de Thomas Paine, *"el asilo para los amantes perseguidos de las libertades civiles y religiosas de todas partes de Europa"*.

Los europeos trajeron consigo cimientos filosóficos para hacer una gran nación. El Desarrollo de esta filosofía de libertades civiles y religiosas no se limitaba a la gente de las colonias. Aparentemente, algunos colonos no se oponían a subordinarse a la Gran Bretaña y estaban contentos ser parte de ese imperio. ¿Por qué cambiaron de parecer? Fue el resultado de la guerra de la Gran Bretaña y Francia, en la cual Francia pierde. En verdad la historia señala que el perdedor en este conflicto fue la Gran Bretaña. El propósito de este libro no es repetir la narración de la historia, especialmente, este episodio bélico entre estas dos naciones. Pero las causas y consecuencias de esta guerra tienen una importancia básica para la independencia de las colonias americanas. Y fueron esas consecuencias la causa del cambio de actitudes de los colonos.

Situación Europea en 1490

Tantas cosas pasaron en aquellos tiempos, tantas cosas. Solo viviendo el momento se conocen las acciones, segundo a segundo; pero cuando el tiempo compacta los hechos, la densidad del pasado es tan alta que la mente humana, o su entendimiento, solo ve la superficie de lo acontecido —esta es la naturaleza de la realidad, de la cual solo vemos su superficie—.

Es evidente que la existencia tiene dos realidades, la realidad evidente y la realidad latente. La realidad evidente es lo que la percepción capta y procesa, mientras que la realidad latente es el conocimiento que se obtiene a través del razonamiento, deductivo e inductivo. De manera que es necesario expandir la visión sabia, antes de hacer un profundo análisis y síntesis, tal vez así, podamos desenredar la madeja de la historia. Por fortuna el conocimiento es progresivo, de menor a mayor, y solo en esa dirección; de modo que la imagen total de la verdad se va descubriendo conforme se adquieren nuevos conocimientos, percepciones y concepciones.

La situación al final de la edad media, en los siglos quince, dieciséis, y dieciocho en Europa, era como un juego de ajedrez mercantil, económico y político a la altura de las monarquías y el Vaticano en Roma. Las incesantes intrigas, estrategias de intereses escondidos alimentaban guerras por poder y dominio territorial, más que social —tal vez no importaba y los pueblos no eran más que peones del sistema—. Sin embargo, la parte social, o más bien mental, alcanzaba una nueva etapa —un nivel de conocimiento, que arrastraba al mundo a los descubrimientos—. Las sociedades de consumo actuales son como granjas de ganado vacuno, porcino, avícola, —una comparación con la situación humana poco elocuente, pero explica gráficamente la situación—. El granjero alimenta estas especies con un único fin el destace. En las sociedades de consumo se induce a que gaste todo lo que gana de su trabajo y no le dejan más alternativa que seguir trabajando. El módulo del modelo económico general para la clase trabajadora ha sido constante desde que el hombre entrara en sociedades.

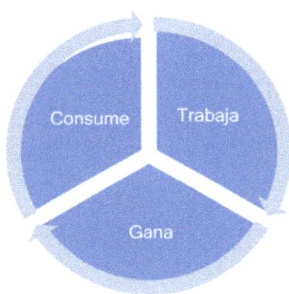

Figura 1: Ciclo de consumo

El hombre trabaja, gana su salario o sueldo y lo gasta. Pero este modelo no es natural y no es un problema; los problemas, nacen cuando quienes controlan el capital-dinero manipulan los ingresos de la clase trabajadora en un balance con su consumo básico. En este módulo el modelo capitalista controla el valor del capital humano —la suma del conocimiento, habilidades y experiencia individual—. Es decir, lo que gana el trabajador es igual o menor que lo que consume. El consumidor vive al día, de pago a pago, y no tiene chance de ahorrar para hacer sus propias inversiones (ahorro = ingresos − gastos = 0). El problema es mayor cuando quienes controla los medios de producción y servicios dan crédito al trabajador sabiendo la condición financiera del trabajador y con pleno conocimiento que este trabajador empeña sus ingresos futuros a corto o largo plazo. Prácticamente, el pago de la deuda contraída transforma al trabajador en un esclavo del (patrón) trabajo.

La expansión europea era eminente; ya Europa no cabía en su territorio bajo la presión política del momento. La caída de Constantinopla a mano de los turcos redujo el poder del imperio romano y trajo el fin de la edad media en Europa. La posición geográfica del imperio turco bloqueaba el comercio con el oriente, china e india. La única salida para los europeos era el océano atlántico y empezaron a buscar nuevas rutas para llegar a esos distantes lugares. No había alternativa, el oeste o la situación europea despótica, decadente. El destino estaba marcado, América, y la riqueza del nuevo continente era la salvación, el cambio efectivo, de Europa —y así lo registra la historia—.

Los portugueses eran los grandes navegantes de esa época. Y por esto y con la nueva idea que el mundo era redondo pensaron navegar al oeste para llegar al este. Y en ese esfuerzo de exploración y reconocimiento Cristóbal Colon toca las costas de un nuevo continente. Pero mucho antes de Colon, de acuerdo a la recopilación histórica, los primeros humanos llegaron a lo que ahora es Alaska en el continente americano cruzando el estrecho de Bering hace (más o menos) unos veinte mil años. [15] La vida de los europeos en tierras americanas solo tiene, escasamente, 400 años, al 2020. De modo que si alguien tenía derecho de reclamar tierras en América eran (y es) la gente que cruzó ese estrecho. [i] Esta gente pobló norte América y son los verdaderos (nativos) americanos —de hecho, esa gente pobló todo el continente americano, desde las siete cuevas hasta la Patagonia Argentina—. No hay duda que llegaron porque sus rastros y presencia son evidente. Por otro lado, hace unos mil años los vikingos llegaron a la costa este por Groenlandia. Mas no hay evidencia de asentamientos permanentes en este continente. A principios de 1600 (de la era cristiana) los holandeses llegaron a la

---

[15] https://www.libertyellisfoundation.org/immigration-timeline

región noreste de lo que son ahora Los Estados Unidos. Y un poco después (cerca de 1620) llegaron los primeros peregrinos de Inglaterra —pero no llegaron tarde—.

La guerra de los siete años

Esta guerra es un asunto importante, Europa se desangraba con la guerra de los siente años resultante después de la guerra de sucesión Austriaca. Fue una guerra entre varias naciones europeas que sirve de prólogo a la guerra de los siete años. Los rusos enviaron apoyo militar al Reino Unido en lucha contra Francia; los franceses enviaron ayuda militar a Prusia, y comienza la revolución diplomática —denominada así por revertir ciertas alianzas entre naciones europeas—. Según el artículo en la nota de pie 16, página 46. El reino unido forma alianza con Prusia y no ayudan a los austriacos porque estos no servían a la causa británica. El reino unido decide no ayudar a Prusia a recuperar Silesia. Austria y Francia, entonces, firman un pacto de ayuda para que Austria retome el control de Silesia. La política del reino unido era que lo que ocurriese en América fuera de la responsabilidad de los colonos, pero las relaciones hostiles entre Francia y el reino unido no terminaron. Francia incrementó sus agresiones después de varias derrotas infringidas a las fuerzas coloniales. Esto, claro, hace que los ingleses aumenten su intervención en las operaciones de las colonias. El Reino Unido peleaba con Francia por el dominio de Norteamérica. Francia reclamaba como territorio propio Canadá y los grandes lagos. España peleaba contra la Gran Bretaña por territorios y colonias en varias partes del globo incluyendo sus posesiones en el continente americano. Y al final vino con el Tratado de Paris, el cual fue, en realidad, un acuerdo de repartición de las posesiones coloniales alrededor del mundo entre las grandes potencias de Europa occidental —algo así como repartirse el botín después del asalto: esto es tuyo y esto es mío y seguimos jugando—. El pueblo no cuenta, no tiene voz ni voto.

Podemos considerar la guerra de los siete años como una guerra mundial en esa época. En esa guerra participaron las grandes potencias, del viejo continente en ese tiempo. En realidad, fue una guerra entre estos poderes por el dominio y control de posesiones territoriales en todo el mundo, incluyendo el territorio americano. Para aquellos lectores ávidos de conocimiento el autor señala ciertos artículos publicados en el internet. [16] El autor expone en este libro aquellos factores que esclarecen la filosofía y pensamientos básicos en la formación de Los Estados Unidos de América. Por ejemplo, el "Tratado de Paris" con el cual concluye la guerra de los siete años el 10 de febrero de 1763.

Notemos que la declaración de independencia de las colonias se hizo en Julio de 1776. Trece años después de la guerra de los siete años. En particular lo que afecta a las colonias en Norteamérica, dicho tratado acuerda lo siguiente. Conforme a los recuentos históricos sabemos el resultado de esa guerra de los siete años. Por ejemplo, "El Reino unido recibe todos los territorios franceses en Canadá, los territorios al este del río Misisipi y al oeste de los montes Apalaches (excepto Nueva Orleans), en América. También recibe de España la Florida, a cambio de que los ingleses retiren las tropas estacionadas en la ciudad de Manila (Filipinas) y en el puerto de La Habana (Cuba), además consigue el derecho de libre navegación por el río Misisipi. El Reino de España: por el Tratado de Fontainebleau de 1762, Francia le entrega Luisiana al oeste del Misisipi, incluida su capital, Nueva Orleans."

Es decir que, durante la época de la colonización, la corona inglesa aumenta sus posesiones en América aparte de las trece colonias, que para ese tiempo habían crecido social, política y económicamente. Hay otros factores que ayudan a formar el marco mental de los colonos tendientes a la independencia. Las colonias recibieron muchas influencias de varias naciones, como España, Francia, y Holanda. Pero, en realidad la diversidad de culturas, creencias, educación y conocimiento llegaron de todos lados de Europa.

Es evidente que la situación de Europa abrió un nuevo escenario en el nuevo continente donde continúan su juego político y militar

---

[16] Enlaces sobre la Guerra de los siete años:
(1) https://www.lifeder.com/guerra-siete-anos/;
(2) https://es.wikipedia.org/wiki/Guerra_de_los_Siete_Años

con el único objetivo de aumentar su poder y riqueza. Todas las monarquías de Europa participan en el juego. Sin embargo, los jugadores son los monarcas y emperadores, incluyendo el Vaticano, —es un juego en el cual el pueblo no juega en igual forma—. Este juego que en aquel entonces era feudal, luego mercantilista, y ahora es capitalismo, siguiendo el mismo propósito con diferentes reglas del juego, el premio es riqueza y poder. La lucha por conseguir tierras, oro, plata como de otras riquezas naturales abre un nuevo torneo en el nuevo continente. El rico y poderoso juega por aumentar sus ganancias y el trabajador juega su juego aparte por sobrevivir.

Influencia Holandesa

La historia registra la influencia de Holanda —los países bajos— en la colonización del nuevo continente, América, desde el siglo XVI. [17] Durante mucho tiempo fue un condado del *Sacro Imperio Romano Germánico* —Una agrupación política—. Holanda fue gobernada por una larga lista de condes; el ultimo conde fue Felipe II de España. Holanda, durante el reinado de Luis I Bonaparte, de origen francés, estuvo relacionada con Francia.

En la rebelión holandesa contra los Habsburgo durante la Guerra de los Ochenta Años, las fuerzas navales de los rebeldes —los «mendigos de mar»— establecieron su primera base permanente en Briel, en 1572. De esta forma, Holanda, ahora con estatus de Estado soberano en una confederación holandesa más grande, se convirtió en el centro de la rebelión. En el siglo XVII, Holanda se convirtió en el centro cultural, político y económico de las Provincias Unidas, convirtiéndose en una de las mayores potencias europeas, proceso que se conoce como Siglo de Oro neerlandés. Después de que el rey de España fuera depuesto como conde de Holanda, el poder ejecutivo y legislativo recayó en los estados que conformaban las Provincias Unidas, que fueron liderados por el Gran Pensionario —como un Primer Ministro— John de Witt. [18]

---

[17] https://es.wikipedia.org/wiki/Holanda
[18] https://es.wikipedia.org/wiki/Gran_Pensionario

Eran comerciantes neerlandeses quienes incursionaron en colonias ya establecidas, o fundaron nuevas colonias en su inicio. La primera colonia holandesa fue Nueva Ámsterdam en 1625 —casi al mismo tiempo que el Barco Mayflower llegara a la costa noreste de América, en 1620—. Los holandeses pensaban en el beneficio del regionalismo que los atraía a un área específica. La fuerte influencia de los neerlandeses jugó un papel prominente en la colonización de Los Estados Unidos, esencialmente la introducción de principios fundamentales.

Influencia de España

La exploración de norte de América, comenzó poco tiempo después que Cristóbal Colon, al servicio de la corona de castilla, descubriera este continente, el 12 de octubre de 1492. Es decir que los españoles exploraron territorio americano —alrededor de 128 años— antes que los primeros ingleses arribaran en 1620. Así, ellos tuvieron tiempo de inculcar, y tal vez imponer en los nativos de América, la cultura europea de aquel entonces. España cubrió casi todo el continente con sus incansables conquistas durante los siglos XIV al XVII. Estas conquistas, se extendieron desde Norteamérica, a lo largo del Caribe, centro y sur América, incluyendo Alaska y Florida. Y le agrego Luisiana a esta lista de territorio al firmarse el tratado de Paris en septiembre 3, de 1783.

Influencia de Francia

Francia colaboro financieramente, y dando a las colonias armas y soldados en su empeño de lograr su independencia, creyendo que el reino unido se debilitaría. Francia contribuyó con sus pensamientos y filosofía moderna —de esa época—.

Trece colonias inglesas, un pensamiento [19],[20]

Aún quedan evidencias de la influencia holandesa. La isla de Staten y Harlem quedan como testigos de los primeros asentamientos holandeses en el noreste del territorio de los Estados Unidos de América. Luego las contiendas bélicas entre franceses e ingleses, por años, acabo con el imperio comercial de los holandeses, terminando con la captura de la colonia Nueva Holanda por los ingleses, quienes le cambiaron el nombre a Nueva York. Pero muchos holandeses quedaron en esa colonia junto a los ingleses.

Las trece colonias

---

[19] https://www.ecured.cu/Trece_colonias
[20] https://concepto.de/las-trece-colonias/

En otro frente migratorio, desde que el primer grupo de ingleses llegó en 1620 comenzaron, —con mucha dificultad—, a establecer asentamientos a lo largo de la costa este del continente. Sus dificultades eran con los nativos americanos y con los franceses —sus rivales de mucho tiempo—. Toda la colonización se hacía en nombre del reinado inglés. Por ejemplo, el área de virginia, área llamada así porque la condición de virginidad de la reina Isabel I. Ahí se establecieron Jamestown por el año mil seiscientos diez. Aparentemente los inmigrantes ingleses obedecían o estaban sumisos a las órdenes de la corona británica; a pesar de la persecución religiosa de la colonia contra los opuestos a la nueva iglesia de Inglaterra. La secuencia de colonización no tuvo un planeamiento cronológico sino más bien fue una emigración casual dependiendo de la necesidad de escapar al nuevo continente. Todas fueron asentamientos agrícolas controlados por el reinado ingles imponiendo su sistema mercantilista. Bajo este sistema, la corona controlaba los bienes de los colonos en beneficio de la gente residente en Inglaterra [Europa]. ¿Pero porque los colonos tenían que trabajar por la gente de Inglaterra? ¿Era eso el pago por la tenencia de las tierras? Tal vez era una prolongación del sistema feudal trasladado a América, aunque ya había claudicado en Europa.

Bajo este régimen se fueron fundando una a una las colonias, siempre con carácter agrícola. Y en un plazo de un siglo, más o menos, los inmigrantes establecieron las trece colonias. La colonia de Virginia fue fundada el 13 de mayo de 1607, trece años antes de la llegada de los peregrinos en el barco Mayflower en 1620, cuando se fundó la colonia de Massachusetts. Tres años después de la fundación de esta colonia, nuevos colonos fundaron la colonia de Nueva Hampshire en 1623. Trece años más tarde otros inmigrantes establecieron las colonias de Rhode Island, en 1636. Durante este tiempo las disputas de los ingleses contra los holandeses continuaban y aproximadamente 28 años más tarde los ingleses se quedaron con la colonia holandesa de Nueva Holanda, la que inmediatamente llamaron Nueva York.

El resentimiento de los colonos [21]

En la construcción de las causas para llegar al efecto de la independencia cuenta mucho el resentimiento de los colonos. Aparentemente, fue la represión del rey contra aquellos que rechazaban la iglesia de Inglaterra, y no era solo por derechos sociales, al principio. Al comenzar la colonización y los medios de producción en los asentamientos comenzaron a realizarse las causas como las restricciones económicas impuestas por el rey; entonces todo cambia de la persecución religiosa a los asuntos de justicia y libertad, derechos económicos y comerciales. El amanecer del movimiento de independencia funda su origen en asuntos económicos, comerciales y fiscales. En realidad, el movimiento no era del pueblo como pueblo, sino que era instigado por la burguesía o clase media agitando al pueblo, para proteger sus intereses. Los asuntos eran económicos para la Gran Bretaña, y fiscales para las colonias. Era asunto de libertad económica y comercial. En nuestro tiempo hemos presenciado las revueltas en protestas por la muerte de Rodney King; y últimamente las manifestaciones por el asesinato de George Floyd. Estos eventos manifiestan el resentimiento del pueblo en un solo paquete de violaciones a los derechos inalienables del pueblo. Es por racismo, injusticia, abuso de autoridad por las fuerzas del orden. Estas protestan reclaman reformas a los procedimientos policiales en relación con la gente del pueblo.

A final de la guerra de los siete años contra Francia, en territorio americano, Inglaterra había quedado en quiebra. Por eso la Gran Bretaña y para balancear sus finanzas ordena crear leyes impositivas de comercio e impuestos. Tales imposiciones afectan severamente la economía de las colonias y de los colonos en América. La reacción se demuestra con protestas, motines, y revueltas sociales. La acción de Inglaterra creo profundos resentimientos en los colonos que no se pudieron, superar. El abuso era obvio. Por ejemplo, el *acta del té* de 1773 crea un monopolio sobre el intercambio del té favoreciendo a la Compañía India del este; y los colonizadores consideraron tal

---

[21] https://enciclopediadehistoria.com/independencia-de-estados-unidos/

Acto como una tiranía fiscal, instigando la famosa fiesta del té en Boston. En represalia, el parlamento británico creo, entonces, el *Acta Coercitiva* en 1774, cerrando el puerto de Boston para embarques de mercaderes.

Las nuevas imposiciones además de las restricciones de la libre comercialización internacional —como en la industria y productos de la madera— impuestas a las colonias hace estallar un descontento popular, con manifestaciones de protesta popular. La provocación de esos resentimientos es puramente mercantil y comercial —asuntos económicos—. La historia registra varias marchas y manifestaciones de descontento popular o protesta por tratos de discriminación, abuso de poder y autoridad como de injusticia social y política. Las marchas y manifestaciones de aquel tiempo no son diferentes a las marchas de protesta en tiempos actuales, por ejemplo, esas manifestaciones por los asesinatos de Rodney King en 1992 y George Floyd en mayo y junio de año 2020. En ambos casos las marchas propiciaron vandalismo y destrucción masiva de la propiedad privada por infiltrados que actúan violentamente para cambiar el rumbo de las manifestaciones pacíficas.

Ciertamente, el origen de la guerra que la Gran Bretaña declara a las colonias de América es de fondo económico y tributación fiscal, mas no tanto como de fondo religioso, social o político, aunque lo mezclaran. La guerra comienza con la "masacre de Boston" en 1770. Y los comerciantes agitan a la clase trabajadora, el pueblo, a revelarse. Las colonias reaccionan y establecen su propio gobierno soberano, creando en el año 1787 su propia Constitución y conformando un estado con 3 poderes independientes (legislativo, judicial y ejecutivo). [22] ¿Cuál era el beneficio de la clase trabajadora en este asunto? Este es el punto crucial, la propiedad del poder y de la soberanía popular. Los reclamos de los comerciantes no es suficiente causa para reclamar independencia; era necesario que el pueblo reclamara, como soberanía popular, su derecho de ser independientes. Y el debate político filosófico salta a la lista de temas a considerase. El movimiento de

---

[22] https://es.wikipedia.org/wiki/Separación_de_poderes.

separación ya no era más un asunto de represión religiosa, ahora era un asunto de comercio y economía de la clase media.

La guerra de independencia termina con seis batallas principales, de las cuales la Gran Bretaña sale victoriosa en solo dos de ellas —el juego termina 4 a 2 a favor de las colonias—. Lo importante de esta historia es el origen de la guerra de independencia; fue por asuntos mayormente económicos. De hecho, fue una guerra entre los productores, comerciantes de las colonias y la corona inglesa. Las colonias entonces enfrentaron la gran tarea de darle carácter y dirección a la nación naciente. Y para esto los líderes de la revolución deberían tener solidos conceptos filosóficos, religiosos, sociales, políticos y económicos y formular una estructura que protegiera a los nuevos ciudadanos estadounidenses. La suerte estaba de su lado, porque dentro de sus líderes había verdaderos patriotas que tenían todo lo que necesitaban, en materia de experiencia y conocimiento. La idiosincrasia de los líderes en las colonias mostraba que un movimiento de independencia debía tener éxito desde todos los puntos de vistas, no solo político, sino legal, económico y social. Los colonos debían tener bases sólidas, forma, fondo y argumentos legales. La evidencia de esto está en el resultado escrito (del pensamiento de los fundadores) plasmado en la declaración de independencia. Debemos mencionar que las colonias recibieron ayuda de varios países europeos como, Francia, España y Holanda; esta última dio apoyo económico y reconocimiento oficial de los Estados Unidos. Sin la ayuda de estos países, que también buscaban tomar ventajas contra Inglaterra, la independencia de las trece colonias habría tenido otro rumbo.

El autor piensa que los fundadores estudiaron las bases de tal acción, confirmando esta noción con los evidentes resultados posteriores redactados en documentos amparando la independencia, además de la acción de sus líderes. Y para confirmar este estudio el autor revisa la naturaleza y características del marco mental de los colonizadores. Es decir, la efervescencia ideológica de Europa estaba dada y solo era necesario una chispa que encendiera la hoguera del descontento popular; y así fue. ¿Qué estaba pasando en Europa? En Europa pasaba exactamente lo que pasaba en las colonias inglesas en este nuevo continente, América. En realidad, la gente oprimida solo resiste por tiempo definido, pero llegan las condiciones, circunstancias y nivel opresivo que hace estallar la paciencia de la gente. Este punto es cuando ya no importa la vida si en verdad la muerte ronda a toda hora. El autor ha visto en vivo este fenómeno bajo las dictaduras Anastasio Somoza y de Daniel Ortega y a través de las noticias de otras dictaduras como la de Fidel Castro y otros más en sur América. Dicen que hay luz al final del túnel, pero no sabemos qué clase de luz alumbra y solo lo sabemos cuándo salimos del túnel. En nuestros días el pueblo está llegando a ese punto, está caminando al filo del riesgo y como dijo Benjamín Franklin una revolución puede suceder.

La guerra de sucesión Austriaca

Esta guerra fue un complejo bélico provocada por la acción de España relacionada con el contrabando de los barcos ingleses en América. [23] Fue casi una guerra general que involucro varias naciones europeas —eran muchas las razones, pero los objetivos de Prusia, las rivalidades entre Inglaterra y Francia por las colonias en Norteamérica, problemas de Italia, y las rencillas entre la Gran Bretaña y España en 1739 eran las causas que minaban la estabilidad europea—. A la muerte de Carlos VI y la crisis política creada por la sucesión al trono, Alemania se vuelve el pivote diplomático de ese tiempo. Este conflicto es complicado y podemos decir que todo era por la ambición de poder y de carácter expansionista entre los monarcas de esas naciones —Entre estos, Carlos VI (emperador de Austria), Federico II de Prusia, Augusto III rey de Polonia, María Teresa, Emperatriz de Austria, Felipe V rey de la casa Borbón, Luis XV rey de Francia. En este enredo vino la guerra de sucesión de Austria en 1740 que termino en 1748. Todo fue por la sucesión de María Teresa en la monarquía de los Habsburgo. Norteamérica no quedo exenta y estuvo involucrada en la guerra del Rey Jorge en la América Británica por asuntos de posesiones territoriales. [24] Es

---

[23] https://www.artehistoria.com/es/contexto/la-sucesión-austriaca
[24] https://es.wikipedia.org/wiki/Guerra_de_sucesión_austriaca

necesario mencionar que esta guerra no es de los pueblos de los países involucrados sino de los caprichos y ambiciones de las monarquías de ese tiempo. Pero siempre es el pueblo quien paga por los platos rotos. Sin embargo, la vulnerabilidad y debilidad del gobierno republicano, en sus tres poderes, es obvia en 2020 gracias a la actitud, falta de conocimiento del presidente Trump, su irrespeto al reglamento de la constitución y marco de leyes, además de su inclinación, admiración y emulación de varios dictadores del mundo, como Putin de Rusia, Kim Un Jung de Corea del Norte y otros hombres fuertes. Trump ha creado una gran división en el pueblo americano que tardará muchos años en cerrarse.

Diversificación demográfica

Si bien es cierto que las colonias fueron pobladas por peregrinos y luego puritanos, disidentes, que llegaron a las costas de América del norte escapando de la persecución religiosa en Inglaterra, el perfil demográfico no tardo en mezclarse en una obvia diversificación notable. Aquí llegaron holandeses, franceses, ingleses, españoles, italianos, y también escoces e irlandeses, y de otros países de Europa. Diferentes culturas, pensamientos, filosofías y moral se fundieron en una sola composición social. No es el color de la piel o la apariencia corporal de la gente lo que hace América grande, sino la grandeza del pensamiento homogéneo de sus ciudadanos —*E Pluribus Unum,* o sea todos con un mismo pensamiento, el sueño de un propósito común, persiguiendo una unión social perfecta—. Y, de hecho, así fue en las colonias. Todos deseaban libertad social, política, económica y religiosa, buscando la igualdad y el bienestar general, para todos. Ese deseo enfocaba el bienestar social hacia un estado de satisfacción y gratitud personal, trabajando por alcanzar otro estado igual pero más alto —sin codicia, egoísmos ni envidia—. Ese es el sueño americano. El presidente D. Trump se ha ensañado en contra de los migrantes ilegales y amenazo en su campaña del 2016 con construir un muro impasable para detener la entrada de esos inmigrantes ilegales. La verdad de la historia de los colonos es que ellos eran inmigrantes ilegales viniendo de todas partes de Europa a las costas de Norteamérica. Pero ignora las ventajas que deja la diversificación de la población.

El punto interesante fue el propósito común de empezar una nueva vida en libertad autónoma colectiva e individual. Lo bueno es que para este tiempo el renacimiento y la ilustración ya alcanzaba toda Europa, de manera que los colonos también estaban expuestos a esos conceptos y acciones. La composición demográfica conlleva una importante información del perfil cultural e intelectual de los colonos; es un indicador que apunta a la forma potencial de su actuar en situaciones específicas —así como fue la decisión de la declaración de independencia de las trece colonias de Norteamérica—. De hecho, la constitución de la colonia de Connecticut fue una declaración de independencia y al mismo tiempo una constitución, —Ordenes fundamentales de Connecticut en 1639—.

Demografía de las colonias

Las colonias no pudieron mantener las características inglesas. Las costas abiertas recibían a quienes llegaren y la gente cruzó el Atlántico voluntariamente, escapando del absolutismo de las monarquías europeas. La población de las colonias sintió una explosión demográfica acelerada en el siglo XVII. [25] Por el año 1717 la población colonial era en su mayoría de origen inglés con la influencia neerlandesa desde el inicio de la colonización. Ya para el año mil setecientos cincuenta la población era de un millón y medio de habitantes. Y para mil setecientos sesenta la población de las colonias alcanzaba arriba de dos millones de habitantes. Y a unos años antes de la guerra por la independencia, la población agregada de las colonias pasaba los dos millones y medios de habitantes. Para este tiempo esta población censaba alrededor de cien mil habitantes de origen español.

Según la historia, cada ola de inmigrantes que llegaba traía nuevas noticias, nuevos pensamientos y rápidamente el carácter y la

---

[25] https://www.laguia2000.com/inglaterra/poblacion-e-inmigracion-en-las-colonias-norteamericanas

composición étnica de la población de las colonias cambiaba. De modo que, para el final de la guerra de los siete años, la población de las colonias había consolidado su propia identidad. Aparentemente el flujo migratorio de los europeos tuvo razones claras. Por un lado, la superpoblación de Europa y, en especial, Inglaterra, la libertad de culto, la oportunidad de poseer tierras en América y alcanzar una independencia económica.

Con esto y la abundancia de recursos de estas tierras y el comercio con los mercados europeos, las colonias lograban una economía altamente productiva. La fórmula era simple, población, con trabajo más recursos representaban el auge de las colonias. Mientras tanto la población seguía aumentando, con la llegada de más y más inmigrantes, de toda clase, y hasta gente indeseable. El Parlamento inglés castigó a decenas de miles de criminales con el destierro al nuevo continente, a sus colonias. La mayoría de ellos llegaron a Virginia y Maryland. A eso del medio siglo XVII gente de todos lados de Europa llegaba a las colonias. El perfil demográfico de origen inglés se mantuvo en Nueva Inglaterra porque se reusaba a recibir inmigrantes y querían mantener a como diera lugar una étnica homogénea para hacer honor al nombre de la colonia. Este concepto de segregación no se hacía en las demás colonias, y satisface las características incluidas el concepto de regionalismo que se discutirá más adelante. La demografía no era homogénea, ya que gente de diferentes orígenes formaba grupos de gente de su nación de origen; por ejemplo, alemanes, irlandeses, judíos, franceses, escoceses, sefardíes, galeses, y demás. Lo interesante fue que convivían pacíficamente en apoyo mutuo, y todos apoyaron la formación de la Unión —Los Estados Unidos de américa—.

Se ha visto que la unicidad de la humanidad aparece cuando estamos en momentos de crisis; y es una evidencia que los humanos tienen en su alma y mente la noción ultima de cuidarse uno al otro y compartir con los otros humanos para sobrevivir. Esas actitudes prueban que la naturaleza, en su curso natural, está hecha con amor, por amor y para *amar al prójimo*. Por esa razón poderosa los nativos americanos tendieron una mano a los peregrinos y a los colonos, después, y compartieron con ellos la forma de vivir bajo el clima de norte américa, igualmente les enseñaron a cultivar la tierra. Que te parece los salvajes —según les llamaban— daban clases de amor y humanismo a los europeos que estaban pasando a través de la era de la ilustración y del renacimiento. Era evidente que la forma de vivir de la gente en las colonias era diferente a la vida en Europa, aunque sus bases se fundaban en ideologías europeas.

Carácter de las colonias

Todas esas influencias contribuyeron a formar el carácter socio político y económico de las colonias, aunque, en realidad, era el común carácter denominador de Europa. En los años entre 1756 a 1763 —casi siglo y medio después del arribo del barco Mayflower a las costas americanas— Europa vivía una guerra, prácticamente, mundial. El resultado de esta gran contienda trajo muchos cambios.

El carácter de la unión de las colonias refleja el carácter compuesto de los colonos —de formación religiosa en la mayor parte—. De hecho, ese carácter compuesto refleja el pensamiento combinado e integrado, el marco mental, bajo el cual los colonos actuaron en ese tiempo. A pesar de estar subordinadas al rey de Inglaterra, las colonias tenían su propio carácter. Un carácter que nacía de sus colonizadores. Era su forma de pensar, sus creencias, y su interpretación del concepto de comunidad, libertades y soberanía. El resultado fue el reflejo de sus anhelos, deseos de libertad dentro de su soberanía popular. Al mismo tiempo, ese marco mental obviamente satisfacía sus necesidades y prioridades de ese entonces, y entendemos que las necesidades y prioridades de los ciudadanos cambian con la evolución del marco mental, de generación a generación, y todo esto a través del tiempo, —las prioridades y necesidades de aquel tiempo no refleja ni satisface, sin embargo, las prioridades y necesidades de la actualidad. No podemos cristalizarnos en la situación de hace casi cuatrocientos años. En términos generales, como lo cuenta la historia, los colonos eran gente religiosa, educados, industriales, trabajadores, ansiosos de lograr amplia libertad individual y colectiva; —había entre ellos, y de colonia a colonia, la intención de ayuda mutua—.

Massachusetts

El 21 de diciembre de 1620, los padres peregrinos, un grupo disidente que se había separado de la iglesia anglicana y también un grupo de puritanos también disidentes religiosos, insatisfechos con la situación religiosa en Inglaterra llegaron a las costas norte del nuevo continente. Y con la 'gran migración' un millar de otros puritanos desembarcaron en la costa de Massachusetts. [26] Entonces, la mayoría de los colonizadores de Massachusetts eran de origen puritanos; y también había algunos presbiterianos. La creencia y fe de los puritanos era (o es) que los gobernadores seculares son responsables ante Dios de proteger y premiar la virtud, incluyendo la 'verdadera religión', y de castigar a los malhechores. Pensaban que había personas honestas que podían representar al pueblo y manejar sus asuntos con ética y transparencia para el bienestar de todos. Sus deseos eran de alcanzar una buena educación e ilustración (así pudieran leer la biblia). Los puritanos observan el séptimo día para el descanso, aunque ellos son muy dedicados al trabajo y a los modales moderados (sin promiscuidad). [27] En otras palabras, el carácter de los colonizadores de Massachusetts era religioso, considerando a Dios como la autoridad suprema. La historia guarda una larga lista de prominentes puritanos detallada en esa cita veintisiete. Este pensar religioso es importante en los sucesos posteriores en busca de la independencia.

Nueva Hampshire

Es importante notar que las placas de automóviles en Nueva Hampshire llevan el rotulo de "vivir libre o morir". Un concepto que refleja el objetivo primordial derecho a la Vida con libertad de movimiento, escogencia, expresión y creencia otorgado por el Creador y las leyes de la Naturaleza. La mentalidad de los colonizadores era altamente productiva, especialmente en la industria textil de algodón. Nueva Hampshire fue la primera colonia que estableció un

---

[26] https://www.voyagesphotosmanu.com/historia_massachusetts.html
[27] https://es.wikipedia.org/wiki/Puritanismo

gobierno independiente de la autoridad del reino de la Gran Bretaña, el cinco de enero de mil setecientos setenta y seis; y seis meses más tarde fue una de las primeras colonias que firmó la declaración de independencia. [28] La constitución de Nueva Hampshire constituye un gobierno civil al servicio del bien público que libera al pueblo de esta colonia de la opresión inglesa, y así declara.

> ... por causa de muchas leyes del Parlamento británico, severas y opresivas, que nos han privado de nuestros derechos y privilegios naturales y constitucionales; [que] para hacernos obedecer tales leyes, el ministerio de Gran Bretaña ha mandado una poderosa armada y un ejército contra este país, y en un ejercicio cruel e inmoral de abuso de poder, En muchos lugares ha destruido a hierro y fuego las vidas y propiedades de los colonos, han arrebatado los barcos y los fletes de muchos de los laboriosos y honestos habitantes de esta colonia que se dedican al comercio, cumplidores con las leyes y costumbres aplicadas aquí desde hace mucho tiempo.

Obviamente la queja es el común denominador de todas las colonias, las que a estas alturas entendían la extensión del concepto de la libertad civil, y los derechos civiles y naturales, —un entender producto de la era de la ilustración europea—.

Nueva Hampshire aparece como la segunda colonia de descendencia francesa. Pero su mentalidad política trasciende a ideas libertarias —Partido Libertario [Que promueve libertades civiles, no intervencionismo, laissez-faire, capitalismo, y alcance y tamaño del gobierno]—. [29] El pensamiento original de la independencia ya incluía esos conceptos, pero es esencial estudiar comparativamente la verdad y consecuencias del resultado de su aplicación con los mandatos constitucionales, a como avanzamos con este estudio.

---

[28] https://en.wikipedia.org/wiki/New_Hampshire
[29] https://en.wikipedia.org/wiki/Libertarian_Party_(United_States)

Rhode Island

El inicio de esta colonia no fue fácil; Roger Williams llegó a este territorio después de ser expulsado de la colonia de Massachussets por sus creencias religiosas controversiales. La colonización, aunque comenzó con una relación amistosa con las comunidades de nativos americanos residentes de esta región, pronto deterioró. Pero lo importante no es la asociación amistosa que existió entre las tribus de nativos de América y los colonizadores en ese tiempo, ni el cambio de relación cuando los colonizadores empezaron a atacar a esos nativos, sino llegar a usarlos de esclavos en trabajos forzados o venderlos a la esclavitud. Sí, eso existió, no se puede negar. Tales actitudes rompen con los principios humanos que su religión predicaba. Lo importante es estudiar el marco mental, la forma económica, política y social de la gente antes de la revolución de independencia. La mentalidad estuvo abierta a la idea de la esclavitud y en verdad hubo tráfico de africanos y nativos americanos. Pero también está dedicada a la producción industrial. Es decir, los conceptos religiosos no incluían la moralidad completa, —faltaba el humanismo—, haciendo posible la explotación del hombre por el hombre y el tráfico y uso inclemente de la esclavitud. Uno de las actividades comerciales de esta colonia era el tráfico de esclavos. Apuntes de la historia revela que buques de Rhode Island trajeron a América más de 100,000 africanos pare venderlos como esclavos. Estos buques también transportaban africanos cautivos a los estados del Sur o al Caribe donde los intercambiaban por melaza o el ron. Un censo de ese tiempo mostro que alrededor del catorce por ciento de los hogares tenía esclavos, o sea que los residentes de Rhode Island tenían más esclavos per cápita que cualquier otro estado. Era una situación que se podía, ni se puede ahora, reconciliar el concepto de un Creador magnánimo y un desconocimiento de la vida humana de los esclavos.

Connecticut

Los primeros colonizadores de Connecticut fueron holandeses. Un holandés, Adriaen Block fue el primer explorador del área de

Connecticut, en 1614, incluyendo la costa de Long Island Sound; Block subió hasta el lugar que es ahora Hartford. La compañía Neerlandesa de las Indias Occidentales comerciaba pieles con este asentamiento —llamado Casa de Esperanza (o fuerte Hoop, Buena Esperanza). Pero colonos ingleses llegaron y obligaron a los neerlandeses a retirarse del sitio en 1650 con el tratado de Hartford. [30] Según este artículo, los primeros colonos europeos fueron holandeses y se establecieron en una pequeña colonia llamada Fort Hoop in Hartford. La mitad de Connecticut fue parte de la colonia Nueva Neerlandesa, pero fueron los ingleses, seguidores de Thomas Hooker, un líder puritano en desacuerdo con los líderes de la colonia de Massachusetts, quienes salieron de la colonia de Massachussets y establecieron firmes asentamientos hacia el sur para el año 1630. Hooker fue el segundo líder puritano expulsado de la colonia de Massachusetts después de Roger Williams. Es importante apuntar que las colonias de Connecticut y New Haven establecieron los documentos de las ordenes fundamentales, que dicen. *"El gobierno se basa en los derechos de un individuo, y las órdenes detallan algunos de esos derechos, así como la forma en que son garantizados por el gobierno. Proporciona que todos los hombres libres compartan la elección de sus magistrados, y utilizan papeletas secretas. Establece los poderes del gobierno y algunos límites dentro de los cuales se ejerce ese poder"*.

El documento "ordenes fundamentales de Connecticut" fue publicado el 14 de enero de 1639 —es decir, diecinueve años después que el barco Mayflower atracara en las costas de Norteamérica—. [31] Literalmente se entiende por *"papeletas secretas"* el ejercicio del sufragio electoral y la soberanía popular de elegir a sus representantes en el gobierno bajo la condición de garantizar (al pueblo) el cumplimiento de las ordenes detalladas (por supuesto) en un documento (que puede llamarse constitución).

---

[30] https://en.wikipedia.org/wiki/Historia_de_Connecticut
[31] https://constitucionweb.blogspot.com/2012/03/ordenes-fundamentales-de-conneticut.html

Nueva York

A pesar que el navegante florentino, Giovanni Verrazano, llegó a la bahía de Nueva York y la bautizó Nueva Angulema, fue el Inglés Henry Hudson quien, en nombre de la compañía de las Indias Orientales holandesa, entro en la bahía de Nueva York y remontó el rio que hoy lleva su nombre, Hudson. De modo que los holandeses ocuparon el territorio de Nueva York a orillas del rio Hudson. [32] En 1614 fue fundada oficialmente la colonia de Nueva Ámsterdam. Mas adelante en 1626 Pierre Minuit compró la isla de Manhattan a los indios y así se convertía en el fundador oficial de la ciudad. He aquí otra de las influencias holandesas en las colonias que formarían los Estados Unidos de América. Sin embargo, el comercio fue dirigido por los puritanos que se habían instalado ahí, siendo la harina y el comercio de esclavos africanos su principal negocio. Esta es la extraña controversia de las creencias la mayoría de la gente era de puritanos, pero no consideraban "que todos los hombres son iguales".

Pennsylvania

William Penn adquiere una carta de derecho de Carlos II de estas tierras, en 1681. Esa carta era el compromiso de reembolso de una deuda de aproximadamente 30 millones de dólares que adeudaba al almirante Penn, padre de William. Las tierras fueron nombradas Pennsylvania (o Pensilvania) en honor a William. Un punto importante fue que Penn estableció un gobierno innovador que más adelante sirvió como referencia, observando el mantenimiento de la ley y la libertad de culto. Pennsylvania creo su propia moneda sin respaldo de oro, emitiendo billetes de crédito tan validos como monedas de oro. Benjamín Franklin participó en la creación de este dinero. Es interesante notar que John Dickinson escribió la Declaración de Derechos y Quejas, la cual afirmaba que los colonos americanos eran iguales a los demás ciudadanos británicos y protestaba la aplicación de impuestos sin la correspondiente representación colonial. Aquí se

---

[32] https://www.nuevayork.org/historia/

establece la igualdad (parcial) ciudadana y el concepto de impuestos con representación. [33] La filosofía política seguía el modelo de la de Nueva Jersey del oeste. El gobierno de esta colonia tenía un gobernador, y un parlamento con dos casas, el consejo o la cámara alta, facultada para crear legislaciones, y el conjunto, la cámara baja, —consistía de pequeños propietarios—, (la empresa privada de ese tiempo) sin poder legislativo, aunque tenía derecho de aceptar o rechazar propuestas legislativas del consejo. Notemos, sin embargo, que los ciudadanos no tenían, aparentemente, representación en el gobierno.

Nueva Jersey

Fue Sir Henry Hudson quien descubrió del Cabo de mayo en 1609; pero fueron los suecos y holandeses los que colonizaron todo el territorio. Luego la zona fue aprehendida por los ingleses y la mantuvieron bajo control hasta el tiempo de la Revolución Americana. Aquí vemos de nuevo la influencia de los holandeses. Cabe mencionar que antes de la llegada de Hudson y los holandeses, el área estaba poblada por la tribu Lenape, generalmente dedicados a la agricultura. Peter Minuit compro las tierras a los Lenape y estableció la colonia de Nueva Suecia. En 1664 una flota inglesa al mando del coronel Richard Nicholls tomo el control de Fort Ámsterdam, anexando toda esa provincia. Nueva Jersey caracterizada por su diversificación étnica y religiosa. Los congregacionalistas vivían al lado de los presbiterianos escoceses y migrantes reformados neerlandeses. [34] Una segunda ola de inmigrantes llego de otras colonias, entre ellos cuáqueros. Nueva Jersey fue una colonia dedicada a la agricultura rural, y esporádica agricultura comercial, y a servicios portuarios para Nueva York y Filadelfia. Aquí estamos viendo que lo que une a los colonos es la necesidad de cultivar, producir, y realizar en capital, el producto y o servicios resultantes de sus esfuerzos; mientras son los creencias y filosofías los factores que separan a la gente. Es obvio entonces que

---

[33] https://es.wikipedia.org/wiki/Pensilvania
[34] https://es.wikipedia.org/wiki/Nueva_Jersey

le represión del reinado ingles contra la las creencias o escogencias religiosas no eran suficiente causas para la independencia. Pero cuando el absolutismo, autocracia, o poder absoluto del rey toca la libertad de empresa es cuando el hombre dice "vida libre o morir".

Delaware

Delaware fue colonizada inicialmente por neerlandeses y suecos, quienes fueron los primeros en intentar poblar esa área, descubierta por Henry Hudson. [35] Originalmente poblado por la tribu Amerindia de los algonquinos. Después de contiendas con los suecos, los ingleses expulsan a los neerlandeses de la región. La posesión de Delaware se le otorgo a Pennsylvania en 1682 y William Penn dividió Delaware en tres condados y el resto de Pennsylvania en tres condados diferentes, así que Delaware y Pennsylvania tenía el mismo número de representantes en el gobierno de Pennsylvania.

Maryland

La historia de esta colonia es interesante desde el punto de diversificación cultural. El gobernante de la colonia española, Pedro Menéndez de Avilés llegó a la bahía de Chesapeake en 1572. Fue un británico, William Claiborne, quien fundó el primer puesto comercial. Pero la Corona británica aceptó el pedido de George Calvert y le concedió el derecho de propiedad y gobierno del área de la bahía, en 1632 (el territorio que hoy ocupa el estado de Maryland y Delaware).

Europa era una mezcla de ideas para entonces, costumbres y pensamientos diversos. Y no se podía esperar nada menos que esa diversificación aquí en las colonias. Nunca hubo una línea simple, así que la grandeza de América no es totalmente inglesa. Por ejemplo, Enriqueta María, de Francia, casada con Carlos I de Inglaterra, era hija del rey Enrique IV, de Francia y María de Médicis; [36] ella nació

---

[35] https://es.wikipedia.org/wiki/Delaware
[36] https://es.wikipedia.org/wiki/Maria_de_Médici

en Florencia Italia, miembro de la poderosa y rica casa de Médicis. [37] Los Médicis, dueños de bancos, dominaban las finanzas en Italia y en gran parte de Europa. Casualmente fue por esto que Enrique IV, cuyo reinado teniendo problemas económicos y dinásticos y deudas con el banco de los Médicis, opto por casarse con María; quien recibiría una dote de 600,000 escudos de oro, de la familia Médicis. Obviamente, María era de origen católica, y quizás no por coincidencia, George Calvert logro el permiso y del rey Carlos I para colonizar y gobernar la colonia de Maryland. Calvert quería una colonia donde los católicos pudieran practicar su religión en libertad. El gobierno de esta colonia paso al hijo de Caecilius, a la muerte de George, con el consentimiento del rey Carlos I. Entonces la colonia de Maryland fue fundada bajo la influencia católica. La historia de esta colonia es complicada debido a controversias políticas entre William Claiborne y George Calvert, Lord Baltimore. Pero fue finalmente cuando Oliver Cromwell, Lord protector de Inglaterra, reconoció el título de la colonia para lord Baltimore, Charles Calvert, hijo de George Calvert. [38]

Virginia

El caso de la colonia de Virginia es evidencia que el continente americano no era baldío, inhabitado, o vacío. Aquí vivían nativos americanos desde hacía unos 10,000 (o más) años, antes de la llegada de los europeos. Cuando los inmigrantes de Europa, en una expedición de más o menos 100 personas de la Compañía Virginia llegaron en 1607, cerca de 30 tribus de nativos estaban organizados en una gran federación —que algunos historiadores llaman *Confederación Powhatan*—; ellos trabajaban la agricultura y practicaban la cacería, ocupando esa región de la costa atlántica. Es interesantes este punto de organización (de defensa y comercio obviamente), como una gente salvaje (como les llamaban) tuvieran alcance intelectual para forma una organización de defensa y administración contundente. Esa

[37] https://en.wikipedia.org/wiki/Casa_de_Médici
[38] https://www.voyagesphotosmanu.com/historia_maryland.html

expedición fundo la primera colonia inglesa, Jamestown, de forma permanente. [39] Los colonizadores enfrentaron serios problemas de hambruna y conflictos con los nativos de esa región hasta que más ingleses llegaron en 1610. Los conflictos de colonizadores con los nativos se resuelven con el casamiento de John Rolfe y Pocahontas, la hija del jefe Algonquian, de la federación Powhatan. Para el año 1620, cuando los peregrinos arriban en el barco Mayflower, los colonizadores de Jamestown se habían expandido en toda el área al este de este poblado. La gente de Jamestown se dedicó al cultivo y proceso del tabaco. La intención original de la compañía Virginia fue de buscar depósitos de oro y plata y encontrar un rio o ruta que los llevara al Pacifico para establecer intercambio comercial con el Oriente. El problema de Jamestown es una historia completa por si sola. Ahí se encuentra, ambición, intrigas políticas, conflictos de intereses, deslealtad y traición. Tal vez esa es la verdadera naturaleza del ser humano. Esto causa rebeliones, conflictos armados en contra de las autoridades de gobierno, hasta masacres de los Nativos Americanos. Todo esto tuvo lugar hasta que, en 1624, cuatro años después del arribo de los peregrinos, el rey James I disolvió la Compañía Virginia e hizo de Virginia una colonia oficial de la corona. [40]

Carolina del Norte

Al igual que la colonia de Virginia, el territorio de Carolina del norte estaba poblado —por catorce o más tribus— de Nativos Americanos desde muchos siglos antes de la llegada los colonizadores europeos. Carlos I de España autorizó a Lucas Vásquez de Ayllón en 1523 a explorar la región de Carolina del Norte, con la idea de encontrar un paso para llegar a las islas de las Especies. No está claro si Lucas encontró dicho paso, pero exploró e hizo un mapa de la bahía de Chesapeake, y estableció un poblado que llamo San Miguel de Guadalupe. Luego otro español, Juan Pardo, llego y exploró el

---

[39] https://www.history.com/topics/colonial-america/jamestown
[40] https://es.wikipedia.org/wiki/Historia_de_Virginia

interior de esa región con la intención de reclamarla para la colonia española de Florida, y establecer una ruta de salida (segura) para las minas de plata en Mexico. [41] La injerencia e influencia española en esa región era evidente, hasta que, en 1584, la reina Isabel I de Inglaterra en una carta a Sir Walter Raleigh nombrando a la capital de la colonia de Carolina del Norte, como Raleigh. Los primeros colonos ingleses bajaron al sur de Virginia. Es interesante notar la demografía de los colonizadores asentados en Carolina del Norte con fuerza suficiente para partir la colonia en dos —parte este y parte oeste—. Inmigrantes de Inglaterra poblaron la parte este, mientras que los escoceses, irlandeses y protestantes de Alemania poblaron la parte oeste. Esta división influye en la vida política, social y económica de la colonia. En 1710 la colonia se dividió en dos por asuntos de gobernación, Carolina del Norte y Carolina del Sur. Hay un punto importante en el desarrollo político de Carolina del Norte. Y es que los delegados de esta colonia (ahora un estado) no querían ratificar la Constitución debido a que el gobierno central obtenía, o era demasiado fuerte, muchos poderes. Aparentemente, este estado se inclinaba por un gobierno central reducido con menos poder. Esta manera de pensar reflejaba conceptos de subsidiaridad —filosofía que se ha explicado antes—.

Carolina del Sur

La historia registra que cerca de 30 o más tribus de nativos americanos vivían en esas tierras cuando llegaron los primeros exploradores, Lucas Vásquez de Ayllón, mencionado anteriormente. En 1527, un año después de los colonos españoles abandonaron San Miguel de Guadalupe, los españoles y ahora los franceses reivindicaron la región, quien fallaron en colonizar la zona por los fuertes conflicto con los nativos americanos. En 1629 el rey Carlos I de Inglaterra cedió toda esa región a Robert Heath, territorio que comprendía Carolina del Norte, Carolina del Sur, Georgia y

---

[41] https://www.ecured.cu/Estado_de_Carolina_del_Norte_(Estados_Unidos)

Tennessee. [42] Pero, Carlos II de Inglaterra confisco esas tierras y se las cedió a ocho lores por razones políticas. El interés de los lores propietarios era solo económico y político y ayudaban muy poco a los colonos en la defensa contra los españoles, los franceses y los nativos americanos. Las diferencias políticas y económicas de la gente los condados de Craven y Alertmarle provoco la separación de la región en Carolina de Norte y Carolina del Sur en 1712. El territorio era parte de Carolina del norte, pero se partió en dos en 1712 bajo el reinado de Carlos II de Inglaterra.

Georgia

Dos puntos notamos nuevamente, uno, que fueron los españoles, con Lucas Vásquez de Ayllón, quienes llegaron a este territorio y, dos, que el territorio estaba poblado por nativos americanos desde miles de años antes de los exploradores europeos. Hernando de Soto, otro español, exploró parte del área de Georgia en dirección al rio Misisipi. [43] Los protestantes franceses, hugonotes, incurrieron en la zona y fundaron una colonia francesa llamada Fort Caroline en 1564. Abandonaron el territorio por la actitud del rey de Francia, Felipe II, que consentía herejes en sus territorios. Aquí vemos la segregación, o sea el factor de separación, de los hombres. Pedro Menéndez de Avilés se encargó de este problema por orden de su monarca. Los franceses fueron expulsados; y fundaron una cadena de fuertes en la costa atlántica. Jesuitas españoles llegaron de Florida, estableciéndose en 1570 en una misión llamada Ajacan en el territorio actual de Virginia. Esa Compañía de Jesús se retiró siendo sustituida por la Orden de San Francisco. Después que los españoles se retiraron, los ingleses llegaron y reivindicaron ese territorio. En ese mismo año, el rey Carlos I de Inglaterra creo una colonia que la llamo *Carolinas*. Mas tarde, un grupo de ingleses crearon una colonia que llamaron Georgia en nombre de Jorge II (George en inglés).

---

[42] https://es.wikipedia.org/wiki/Carolina_del_Sur
[43] https://es.wikipedia.org/wiki/Georgia_(Estados_Unidos)

Hemos leído la fundación de las colonias inglesas. Y son inglesas porque fueron todas finalmente reivindicadas por Inglaterra. Sin embargo, vemos que las colonias tuvieron influencias en parte por españoles, franceses, neerlandeses, escoceses, irlandeses, italianos y gente de otras naciones. Es obvio que la diversificación demográfica marcó el carácter de los colonos acarreando un poco del pensamiento de todos los lugares de Europa. No se puede pretender que América tenga solo raíces inglesas cuando la influencia de otras naciones son obviamente intensa.

> La grandeza de América es, casualmente, la diversificación y el deseo de crear el bienestar general bajo un régimen de tranquilidad y libertad.

La idea de hacer América grandiosa de nuevo es negar que esta nación inicio con su diversificación y es la diversificación social, cultural, intelectual lo que hace grande la Unión.

Sociedad y economía

La historia señala que antes del movimiento de independencia, las colonias habían alcanzado un nivel económico estable, aunque solo estaba basado en la agricultura. El Reino Unido bloqueaba el desarrollo industrial de las colonias negándoles la licencia de manufactura y solo permitía la producción de materia y reservaba el derecho de manufactura pare el Reino. Los comerciantes y la nueva burguesía reclamaban el derecho a realizar su propia manufactura. Es obvio que el resentimiento de los colonos creció al punto de "no más tolerancia" y buscaban la forma de liberarse de esa tiranía. Notemos que el resentimiento es de los las empresas productoras, no de los trabajadores, pues estos trabajan en la producción de productos y servicios independientemente de quien, el reinado o un colono rico, que ofrece el trabajo. La negativa del Inglaterra de dar licencias de manufactura fue uno de los factores que empujaron a las colonias a su independencia.

Hay ciertos factores antropológicos y o sociales que influyen en el carácter de una sociedad. Y el autor considera importante darles un poco de estudio y atención.

El regionalismo

El autor encuentra ciertos artículos que define este tema. El regionalismo es una forma de pensar que apoya una acción política que a pesar de aceptar de que haya un poder político superior, como una nación, procura la defensa de una de sus partes, un área que se identifica con el propósito por su homogeneidad étnica, ideológica y cultural. Es un pensar conservador y tendiente a mantener el statu quo del pueblo. El autor no está pensando en las características comerciales e industriales que los recursos del territorio les dan a sus habitantes, por ejemplo, el tabaco en Virginia. En cierto modo implica la tendencia de que la voluntad está en manos del pueblo, y a su vez, ese pensamiento de autonomía regional conlleva el objetivo de "obtener y mantener autonomía política en una región, lo que es una forma implícita de una posición soberanista. [44]

La intención de crear un área con costumbres, forma de vivir, creencias religiosas, étnicas, y pensamientos filosóficos identifica claramente una área o región. Esto es lo que trataron de hacer los holandeses con sus asentamientos. Actualmente el pueblo de cada estado se distingue por las características del ambiente de su territorio, sus hábitos sociales, y explotación y producción de los recursos de su área. Hay distingos de áreas; por ejemplo, las diferencias entre California y Nueva York, o California y Texas, etc. También puede ser la idea nacionalista de una nación. También es un ejemplo lo que George Calvert quiso hacer con el asentamiento de Maryland; quiso hacer una colonia totalmente católica para que la gente pudiera practicar esta religión en libertad. Pero no solo los

---

[44] https://es.wikipedia.org/wiki/Autonomismo_regional

holandeses promovían el regionalismo, algunas colonias intentaron crear colonias homogéneas (de una cultura homogénea).

Massachussets – La gente de Massachussets tenía su pensar religioso que los distinguía de otros migrantes que llegaron a Norteamérica. Los puritanos creían que los gobernadores son responsables ante Dios de proteger y premiar la virtud y de castigar a los malhechores. Pero después de 'la gran migración' la población era más puritanos que peregrinos. Y a si fundaron su forma de gobierno y lucharon por mantenerlo. Hoy en día es uno los estados más liberales de los Estados Unidos. [45]

Nueva Hampshire. Las placas de los automóviles llevan una inscripción que dice "vivir libre o morir". Esta es una forma de pensar, su espíritu de lucha, secundada por todos los ciudadanos de esta colonia. Es un pensamiento que distingue la actitud social del pueblo de esta colonia. Rhode Island. Era el punto del tráfico humano, de esclavos traídos de África. Es difícil reconciliar la idea Teo centrista separada de la idea humanista, o sea que *"… todos los hombres son creados igual con ciertos derechos inalienables… como la Vida, la Libertad y la búsqueda de la Felicidad"*, mientras se maltrata con la esclavitud a otros seres humanos, creados de la misma forma.

Así mismo cada estado tenía sus idiosincrasias o características innatas. Y la tierra del hombre libre y aguerrido abrió sus puertas con una historia y carácter que perdura a través del tiempo. Entonces la gente aprendió a vivir en la diversificación cultural e intelectual de esos tiempos. Bajo este modo de pensar nace la declaración de la independencia, estableciendo el principio de igualdad *que las leyes de la Naturaleza y del Dios de la Naturaleza da al hombre"*. Una verdad que luego la enfatizan diciendo, *"que todos los hombres son creados iguales… con derechos inalienables"*. Hacer esta nación, América, grande de nuevo, es crear las reformas a la constitución y sus leyes derivadas para formar una Unión más perfecta bajo esos principios.

Estas declaraciones identifican la naturaleza y carácter de los Estados Unidos y definen el regionalismo de esta tierra del hombre libre y aguerrido.

---

[45] https://www.laguia2000.com/inglaterra/la-fundacion-de-massachusetts

"… una nación bajo Dios, indivisible, con libertad y justicia para todos.

Es "… la tierra con igualdad y oportunidades".

"Dios bendiga a los Estados Unidos, tierra que amo. Ponte de pie a su lado y guiala. A través de la noche con la luz de arriba. De las montañas a las praderas, a los océanos de blancas espumas. Dios bendiga a América, mi hogar dulce hogar. Dios bendiga a los Estados Unidos, tierra que amo".

CAPÍTULO 2

La situación

Considerando: 1 —que el Creador da la vida, 2 —que el Creador puso en el universo, de hecho, en la tierra, todos los recursos con el único propósito de promover, generar, proteger, y mantener la vida, 3 —y así mismo abrió la omnisciencia y puso todo el conocimiento para la vida del hombre, 4 —que creo la belleza y el arte para expresar esa belleza. Entonces, es natural que la vida incluya el derecho infalible e inalienable de (vivir) la vida como cada quien escoja. Y cuando los hombres se juntan en grupos o sociedades, la composición de sus vidas se transforma en una sola. Es por esto que todo lo que promueve, mejore la forma de vivir, protege y mantiene la vida es parte infalible de la vida y del derecho a la misma. La vida es el más alto estado anímico, —la vida es la soberanía viviente de la existencia—; y no hay nada más alto en ella. Así mismo la asociación de vidas, principalmente de los hombres, constituye la soberanía popular. Entonces, los gobiernos creados, organizados y administrados por los hombres no son nada más que los acuerdos (procedimientos o leyes) aceptados para manejar la relación de las vidas de los hombres en sociedad. Y eso está implícito en la declaración de independencia de las trece colonias inglesas en Norteamérica, en 1776.

--Que cada vez que cualquier forma de gobierno se vuelve destructiva de estos fines, es el derecho del pueblo a alterarlo o *abolirlo, e instituir un nuevo Gobierno, sentando sus cimientos sobre principios y la organización de sus poderes en tal forma, en cuanto a ellos parecerá más probable que efectivamente su Seguridad y Felicidad.*

Esta declaración no está explícitamente escrita en la constitución, de hecho, debiera estar incluida, porque es un instrumento fundamental para sellar los túneles políticos por donde se infiltran los corruptos. El pueblo necesita que su soberanía este explícitamente definida en la constitución y en sus leyes derivadas con una reforma que incluya las condiciones para destituir un funcionario en un cargo público, incluyendo el presidente. En el sistema de gobierno que los fundadores concibieron obviamente tenía esa intención y es evidente que así fue porque lo dicen claramente *"formar una unión más perfecta",* que solo se logra con reformas a través del tiempo.

Es claro que ningún gobierno está por encima de la soberanía popular ni del reglamento de leyes que controla al gobierno, y tampoco tiene más poder, autoridad o valor que lo que le otorgan los hombres de la sociedad o pueblo. Y aunque *"... la humanidad está más dispuesta a sufrir, mientras que los males son sufribles", "... para enderezarse a sí mismos"* es necesaria una *"... abolición de las formas a las que están acostumbrados".*

"Pero cuando un largo tren de abusos y usurpaciones, persiguiendo invariablemente el mismo Objeto evidencia un diseño para reducirlos bajo el despotismo absoluto, es su derecho, es su deber, desechar a ese gobierno, y proporcionar nuevos guardias para su seguridad futura. --Tales ha sido el sufrimiento paciente de estas colonias; y tal es ahora la necesidad que les obliga a alterar sus antiguos Sistemas de Gobierno..."

Esta declaración no es otra cosa que una declaración de soberanía popular; la voluntad del pueblo está por encima de cualquier forma de gobierno. Así es, y es cierto lo que Benjamín Franklin dijo, es necesario una revolución cada 200 años.

Nuestra Unión está enferma, tiene enferma una parte de su alma, esta infestada de egoísmo, odio racista, codicia. Un cáncer, el racismo, se apoderó de su ego que lo hace delirar con una supremacía que no existe en el espíritu de los Estados Unidos. El principio de esta nación es que todos los hombres son creados igual con derechos inalienables dotados por su Creador. Y bajo este concepto, nosotros, el pueblo, de los Estados Unidos de América recordamos que la soberanía nacional es la voluntad de cada individuo integrada en una sola voz y volición; y no hay soberanía más alta que la voluntad del pueblo. De esta soberanía popular y por acuerdo de los ciudadanos del pueblo se forma el gobierno para que administre sus intereses sociales, políticos y económicos. Y esta soberanía popular define la soberanía nacional en un único documento, —una carta magna o la constitución de la Unión—, definiendo un gobierno que representa al pueblo, con poderes limitados [más nunca generalísimos] y autoridades sancionadas en ese contrato o acuerdo político. Y no hay ni habrá poder más alto que el poder del pueblo. Los intereses sociales, políticos y económicos del pueblo están incluidos implícitamente en los objetivos de la constitución listado en su preámbulo: *Perfeccionar la Unión, establecer la Justicia, garantizar la tranquilidad nacional y fomentar el bienestar general.* Este es el mandato, la responsabilidad, que un administrador de los intereses del pueblo, el presidente, tiene. La Unión aun no es la versión óptima, —está lejos de ese punto—, aunque los principios básicos están cementados en la verdad y la justicia suprema. El compromiso constitucional de perfeccionar la Unión no es solamente del gobierno; es también del pueblo; este deber es de todos, —nosotros el pueblo— a través del gobierno que nos representa. Es un deber ciudadano preservar y fomentar el sueño de nuestros padres fundadores —un sueño diseñado para nosotros, nuestra posteridad—. No podemos ignorar lo que nuestra república ha pasado en las últimas décadas y aún está pasando actualmente. El pueblo debe restaurar su gobierno y democracia sobre el curso que los padres fundadores plantearon en 1776. El momento ha llegado [en realidad está atrasado] de hacer la revolución que Benjamín Franklin anticipó, en su visión, hace más de doscientos cuarenta años. Esta revolución esta frente a nosotros y con ella viene una crítica encrucijada histórica; pero el camino solamente tiene dos escogencias, (1) dejar que ciertas fuerzas políticas junto con la empresa y mercado privado destruyan este gobierno republicano y su democracia; o (2) reformar la constitución y sus leyes sancionadas para perfeccionar la Unión de nuestros estados, cumpliendo con su preámbulo; hacer que se cumplan los principios fundamentales que crearon esta Unión. La cordura y sabiduría, sin embargo, nos aconseja estudiar los puntos débiles del estado de la Unión para proveer las razones justificantes del cambio social, político y económico que se necesita. Nuestra república y su democracia está enferma y si no la curamos es posible que muera sin ver realizado su sueño. Hay ciertas situaciones que debemos considerar sobre el estado de nuestra Unión. Tal vez si enumeramos las debilidades y vulnerabilidades sirvan de base para los cambios que se necesitan para perfeccionar la Unión.

La constitución es pura, el gobierno falla

1. —Las vulnerabilidades y debilidades del sistema, político, social y económico, del país son claras y evidentes. Las áreas débiles o vulnerables están en las definiciones oscuras de los poderes, autoridades y funciones de los tres poderes del estado que no satisfacen los seis objetivos del preámbulo de la constitución. El gobierno ha fallado; no ha cumplido con la intención de la constitución, durante los doscientos cuarenta y cuatro años de independencia. Está fallando en los siguientes mandatos.

> *… formar una Unión más perfecta, establecer la justicia, garantizar la tranquilidad nacional, tender a la defensa común, fomentar el bienestar general y asegurar los beneficios de la libertad para nosotros y para nuestra posterioridad…*

2. —Formar una Unión más perfecta: El gobierno no demuestra interés en establecer reglas para perfeccionar la Unión, revisando periódicamente el reglamento de leyes y su aplicación de modo que cumpla con los objetivos de la Unión, Las reformas constitucionales periódicas— Deben ser un mecanismo o reglas constitucionales (enmiendas) para identificar las fallas y logros del gobierno republicano y la democracia popular, por medio de un comité legislativo, estableciendo legislaturas que corrijan el curso de la Unión.

3. —Establecer la Justicia: El gobierno está fallando desde hace mucho tiempo en establecer la Justicia bajo los conceptos básicos de la declaración de la independencia como es la consideración de la verdad evidente,

> *... que todos los hombres son creados iguales, que son dotados por su Creador con ciertos derechos inalienables, que entre ellos están la Vida, la Libertad y la búsqueda de la Felicidad.*

Es evidente y claro que esta nación está dividida y una mitad se aferra al concepto de una supremacía racista que no cabe en la forma de gobierno y democracia de la Unión. La Justicia que los fundadores concibieron está basada en estos derechos inalienables. El pueblo encuentra situaciones donde la aplicación de la Justica traiciona la intención constitucional original. Es obvio que la aplicación no se aplica con igualdad a los ciudadanos del pueblo, sino que se hace de acuerdo a la influencia de fama, poder político, status económico, y status racial del ciudadano. Los casos de injusticia civil y criminal son muchos para listarlos en este libro, pero están disponibles como recursos públicos de ser necesario sustanciar este punto. El pueblo ha presenciado casos de crimines raciales, abuso sexual de menores y mujeres adultas. Los ricos, poderosos y famosos quedan impunes. ¿Es justicia esta? Tapar, encubrir, ayudar en y o disminuir un crimen o una delincuencia es un delito. El autor deja en la mente del lector(a) extraer de las instituciones públicas y de las hemerotecas de los medios noticioso las pruebas y evidencias de estas aseveraciones.

Las diferencias sociales, políticas y económicas exponen que los hombres no son tratados con igualdad en los Estados Unidos. Hemos visto que todavía existe en la Unión una supremacía blanca minoritaria que expresa resentimientos sociales reprimidos. El antiguo KKK aun sale a las calles a expresar su odio racial —es el gran deseo de establecer la esclavitud que las colonias tenían antes y después de la independencia. Estos supremacistas no aceptan que los hombres son creados igual con derechos dotados por su Creador. Ellos quieren volver a tener esclavos para hacer "América grandiosa de nuevo". No han realizado el resultado de la guerra civil que perdieron. Olvidaron que ellos mismos crearon la esclavitud —como en virginia donde montaron centros de reproducción de negros para venderlos como esclavos—. Y es posible que miembros de este clan haya infiltrado la estructura del gobierno de los Estados Unidos. Las actitudes de ciertos funcionarios públicos demuestran tal posibilidad. Posibilidades que el pueblo debe (está en su derecho constitucional) de demandar una investigación de tales sospechas. El asesinato del reverendo Martin Luther King, Jr., por un franco tirador, manifiesta el resentimiento y odio racial contra personas inocentes de piel negra, (1968). Dentro de la igualdad del hombre, y la aplicación de la Justicia, vemos que la mujer no goza de las mismas oportunidades, ni igual pago por igual trabajo, la mujer sigue siendo un ciudadano de segunda clase. ¿Hasta cuándo? La desigualdad es obvia, en la educación, en la salud, en el acceso a las oportunidades. La desigualdad la vemos en los pequeños negocios compitiendo con monstruos económicos que monopolizan los medios económicos. Vemos la desigualdad en la capacidad de adquirir conocimiento, los ricos adquieren educación en las mejores instituciones mientras que los pobres a duras penas alcanza una beca. Estas diferencias no son justas ni producto de la igualdad social (a las oportunidades).

4. —Tranquilidad nacional: Mientras no haya igualdad ni justicia igualitaria, las diferencias sociales, políticas, y económicas seguirán inquietando a los ciudadanos de esta nación; y no habrá

tranquilidad nacional cuando el principio de todos en uno, *"e pluribus unum"* no sea realidad. Y mientras estas diferencias perduren no hay tranquilidad.

Mientras la discriminación social, política y económica persista no habrá tranquilidad nacional. No puede haber tranquilidad mientras haya diferencias ciudadanas; mientras las mujeres ganen tres cuartas partes de lo que ganan los hombres haciendo el mismo trabajo. Mientras un ciudadano salga a la calle con el temor de que algún policía le detenga, lo golpee, y lo mate y luego lo acuse de resistir el arresto, no habrá tranquilidad nacional.

George Floyd – killed by police brutality el 25 de mayo, 2020.

Vivimos demostraciones por varios meses consecutivos que empezaron con civilidad y respeto, y en algunos días terminaron en violencia, y asonadas en la propiedad privada de pequeños y medianos negocios, implantando el caos —más las marchas fuero en general pacíficas en los últimos días. No habrá tranquilidad nacional mientras no haya defensa común y el presidente no ordene las fuerzas armadas para reprimir a los manifestantes, abusando de poder y autoridad constitucional. Y mientras el resentimiento continúe y haya brechas socio-económicas no puede haber tranquilidad nacional, ni bienestar general y los derechos inalienables del hombre no sean respetados.

5. —Mantener la defensa común: la seguridad y defensa para todos los estados de la Unión contra enemigos domésticos como extranjeros, visibles e invisibles; esta es la seguridad nacional que garantiza la seguridad de la gente. No se puede pretender tener y o mantener la defensa común cuando hay odio y resentimientos latentes y evidentes entre los miembros de la sociedad. El origen del latín de la palabra defensa, viene del latín *defendere*, y

la búsqueda de la Felicidad de todos. Sin justicia, sin igualdad, sin tranquilidad nacional, sin seguridad, sin bienestar general no hay ni habrá beneficios de la Libertad para el pueblo y su posteridad —sin todo eso, no existe la Felicidad. Ese sueño era un sueño o un espejismo de un sueño porque desde su inicio la igualdad del hombre no existía. La independencia era solo de los europeos, esa igualdad no incluía al hombre-esclavo, tratados como animales de carga y trabajo, forzados. La crueldad de la esclavitud fue tan honda que en Virginia se establecieron lugares para la reproducción de negros con el fin de venderlos como esclavos. Grandes pensadores o filósofos como Henry D. Thoreau y Ralph Waldo Emerson "cuestionaban al gobierno como representantes de los individuos". [46] Pasaron ochenta y siete años y una sangrienta guerra civil después del día de la independencia para "formar una Unión más perfecta", sin esclavitud, pero dejo el odio, resentimiento y venganza contra aquellos que lograron la emancipación; aunque la abolición de la esclavitud paso a ser constitucionalmente legal a través de la decimotercera enmienda. El sueño americano era solamente el espejismo de un sueño y aún sigue siendo; no habrá tranquilidad mientras el KKK pueda marchar por las calles y los linchamientos sean factibles.

Según la NAACP, "hubo 4,472 linchamientos entre 1882 y 1968, la mayoría de ellos con personas negras asesinadas a manos de turbas blancas". [47] No habrá tranquilidad ni bienestar general mientras el odio se exprese públicamente con asesinatos como el de George Floyd. Estamos lejos de formar una Unión más perfecta como la soñaron los fundadores de la patria en 1776. Estamos lejos de establecer la Justicia, obtener la tranquilidad nacional, o el Bienestar General. Hoy en día los beneficios de la libertad son solo para unos cuantos que ostentan la riqueza y el poder. Estamos lejos de hacer una Unión más perfecta. Y esta situación es el espejismo de la intención del preámbulo de la constitución.

---

[46] https://historiaybiografias.com/esclavitud-estados-unidos-origen-y-abolicion/
[47] Karine Jean-Pierre @K_Jean-Pierre [Tweeter]

No puede haber ninguno de los seis objetivos de la constitución si se deja que un presidente, autócrata, dictatorial, abuse de su poder y asuma poderes absolutos, abuse de su autoridad, ignore el reglamento de leyes, y atente destruir la separación de poderes del gobierno para promulgar sus propios intereses personales. Este son los casos de los presidentes Richard Nixon y Donald Trump.

La Unión está enferma

Es la opinión del autor que "no hay intención ni expresión más sincera y bella que la constitución de los Estados Unidos de América. La introducción a su articulado habla de *"Nosotros"* sin dejar atrás a ninguno de sus ciudadanos, sin discriminación de raza, color de piel, creencias religiosas, inclinación filosófica. Nosotros, *"el Pueblo"* declara un sueño formar una Unión más perfecta, y en otros cinco objetivos explícitos expresan los detalles de ese sueño, incluyendo *"asegurar para nosotros y para nuestra posteridad los beneficios de la libertad."* Todo esto es parte intrínseca del sueño del pueblo de los Estados Unidos en el espíritu de su letra. Pero en la acción del ego ¿será solo el espejismo de una bella intención?

Mientras unos tenían su mente y conciencia pura otros vieron la oportunidad de usar el sueño americano para sus beneficios personales. La Unión nació con una parte de su cuerpo enferma de egoísmo, codicia, y odio. Los síntomas aún se notan en la actuación de la sociedad moderna en el año 2020. Hay mucho trabajo que hacer para formar una Unión más perfecta; para alcanzar la verdadera Justica, y el Bienestar General, que garantice la tranquilidad interior del alma de cada ciudadano. Cuando ese día llegue, nosotros, el pueblo y su posteridad, gozaremos todos de los beneficios de la libertad que nuestros antepasados compraron con su sangre.

La intención de la independencia está plasmada en la letra y el espíritu en su declaración y en de la constitución. Esa es la razón de la Unión. Pero su integridad y permanencia quedó expuesta a la corrupción de funcionarios deshonestos que pueden abandonar los objetivos del pueblo y utilizar la Unión para beneficios personales. Benjamín Franklin previno esta situación, anticipando que una revolución es necesaria cada doscientos años debido a la corrupción. La constitución tiene ciertos vacíos, es decir —oscuridades en su significado— que se prestan a erradas interpretaciones. Estas interpretaciones erradas pueden causar daños irreparables a la república y a su democracia. Por ejemplo, el presidente Donald Trump piensa que él tiene poderes absolutos y que puede hacer lo que quiera de acuerdo al Artículo II de la constitución. Y aparentemente, piensa que los otros dos poderes del estado están debajo de sus poderes ejecutivos. Tal vez tenga razón, tal vez no, pero la separación de los tres poderes, la constitución debe definir claramente la separación de poderes del estado, las funciones de cada uno y el alcance de estos poderes. El precepto de que nadie está por encima de la ley es algo que debe sancionarse con una enmienda a la constitución con una definición precisa. Esta enmienda debe detallar la extensión de los poderes y autoridades que la constitución sanciona para cada uno de los tres poderes. El articulo I y II deben aclararse con detalles. Al mismo tiempo la constitución debe sancionar las consecuencias resultantes de las violaciones a tales mandatos.

Los artículos I and II de la constitución trata sobre el poder del congreso —las dos cámaras— y la responsabilidad de encausar cargos políticos en la casa de representantes y abrir juicios políticos en el senado. La deficiencia de estos artículos es la falta de claridad de los poderes del congreso y del presidente de la república. El poder y autoridad del presidente debe estar explícitamente claro para evitar interpretaciones erradas por parte del presidente. Ningún presidente tiene derecho ni autoridad de negar, rechazar, ignorar, las responsabilidades, derechos y autoridades de los otros dos poderes, constitucionalmente establecidos. Hacer lo contrario es un atentado en contra la constitución y tal acto es un alto crimen político —subvertir la constitución—.

Enmiendas de la constitución

Enmiendas: Además, las mismas enmiendas de la constitución son causalmente sancionadas para perfeccionar la Unión original cuando su constitución requiera reformas. [48] Recordemos que de las doce primeras enmiendas solo diez fueron ratificadas en un corto tiempo después de que la constitución fue propuesta. Pero hay algunas que aún están pendientes.

El derecho del pueblo estadounidense a poseer y portar armas no está escrito en el articulado de la constitución. Es un derecho agregado por la segunda enmienda. Es un tema controversial en cuanto a objetivos, y eficiencia se refiere. La milicia no está organizada ni tiene una jerarquía de autoridad militar; por tanto, no es un cuerpo militar organizado. El propósito de la milicia civil es un tema sujeto a discusión. Hubo muchos colonos que argumentaron contra la necesidad de formar milicias. El fin original de la milicia era articular un cuerpo armado de defensa efectiva contra gobiernos déspotas y autocráticos, pero esta debe ser organizada, debidamente armada y entrenada. El peligro de una milicia civil está en el riesgo de ser politizada para fines corruptos y partidarista, cubierta bajo el derecho (artificial) de poseer y portar armas; en este caso la milicia se vuelve un ejército de un partido político. Y esto trae la formación de otra milicia de otros partidos políticos bajo los mismos derechos de poseer y portar armas —la seguridad común, la tranquilidad nacional y el bienestar general se pierde, *de facto*. Además, la desorganización de la milicia pone en manos de políticos hábiles una posibilidad de manipularla para fines personales lucrativos. El gobierno ha fallado y seguirá fallando en darle forma y carácter apolítico a dicha milicia; falla en organizarla y darle carácter militar, como debería ser. Una milicia organizada y entrenada no tiene fin y debe ser integrada a la reserva militar con carácter de permanencia. El argumento de que la milicia es necesaria para la seguridad de un Estado es débil e inefectivo. Sin embargo, es un derecho ciudadano portar armas para fines de cacería. El Artículo 1, Sección 8 establece la autoridad de organizar y disciplinar a la Reserva Militar compartida entre el gobierno central y los estados con fines específicos de defensa estatal y federal. ¿Porque es necesaria una milicia civil? Es hora de

---

[48] https://es.wikipedia.org/wiki/Anexo:Enmiendas_a_la_Constitución_de_los_ Estados_Unidos.

hacer la milicia, si es que es necesario tenerla, eficiente y efectiva para la defensa doméstica, integrándola a la reserva nacional, la cual tiene similares objetivos. Pero tal reforma de la enmienda que hizo posible la milicia pueda hacer o transfigurar la milicia para beneficio del bienestar general y la tranquilidad nacional, no solo para la defensa común, pero también para asegurar los beneficios de la Libertad de forma igualitaria para todos nosotros, el pueblo. Este es el verdadero objetivo de la milicia, no para ir a cazar un pato con una metralleta de alto calibre y de repetición automática que no deja rastro del pato.

La enmienda V no sanciona que una persona tenga derecho a no ser investigada por delitos cometidos, civiles o criminales. Y a pesar que la enmienda establece que no se le compelerá a declarar contra sí misma, la ley no establece que no se pida evidencias que atestigüen su inocencia. El poder legislativo ha fallado y sigue fallando en no aclarar este asunto, especialmente cuando esté relacionado con la investigación de delitos y crímenes en caso políticos. La enmienda V no inmuniza a ninguna persona. Es decir el juicio político no tiene ni busca probar que el indiciado es o no culpable de los delitos criminales cometidos, eso es asunto de las cortes normales, sino que es, y debe ser suficiente, necesario establecer las sospechas con evidencias confiables que atestigüen que el sospechoso puede ser enjuiciado en un gran tribunal ("Grand Jury" en inglés) en las cortes normales, consecuentemente la ratificación de las evidencias por un gran tribunal pudieran, o deben, ser parte de las evidencias en los cargos formales en los casos de destitución política. Y así, por tanto, el indiciado ser destituido del cargo que ostenta.

La enmienda X separa los derechos de gobierno central y de los estados. Pero no establece la autoridad del poder ejecutivo sobre los estados, siendo que la soberanía nacional es otorgada por la soberanía popular (el pueblo de cada estado o todos juntos). Se entiende que lo que este sancionado explícitamente en la constitución, poder o autoridad, es propiedad y derecho de los estados o del pueblo de esos estados. En el caso de las amenazas del presidente con mandar, como de hecho lo hizo y lo esta haciendo, tropas federales para apaciguar, amedrentar, restringir, reducir, dominar, o bien eliminar las protestas populares en un estado es un acto que no esta bien claro. Y el presidente asume tener el poder de ejecutar dicha acción.

La enmienda XIV en referencia a la ciudadanía solo especifica las personas nacidas o naturalizadas en los Estados Unidos. No especifica ni menciona a las personas jurídicas como corporaciones como ciudadanos americanos. La controversia sale de la definición de ciudadanía. El problema es que quienes forman una corporación, de propiedad simple o de propiedad asociada, es que los ciudadanos dueños adquieren por este medio derechos y poderes, tal ves duplicados, que los demás ciudadanos no tienes, y esa situación manufacturada es una violación a la igualdad de los hombres, igualdad de acuerdo a dicho derecho inalienable.

La enmienda XV establece el derecho al sufragio electoral es inviolable, y no se puede desconocer, menoscabar dicho derecho a los ciudadanos de los Estados Unidos por motivo de raza o color, condición social anterior. Sin embargo, hemos sido testigos de como la división política es utilizada por ambos partidos principales tratando de obtener una ventaja política injusta que manipula los límites de los distritos. Igualmente, hemos vistos variados métodos de como suprimir o restringir la votación, incluyendo la intervención en los procesos electorales de parte de gobiernos extranjeros en abierta violación a la soberanía nacional de los Estados Unidos. Todo intento o manipulación intencionada para alterar el orden natural del sufragio electoral con afán de lograr ventajas para un partido político viola la soberanía popular, es un atentado contra la democracia y, de hecho, es una subversión de la constitución como un alto crimen político de suprimir el derecho inalienable de elegir a sus representantes. De hecho, es un acto criminal en contra de la soberanía popular, de la constitución, por parte de cualquier representante del gobierno, y o funcionario público. Es un alto acto criminal (político) que solo puede remediarse con la destitución de del cargo público que ostenta el culpable.

Una intervención como tal se observó en las elecciones de 2016 en la que salió electo el candidato del partido republicano, Donald Trump. La comunidad de la inteligencia comprobó positivamente la intervención de Rusia en este asunto. De esas intenciones, decisiones y acciones son actos criminales que debe tipificarse como altos crímenes contra la constitución para casos de destitución política.

La corrupción es una endemia crónica en el gobierno y política de los Estados Unidos, —y es una pandemia de todo el mundo—, que carcome las estructuras y telas del gobierno republicano y democracia de la Unión. La corrupción es un factor que destruye poco a poco los principios de la Unión. ⁱⁱ La corrupción es un delito que debe tipificarse como alto crimen en contra la Unión, la constitución y la soberanía nacional y popular. Durante el tiempo de la presidencia cuarentaicincoava de los Estados Unidos observamos varios casos serios de corrupción política y abuso de autoridad de parte del presidente y de varios de sus funcionarios, violando la constitución. Por ejemplo, el gobierno de Trump ha tergiversado los principios constitucionales, y la separación de poderes del estado para beneficios personales con la cooperación y participación del senado del poder legislativo. El caso político de destitución del presidente Trump acusado con dos cargos de (1) Abuso de poder presidencial y (2) Obstrucción al congreso. [49] Vimos otro gran caso de destitución política; es la del presidente Richard Nixon, en 1973, que terminó con la renuncia de Nixon a la posición de presidente el ocho de agosto de 1974. La corrupción política no garantiza la tranquilidad nacional, ni fomenta el bienestar general. En ambos casos las evidencias fueron contundentes, pero en el caso de Trump y por la complicidad del líder mayoritario del senado, Mitch McConnell la acusación fue prácticamente ignorada (¿ilegalmente?).

El abuso de poder, aunque es un acto de corrupción merece ser identificado en su totalidad, única y separada, por el alto daño que causa a la integridad, ética y profesional, del gobierno, en sus tres poderes del estado, incluyendo los principios morales bajo los cuales se constituyó la Unión de los Estados Unidos de América. ⁱⁱⁱ Rodney King fue brutalmente golpeado por policías en 1991. (a manos de civiles y abuso de autoridad policial). Mientras el autor escribe razones sustanciando una reforma constitucional —comenzando el

---

[49] https://es.wikipedia.org/wiki/Proceso_de_destituci%C3%B3n_de_Donald_Trump

14 de marzo 2020— un policía de raza blanca asesina a un hombre de raza negra, George Floyd, asfixiándolo en ocho minutos y cuarenta y seis segundos, en plena luz del día y en medio de la calle, el 25 de mayo, 2020. Las marchas de protesta contra la brutalidad (abuso de autoridad) policial comenzaron ese mismo día y han durado por más de cien días.

Hemos visto el abuso de poder a varios niveles de la estructura del gobierno desde presidentes hasta policía local. La cadena de casos es larga; podemos listar rápidamente una docena de casos, como George Floyd, Trayven Martin, Eric Garner, Michael Brown, Walter Sealt, Fred Gray, por decir algunos cuantos.

La discriminación racial es un crimen contra la constitución, es una violación al precepto de que *todos los hombres son creados iguales… con derechos inalienables, dotados por el Creador, entre ellos la Vida, la Libertad y la búsqueda de la Felicidad.*

El crimen organizado o bien delincuencia organizada debe tipificarse como un alto crimen para fines de proceso de destitución política. [iv] El acto del crimen, o delincuencia, organizada incluye el planeamiento para delinquir por tanto es una conspiración delictiva contra el orden del sistema social, político y económico de la Unión. Cada uno de estos actos delictivos y de corrupción deben nombrarse en el contexto de una enmienda a la constitución para servir de base a leyes derivadas.

El espíritu de la constitución

Dentro de la situación a hay una lista de puntos que el pueblo debe estudiar con atención y propósito de mejorar los fundamentos de la Unión.

1 — La falta del texto en la constitución sobre las ideas fundamentales de la Unión manifestadas en la declaración de independencia, específicamente,
   a. —Todos los hombres son creados iguales, dotados por su Creador de ciertos derechos inalienables entre ellos
      i. La Vida

    ii. La libertad

    iii. La búsqueda de la Felicidad

2   —La separación de los poderes del estado.

    a. La escogencia de magistrados para la corte suprema y cortes federales no se debe dejarse a discreción del presidente, si valoramos la estricta separación de los poderes del estado.

3   —Falta promulgar en la constitución que el poder del gobierno central, la soberanía nacional, se deriva el poder del pueblo, y solamente del pueblo, la soberanía popular. Por tanto, no hay poder más alto que el poder del pueblo, la soberanía popular.

4   — Falta establecer en la constitución el derecho del pueblo a destituir a alterar o abolir, e instituir un nuevo gobierno, *sentado en cimientos sobre principios y la organización de sus poderes en cuanto a ellos parecerá más probable que efectivamente su Seguridad y Felicidad.*

5   —Falta establecer en la constitución el derecho del pueblo de escoger el programa de gobierno que *en cuanto a ellos parecerá más efectivo y garantice sus derechos inalienables dotados por su Creador.* Este programa de gobierno del pueblo, para el pueblo y por el pueblo serán los requisitos que los candidatos a presidente y vicepresidente de los partidos políticos usarán para proponer su plan administrativo. Ningún partido político tendrá derecho a, ni responsabilidad de proponer un, programa de gobierno, sino es el de cumplir a satisfacción, el plan de gobierno que el pueblo especifique, el programa que el mismo pueblo proponga a través de su estado, basado en la participación simultánea de todo el pueblo del estado. Esta reforma es necesaria para formar una democracia participativa más eficiente de conformidad con la voluntad del pueblo. En realidad, es el pueblo quien mejor puede decir que es lo que necesita recibir del gobierno.

6   —Falta establecer los requisitos al cargo de presidente y vicepresidente. Esta reforma evita que cualquier persona sin

el conocimiento, habilidad y experiencia asuma el poder y autoridad de manejar la Vida, la Libertad y la Felicidad del pueblo. Es necesario establecer los requisitos del puesto de presidencia y vice presidencia, entre pruebas de carácter, ética y capital humano (conocimiento, habilidades y experiencia); cada candidato a presidente y vicepresidente debe presentar sus credenciales con anterioridad. El presunto candidato a la presidencia debe presentar sus credenciales que satisfacen lo requisitos del cargo antes de entrar en la competencia, y el vicepresidente debe presentar sus credenciales antes de ser nominado por el presidente, sendas credenciales deben enviarse a la cámara de representantes para revisión y aprobación.

7   —Falta aclarar las razones para el caso de destitución política de funcionarios del gobierno, incluyendo el presidente y vicepresidente. Esta reforma es necesaria para establecer que nadie está por encima de la constitución y de su reglamento de leyes.

8   —Falta especificar las facultades, poder y autoridad del presidente del poder ejecutivo para evitar un mal entendimiento o interpretación errónea; en particular la facultad que le otorga el Articulo II, sección dos. que dice en su texto (nombrar) *"… Magistrados de la Corte Suprema de Justicia y todos los demás funcionarios de los Estados Unidos cuya designación no provea este documento en otra forma y que hayan sido establecidos por ley…"* Esta facultad perturba la separación de los poderes del Estado y propicia el abuso de autoridad y la posibilidad de actuar para favorecer intereses partidaristas —lo cual de hecho es una corrupción o abuso de poder—.

9   —Falta aclarar que el presidente no tiene poderes absolutos, ni facultades para hacer lo que el presidente desee en contra de la ley o de la soberanía popular, para evitar un mal entendimiento. Esta reforma debe aclarar el caso en el cual un presidente en oficio de su cargo puede destituirse y sustituirse por el vicepresidente activo.

10 —Las reformas deben mejorar el juramento o promesa antes de asumir un cargo. *"Juro (o prometo) solemnemente que desempeñaré lealmente el cargo de presidente de los Estados Unidos y que sostendré, protegeré y acataré la Constitución de los Estados Unidos, al máximo de mis facultades. Y acepto las consecuencias legales si no cumpliere con mi juramento y mi promesa, incluyendo la destitución a mi cargo".*

El autor señala en este libro las debilidades del sistema y sugiere un paso al cambio que refuerce y fortalezca los principios fundamentales de la constitución de los Estados Unidos de América. El lector(a) tiene el derecho de interpretar por su cuenta; sin embargo, es prudente, justo y necesario juntar criterios y someterlos al público en general. Tal vez así se puede crear un interés común por perfeccionar la Unión.

La América de hoy en día, desde hace décadas, está profundamente dividida. El gobierno del pueblo, para el pueblo y por pueblo, es el foro de melees políticos por controlar el poder para beneficios partidaristas y no para el bienestar general del pueblo. Las grietas son tan anchas y profundas que la Unión puede estar en estado de enfermedad terminal. La división de clases sociales aún persiste; —tal vez solapada—, por un lado, la supremacía blanca y por otro las razas de piel de colores. Las brechas económicas han borrado, prácticamente, la igualdad de oportunidades. A pesar que los fundadores crearon optimismo basado en que

> *... estas verdades son evidentes, que todos los hombres son creados iguales, que son dotados por su Creador con ciertos derechos inalienables, que entre ellos están la Vida, la Libertad y la búsqueda de la Felicidad...*

Esta declaración *"... todos los hombres son creados iguales",* descarta las diferencias entre los hombres, (mujeres y varones); pero no estipula diferencias por color de la piel ni otorga supremacía a los hombres de tez blanca, ni declara inferioridades de los hombres con piel de color oscuros. Tampoco declara que las personas de sexo femenino sean de distinta clase que las personas de sexi masculino. La declaración establece que todos los hombres, mujeres y varones y de todos los colores de piel, son dotados por su Creador con derechos inalienables, como la Vida, la Libertad, y la búsqueda de la Felicidad. Sin embargo, fue una lucha para abolir la esclavitud de personas de color negro, y otra lucha para ceder el derecho al voto a las personas de sexo femenino. Sin embargo, una supremacía blanca mantiene la lucha contra las personas con piel oscura a las cuales consideran inferiores. Hoy en día todavía se mantiene la hegemonía de los hombres y las mujeres aun no reciben igual pago por un trabajo igual. Hay personas que por ser famosas y tener millones de dólares puede hacer cualquier cosa, abusar de las mujeres o tirar a una persona en la quinta avenida de Nueva York y no importarle a nadie. Esto es una falla del reglamento legal de la constitución. Por otro lado, la corrupción ya alcanzó el proceso electoral y naciones extranjeras intervienen a favor de un candidato y el candidato que permitió y la nación que lo ayudo queda impune. Además de eso la cámara de representantes presenta cargos y el senado lo exculpa. Claro que hay evidencias de corrupción en el gobierno que la libertad de expresión, en manos de los medios informativos, ha expuestos con abundantes detalles.

El sistema capitalista, la libre empresa, y el mercado libre crearon un balancín económico, acumulando el capital en manos de unos pocos en el extremo alto y la pobreza, las tribulaciones y el sufrimiento caen en el pueblo en el extremo bajo. Obviamente, las diferencias económicas, las brechas sociales entre los que tienen todo y los que no tienen nada se vuelve más ancha cada día. Y la vergüenza es que el gobierno apoya esa situación.

Periodistas y reporteros de grandes medios informativos como Rachel Madow y muchos otros no se cansan de plantear la temática galopante de la corrupción, pero las fuerzas del mal si imponen. El presidente dice que los periodistas son *enemigos del pueblo* —estas son palabras que salen de las bocas de hombres fuertes, autócratas y dictadores—. Las palabras de Benjamín Franklin al decir que cada doscientos años los gobiernos se vuelven corruptos fueron sabias. La corrupción aquí debe ser más grande de lo que vemos, pues ya pasamos cuarenta y cuatro años más de los doscientos años que Franklin pronosticara.

Queda pendiente lo que dijo Abraham Lincoln en su discurso, tal vez se establezca algún día, el nuevo gobierno. Eso es parte del sueño de los ciudadanos de los Estados Unidos; pero este estado político aún no se ha dado. Desde hace unos años, —quizás desde el inicio de la Unión— el gobierno es de los gobernantes, por los gobernantes y para los gobernantes y con ellos los ricos de la empresa

> ... *del pueblo, por el pueblo y para el pueblo*...

privada y mercado libre —que manipulan a la clase media para abajo—. Es, ha sido, la capa demográfica que, instigado e ejecutado las más grandes revoluciones del mundo, incluyendo la revolución que creo la unión de los Estados Unidos de América. Es esa capa demográfica la que debe valorar, considerar y tomar seriamente el pronóstico de Benjamín Franklin —*cada doscientos años se necesita una revolución*—.

Los objetivos de la constitución enfocan la justicia social, justicia económica y política que reflejan la voluntad del pueblo bajo un gobierno verdaderamente del pueblo, por el pueblo y para el pueblo. —cómo los fundadores de la patria lo diseñaron—, pero la realidad es otra.

El artículo único y principal de la constitución, —su preámbulo—, no define tiempo de vigencia; su intención está vigente y activa como si fuere escrito en tiempo presente; los mandatos y propósitos sancionados por los ciudadanos de las colonias inglesas de América en aquel tiempo, está en el término "Nosotros", como si las hubiésemos escrito en cualquier día presente. en ese artículo quedan como deber, derecho y propósito, un fin: ... formar una Unión más perfecta. La perfección de la Unión tiene especificaciones explicitas:

> *establecer Justicia, asegurar la tranquilidad interior, atender la defensa común, promover el bienestar general y asegurar para nosotros y para nuestra prosperidad los beneficios de la Libertad,*

Es explícitamente obvio que nuestra república y nuestra democracia no está cumpliendo a cabalidad con estos objetivos ni el fin constitucional de *formar una Unión más perfecta.* Aquí, como predijo Benjamín Franklin, la corrupción invadió —y hasta cierto punto se tomó— el gobierno; y amenaza, desde hace tiempo, con destruir nuestra democracia, —la soberanía popular; ya no somos "Nosotros" el pueblo—. Ahora es el egoísmo y avaricia del capitalismo el elemento que controla y manipula a su antojo el gobierno.

Mientras esas especificaciones no se cumplan nuestra república y democracia no estarán bajo la soberanía nacional, o la voluntad del pueblo; ahora está bajo la dictadura de los intereses del mercantilismo que opera bajo el seudónimo de libre empresa en un ambiente de libre mercado —el egoísmo, codicia, y ambición de gentes o grupos ricos y poderosos—. Los cambios legislativos en los últimos años y el solapamiento de la acción del ejecutivo ayudado por el senado, es evidencia de lo que Benjamín Franklin dijo acerca de la corrupción bicentenaria; por tanto deben haber cambios.

La exposición de la obsolescencia de la constitución tiene un insinuante propósito que puede despertar a la ciudadanía a percatarse de estas condiciones. Y la solución al caos no está en manos de los representantes elegidos por el pueblo sino en las manos del mismo pueblo porque el derecho y deber de actualizar su constitución y marco de leyes le corresponde al pueblo —ese es el ejercicio de la soberanía popular—. Es cierto que ningún cambio debe ser arbitrario ni partidarista —es decir no debe hacerse para beneficio de un partido político, sino *a fin de formar una unión más perfecta… *[y]* fomentar el bienestar general*—.

Fomentar el bienestar general es el espíritu y fuerza que establece y mantiene nuestro estado de república y democracia. El espíritu y fuerza para establecer la Justicia; asegurar la tranquilidad interior sea nuestro objetivo; proveer para la defensa común (defensa social, económica, de salud y educacional), es ese espíritu y fuerza; y asegurar para "Nosotros", y para nuestra prosperidad los beneficios de la libertad es ese espíritu y fuerza. La fuerza es nuestra soberanía nacional o nuestra soberanía popular. Por estos principios las enmiendas a la constitución y cambios al reglamento de leyes son necesarios. Pero los cambios deben ser imparciales y para beneficio del pueblo.

Considerando la separación de la iglesia y del mercantilismo actual, estos cambios deben separar la función gubernamental de las funciones de la libre empresa y del mercado libre, así como de la influencia del poder de los grandes capitales en el gobierno y en las leyes que regulan su existencia. Si la empresa privada y el mercado libre desean no ser intervenidos por el gobierno, es decir operar sin regulaciones, el gobierno debe, por mandato constitucional, fomentar el bienestar, y la seguridad nacional, para que sus ciudadanos vivan libres buscando su felicidad. Pero no serán ni libres, ni felices cuando sean mantenidos como una sociedad de consumo —como números estadísticos del mercantilismo—.

De ninguna otra manera el gobierno de los Estados Unidos de América será libre y soberano a través del tiempo. Las frases sabias de Abraham Lincoln viven a través de los siglos, son eternas, y vibran en las almas de la gente que ama la libertad y el bienestar general por encima de sus intereses personales. Escucha lo que dijo, piensa, y sigue sus consejos. La soberanía popular es la voluntad de cada individuo y la soberanía nacional es la voluntad colectiva de los ciudadanos conferidos al gobierno de su estado. *"Recuerda siempre que tu resolución de triunfar es más importante que cualquier otra cosa." Abraham Lincoln.* Tu voluntad prevalece y esta sobre las intenciones, decisiones y acciones de los representantes que eliges a tu gobierno. *"No temas al fracaso que no te hará más débil, sino más fuerte."* Después de todo los cambios que propongas y demandes solo tienen el propósito de hacer esta Unión más perfecta sabiendo que *"La democracia es el gobierno de la gente, por la gente, para la gente." Abraham Lincoln.* Y con la única intención de fomentar el bienestar general en tu afán —tu derecho inalienable— de lograr la Felicidad. *"La probabilidad de perder en la lucha no debe disuadirnos de apoyar una causa que creemos que es justa."* **Abraham Lincoln.** Porque nadie sabe si se pude triunfar si no se lucha. *"Al final, lo que importa no son los años de vida, sino la vida de los años."* **Abraham Lincoln.**

Por hoy muchas, sino toda acción de los poderes del estado, ejecutivo, legislativo y judicial, tienden a favorecer el mercantilismo, actuando en contra del principio fundamental de los Estados Unidos: el establecimiento y mantenimiento de un gobierno del pueblo, por el pueblo y para el pueblo —la soberanía popular—. El bienestar, la prosperidad equitativa, la seguridad y paz del pueblo dependen directamente de los cambios que se promulguen e implementen para actualizar la constitución y sus leyes de acuerdo a las exigencias de la vida y sociedades modernas.

Las reformas a la constitución son obviamente necesarias, comenzando con los siguientes temas.

1. —Eliminación de la necesidad de la milicia y la reforma de los objetivos, estrategia y misión de la guardia nacional de cada estado.

2. —Establecer la soberanía popular y su derecho a elegir en forma directa a sus represente en el gobierno, en los tres poderes.

   2.1. —Establecer el voto popular como única y final forma de escogencia y elección de presidente y vicepresidente de la república, dejando que el sistema del colegio de electores sea el auditor y testigo de que la intención e integridad de la voluntad del pueblo se preserve.

   2.2. —Devolver al pueblo la responsabilidad y el derecho de elegir a sus representantes de magistrados a la corte suprema de justicia, y jueces de cortes federales. Ningún representante del pueblo en un poder del gobierno debe tener autoridad ni derecho de nombrar a ningún funcionario para los otros dos poderes del estado. La autoridad actual del presidente para nombrar magistrados, incluyendo jueces del sistema federal, es una violación al principio de separación de poderes.

2.3. —Confirmar el poder de la soberanía popular para escoger su programa de gobierno de conformidad con las necesidades aprobadas en cada estado. El pueblo, y solo el pueblo, tiene el deber y derecho de plantear los requisitos del programa de gobierno que más convenga a los Estados Unidos, para cada período presidencial; colectado a través de proposiciones y elecciones estatales. La responsabilidad de legislar la voluntad del pueblo es de la cámara de representantes del congreso y la responsabilidad de revisar, proponer enmiendas y aprobar la proposición del programa de gobierno es de la cámara del senado. Es la responsabilidad de la cámara de representantes distribuir al público el programa de gobierno que el pueblo elije implantar, requerir de los partidos políticos y sus candidatos oficiales proposiciones de su plan de gobierno que satisface el programa de gobierno de la Unión. De igual forma, la cámara de representantes debe asumir la responsabilidad de reglamentar las bases y procedimientos de la forma de definir las plataformas políticas para cada elección, como el pueblo a través de sus estados desea.

3. —Abolir la necesidad de la milicia. La milicia es una fuerza obsoleta, sin sentido practica y no tiene ni organización, moral, ni entrenamiento, ni propósito definido. La milicia del tiempo colonial ya cumplió su misión y es hora de abolirla completamente.

3.1 —Reformar los objetivos de la Guardia Nacional de cada estado. La función de la guardia nacional es entrenar y mantener la milicia militar a todos los ciudadanos mayores de 18 años. Implantar dos años obligatorios al servicio de la guarda nacional continua o cuatro años de entrenamiento.

3.2 —La reserva militar debe integrar a la milicia popular en un solo cuerpo militar, dar entrenamiento en el uso de armas y procedimientos de combate a cada uno y todos los ciudadanos.

3.3 —La reserva militar debe expandir su alcance y establecer un régimen obligatorio de dos años en servicio a todos los ciudadanos, mujeres y varones, con fin militar y vocacional. El propósito es dar entrenamiento militar a los ciudadanos en preparación para formar parte de la milicia en reserva, al mismo tiempo capacitar a los ciudadanos en tecnología, producción y servicios que sean de beneficio al individuo y a la sociedad después de dejar la reserva militar y o la milicia.

4. —Enmienda la articulo I, Sección 2 de la constitución. La absoluta facultad de presentar cargos en juicios políticos tiene la amplitud de conducir la investigación necesaria, sin participación, obstrucción ni intervención de la parte bajo investigación, de cualquier representante electo o no electo en servicio del pueblo, incluyendo el presidente y vicepresidente, por cualquier método que la cámara de representante considere apropiado, incluyendo citatorios, procedimientos de consejeros especiales. Establecer que ningún representante bajo investigación tendrá derecho de negarse a declarar ni apelar a privilegios de confidencialidad, cuando sea citado para tal efecto, incluyendo al presidente y vicepresidente (nadie debe estar por encima de la ley). Cuando la cámara de representantes extienda requerimiento de documentos, la parte bajo investigación tendrá, sin obstrucción al servicio de la Justicia, que presentar los documentos requeridos, confidenciales o no confidenciales. El comité de investigación o el consejero especial acordara la fecha y hora del interrogatorio con la parte bajo investigación para no perturbar el trabajo de dicha parte. La investigación de cualquier representante, por su solo hecho, suspende cualquier facultad de inmunidad de la parte bajo

investigación. Una vez concluida la investigación, la cámara podrá formular el pliego de acusaciones comprobadas y abrirá un gran jurado para determinar la procedencia constitucional y legal de la acusación. En caso que procedan, la cámara prepara la acusación formal de cargos y delitos en contra de la parte investigada y procederá a su enjuiciamiento en la cámara del Senado. La opinión del juez o jueces del gran jurado es evidencia que debe (ser admitida como tal) incluida adjunta a archivo de la acusación.

5. —Enmienda la articulo I, Sección 3 de la constitución. Esta enmienda modifica y promulga que la parte acusada no está por encima de la ley independiente del fallo del senado a favor o en contra del acto de destitución del cargo público que ostenta el acusado. EL senado no tiene facultad de exonerar al acusado por delitos punibles de la ley, y por tanto la parte acusada quedara sujeta, no obstante, a que se le acuse, enjuicie y castigue de acuerdo con la ley cuando la parte acusada abandone su cargo público. Siendo ese el caso, la constitución debe sancionar o definir claramente el período o la caducidad del tiempo límite para presentar acusaciones.

6. —Enmienda la articulo I, Sección 2 de la constitución. En cuanto esta sección delega la responsabilidad de presentar cargos políticos en contra de representantes del pueblo en el gobierno por traición, soborno, otros crimines mayores y delitos menores " se tipifican lo siguiente: serán crimines políticos mayores:

(1) actos comprobados de asociación con cualquier gobierno extranjero con el fin de alterar, abolir o derogar, o cambiar la forma republicana y la democracia de la Unión,

(2) cualquier acto del funcionario con intención de alterar, abolir o derogar, o cambiar la forma republicana y la democracia de la Unión, sea este acto de forma individual o en de acuerdo con otras personas, civiles o públicas, nacionales o extranjeros;

(3) atentar contra el sistema de justicia, por efecto de intimidación, soborno o corrupción de la integridad ética del sistema de justicia, cortes y jueces en forma corrupta, para beneficios personales o de terceras personas;

(4) atentar contra la tranquilidad interior, azuzando a personas dentro o fuera del país, ciudadanos de los Estados Unidos o no, para alterar el orden social, político y económico de la Unión;

(5) socavar o debilitar intencionalmente el estado de defensa común, diluyendo o disminuyendo el conocimiento, habilidad y experiencia de los miembros de las fuerzas armadas, poniendo en desventaja a fuerzas militares de los Estados Unidos, en el mundo;

(6) desmantelar las instituciones y o debilitar la capacidad general, reduciendo el conocimiento, habilidad y experiencia instaladas en las instituciones que promueven, protegen y mantienen el bienestar general del pueblo de los Estados Unidos;

(7) coartar, privar, eliminar y o denigrar de forma intencionada, explícita o implícita y continuada los derechos inalienables del hombre, incluyendo el derecho a la vida, la Libertad y la búsqueda de la Felicidad;

(8) malversar y desviar fondos del tesoro del estado con intención de lucro personal.

(9) ademas delitos menores considerados como causa de destitución al cargo púbico que ostenta un representante, los que la cámara de representantes sancione y establezca en estas reformas.

Falibilidad

¿Qué es falibilidad? Falibilidad es la posibilidad de equivocarse, fallar o fracasar en una acción. Es decir, la constitución y sus leyes derivadas de ella puede tener errores. Eso parece ser.

—El gobierno y la democracia del pueblo tiene sus debilidades y vulnerabilidades; la iniquidad del hombre está constantemente al acecho, y el pueblo pone en manos de sus representantes cada vez que los eligen —tira dados al azar de— la posibilidad de destruir su gobierno y democracia. El pueblo ya ha tenido gobiernos que intentaron o aun intentan apoderarse del gobierno y riqueza de la nación, montando una dictadura, autocracia, monarquía, etc. Los hombres de buena voluntad deben reforzar y actualizar tan pronto como sea posible, y de tiempo en tiempo, ajustarlos a la realidad de la evolución del pensamiento, costumbres y comportamiento de los ciudadanos. Así satisfacemos o cumplimos con el fin primordial de los fundadores, *"formar un Unión más perfecta".*

Encauce

El pueblo necesita hacer serios estudios de cambios —ajustes a nuestro sistema social, económico y político— mantener y satisfacer la intención original y funcional de los fundadores. El pueblo debe entender las bases de la construcción de esta Unión —el estado mental y conocimiento actual para sancionar el espíritu de sus principios, compatiblemente las condiciones del presente—. La formación de los Estados Unidos de América claramente define los cinco puntos del encauce —los mismos suscritos en la constitución.

> 1 —Formar una Unión más perfecta
> 2 —Establecer Justicia
> 3 —Asegurar la tranquilidad interior
> 4 —Proveer la defensa común
> 5 —Promover el bienestar general
> 6 —Asegurar los beneficios de la libertad

Estos seis mandatos representan la soberanía popular [del pueblo de las colonias] y constituyen la soberanía nacional. Son las seis grandes responsabilidades —mandatos constitucionales— para el gobierno republicano central. Estos mandatos son responsabilidades de los tres poderes, Legislativo, Ejecutivo y Judicial. Y no hay más autoridades para estos tres poderes fuera de ámbito político legal escritos en la constitución. Las constituciones y leyes de los estados son responsables de enforzar estos mandatos constitucionales y promulgar sus propias leyes estatales siempre que estén dentro del espíritu y letra de la constitución —leyes que detallan y expanden estos seis objetivos. Ninguno de los tres poderes tiene autoridad de alterar, modificar y o desobedecer estas responsabilidades sancionadas.

Evidencias

Los seis mandatos listados arriba tienen bases en leyes naturales reconocidas y pueden resumirse en derechos inalienables, como evidencias irrefutables.

> 1 —Todos los hombres son creados iguales
> 2 —Con derechos inalienables dotados por el Creador
> 2.1 – Derecho a la Vida, Libertad y búsqueda de la Felicidad
> 3 —Derecho a elegir su gobierno con poderes derivados del consentimiento del pueblo para garantizar su Seguridad y Felicidad; —[es el poder de la soberanía popular].

—La declaración de la independencia especifica un punto derivado de la soberanía popular.

> 4. —Derecho de abolir e instituir y proporcionar nuevos guardias cuando tal gobierno quiera reducir al pueblo bajo el despotismo absoluto.

El autor considera que no hay crimenes políticos más altos, que la violación del encauce y evidencias, la soberanía del pueblo listados aquí arriba —esto puede considerarse traición: actuar en contra o atacar los principios de la constitución—. Estos seis puntos de encauce y las cuatro evidencias fundamentales son bases irrefutables y necesarias para la destitución de cualquier representante elegido por sufragio electoral —la voluntad del pueblo: su voto—. Y de la constitución se derivan el resto del reglamento legal.

Advertencias y consecuencias

Los padres fundadores estaban conscientes que la corrupción existe y es capaz de infiltrar el gobierno. Y la evidencia está en las primeras líneas de la declaración de la independencia, donde establecen el derecho de un pueblo a reestablecer sus gobiernos derechos políticos y civiles y sus libertades —"*… cada vez que cualquier forma de gobierno se vuelve destructiva de estos fines* [de la constitución], *es el derecho del pueblo… alterarlo… e instituir* [enmendar] *un nuevo Gobierno…*" Es el pueblo quien delega en el poder legislativo (la cámara de sus representantes), la responsabilidad no solo de acusar, presentar cargos y dar causa a un juicio político de destitución al cargo que ostenta el acusado, sino de construir un procedimiento estándar de cómo realizar el juicio. Los gobiernos anteriores, y en particular la presidencia de Donald Trump, han fallado en cumplir con su juramento a un cargo de gobierno. El presidente Trump ha tratado de instaurar a un gobierno que trabaje u opere exclusivamente para sus intereses personales violando la constitución, la soberanía popular. El senado de la republica bajo el liderazgo de Mitch McConnell Parece haber participado corruptamente con la actuación delictiva del presidente. El senado le negó al pueblo el derecho de ejercer ese mandato constitucional *"alterar e instituir un nuevo gobierno".* Dicen que hechor y consentidor tienen la misma culpa, y el caso de destitución del presidente Trump, tanto el presidente como el senado tiene la misma culpabilidad.

—Siendo que las cámaras del congreso tienen la absoluta autoridad de formular y presentar cargos políticos (la cámara de representantes) y de juzgar en juicio político al acusado (la cámara de senadores), el pueblo espera que el poder legislativo acate estrictamente y aplique esos seis principios y cuatro evidencias fundamentales (junto con las leyes derivadas aplicable) y entable el juicio político. Y si las leyes vigentes no fuesen claras, y por dicha oscuridad legal, no se pueda hacer justicia, es un deber del poder legislativo proponer, editar y promulgar reformas a la ley, para servir la debida justicia, de acuerdo al espíritu e intención de la constitución. La manipulación del juicio de destitución complaciente al acusado y la manipulación del proceso por conveniencia y beneficio de un partido mayoritario, es consecuentemente, también una crasa violación de los seis encauces fundamentales y las cuatro evidencias anteriormente mencionadas.

El caso de destitución política del presidente D. Trump y el proceso incompleto, con negación de justicia y apurado del senado exponen la debilidad y vulnerabilidad de la república y democracia de los Estados Unidos de América y pone en evidencia una corrupción solapada y latente.

Las leyes deben dejar claro en una enmienda a la sección 2 del Artículo 1, el procedimiento estándar para el proceso de destitución de un presidente y de cualquier otro funcionario en cualquiera de los poderes del gobierno. Al mismo tiempo tal enmienda debe tipificar los cargos, —hasta hoy oscuros y sujetos a interpretaciones—. Los casos de destitución política son casos serios y consecuencias serias, y se ha visto que ocurren con cierta frecuencia; por tanto, deben caer bajo el concepto de que nadie debe o puede estar por encima de la constitución y sus leyes, incluyendo al presidente del poder ejecutivo. La tipificación de los delitos y las consecuencias debe ser tan claras que sirvan de escarmiento para los funcionarios, —para que piensen dos veces—, antes de delinquir. La enmienda debe establecer los fundamentos de acusación y pruebas necesarias para la presentación de cargos. Esta enmienda debe suspender, eliminar y prevenir la resistencia y rechazo del orden legal imbuido en la citación de comparecencia para todos los funcionarios, electos o no, del gobierno. La ley debe aclarar el privilegio de privacidad, especialmente en casos de investigación criminal, pues no debe dar derechos, a ninguna persona a estar por encima de las leyes. Una ley que provee al sujeto huecos o túneles de evasiva legal, y facilite muchas interpretaciones de aplicación es ineficiente e inoperante, no es ley promulgada que *"establece Justicia".* Estas debilidades legales hacen que el mandato constitucional sea un remedio de justicia, dando a un sujeto bajo investigación, la posibilidad de manipular la ley a su favor, volviéndose inmune o colocándose por encima de la ley.

La enmienda cinco no menciona mucho menos especifica los derechos del acusado en los juicios políticos —esos que no son ni criminales ni civiles —, como es el caso de cargos de destitución política. Juicios que por definición (política) los fundadores excluyeron de los procesos criminales y civiles ventilados en las cortes judiciales. La constitución no define claramente, ni mucho menos tipifica los delitos políticos. La constitución delega en el Artículo 1, Sección 3 faculta al Senado para juzgar los juicios políticos. Sin embargo, aquí tampoco se define lo que son los juicios políticos aludidos, no se especifican las sentencias, ni se listan o tipifican los delitos y o cargos que proceden en estos juicios.

El autor está seguro que todos los involucrados en el solapamiento o encubrimiento de los supuestos delitos encontraran excusas y argumentos justificantes; pero la verdad es una, y sola una, y no puede ser alterada —al menos por mucho tiempo—. El caso del cuarentaicincoavo presidente en particular dejo claro que existe y es factible la posibilidad de que un dictador, una monarquía o un gobierno despótico y absoluto se tome el gobierno, cuando la combinación de los tres poderes, o el ejecutivo y el senado mayoritario, del estado sea favorable a un partido político.

Necesidad de Reforma

Siguiendo las pautas enunciadas por la declaración de independencia y el preámbulo —el Artículo Único— de la constitución, y para satisfacer los propósitos de la Unión, de conformidad con el mandato constitucional de *"formar una Unión más perfecta…"* en el tiempo presente y futuro, el poder legislativo (las dos cámaras)

—Asegurar para el pueblo
—su soberanía
—sus derechos y libertades
—su Seguridad y
—su Felicidad

deben instituir una ley que propicie la revisión decenal (o de carácter de emergencia inmediata) de la constitución en relación con la evolución de la forma de vivir del pueblo) ajustada a los avances tecnológicos, científicos, medios de comunicación social electrónica (Internet) y la evolución de posturas del pensamiento filosófico del pueblo. La democracia, el gobierno y las leyes no pueden ni deben ser obsoletas o ineptas. Por ejemplo, la regulación de los medios sociales en el Internet que violan la privacidad personal, expone la seguridad individual y nacional. La intervención de una potencia extranjera en el sagrado proceso del sufragio electoral pone en evidencia, la vulnerabilidad de la soberanía nacional y popular, así como la rectitud y exactitud de la voluntad del pueblo. Cerrar los ojos a estos acontecimientos es un crimen contra la soberanía nacional —es acto de guerra contra esta Nación—. El poder legislativo debe crear y promulgar, seriamente sin evasivas, leyes que eliminen la vulnerabilidad de la Unión.

Causas

—Cualquier proposición de cambios o reformas tiene que señalar la aberración y o espejismos que distorsionan la intención original de los fundadores y describir y recomendar el remedio del cambio necesario. Por ejemplo, en el caso de abuso de poder, y o violación de la constitución.

> [solamente] *"cuando un largo tren de abusos y usurpaciones, persiguiendo invariablemente el mismo Objeto evidencia un diseño para reducirlos bajo el despotismo absoluto,"* …

Así mismo, debe señalar las inconsistencias, deficiencias que violan la Seguridad, la Felicidad y el Bienestar General del Pueblo, y crean méritos de cambios para mantener el estado, pero solamente cuando se garantiza, reforzando los principios que originaron la Unión, la estructura del gobierno republicano y su sistema democrático.

El texto *"cualquier forma de gobierno"* alude a cualquier forma, total o parcial, y por tanto incluye etimológicamente a los tres poderes del estado y no solo al poder ejecutivo. Obviamente, cualquiera de los tres poderes tiene la facultad de volverse destructivos a los fines de la Unión.

La historia de Los Estados Unidos —y de muchos otros países— actualmente muestran el caso típico de ese espejismo socio económico, y político en el mundo—. La unión de las colonias inglesas en América nace de la opresión y la codicia de un reinado que —por su riqueza y poder— usurpaba todo lo que veía y quería.

Esta situación no ha cambiado, y pensando claramente vemos el capitalismo que nació con el concepto de *precio justo* en aquel tiempo transformado en un mercantilismo. Y luego se convirtió en capitalismo autocrático donde solo unos cuantos son de la clase capitalistas-proveedores (de productos y servicios) y el resto el 99 por ciento son la clase consumidora. El sistema está amarrado para mantener esa situación o condición económica y el gobierno, lo ignora, es cómplice de la estrategia, o bien se lucra de la situación. Esta situación económica y financiera no contribuye ni acata los preceptos constitucionales. El afán de especular o de maximizar la utilidad con la más mínima inversión —es decir el retorno máximo de la inversión—, es el principio de la capitalización desmedida. El capitalismo moderno manipula el abastecimiento y consecuentemente el precio, usurpa todo lo que ve y desea, acumulando riqueza en bolsas de unos pocos individuos que oprime, implícita o explícitamente, a la mayoría consumidora; —esta son las sociedades de consumos—, donde los consumidores están cautivos de un consumismo inducido y sublimado. En otras palabras, la capitalización es una maquinaria absorbente que succiona el escaso capital en mano de la clase trabajadora y clase media —de cualquier manera, lo hacen llegar a sus manos— a las arcas de ricos poderosos. Dichas acciones atentan contra el gran principio constitucional de fomentar el bienestar general. El pueblo debe participar, es su derecho, en los asuntos del gobierno, creando méritos para hacer cambios o reformas a la constitución tan pronto como se hace necesario.

El pueblo tiene el derecho (constitucional) de alterar e instalar un gobierno que acate las bases constitucionales cuando el gobierno se vuelve destructivo de los fines de la Unión, o cuando este gobierno no cumple con sus funciones (que también es una acción destructiva). El gobierno ha fallado, de hecho, falla, en legislar el fondo y forma legal para que el pueblo ejerza el derecho constitucional de cambiar a su gobierno cuando se vuelve destructivo. El gobierno de Donal Trump calza la clasificación de "destructivo". El pueblo tiene el derecho de exigir al poder legislativo crear claramente dichos procedimientos.

> *... Que cada vez que cualquier forma de gobierno se vuelve destructiva de estos fines, es el derecho del pueblo a alterarlo... e instituir* [enmendar] *un nuevo Gobierno, sentado* [reformado] *sus cimientos sobre principios* [las bases] *y la organización de sus poderes en tal forma, en cuanto a ellos parecerá más probable que efectivamente su Seguridad Felicidad* [bienestar general]. [Pero] *"... no deben cambiarse por causas ligeras y transitorias;"*

Es una falla de los tres poderes del estado permitir o participar en cualquier violación de la constitución y su reglamento de leyes. La relación entre el gobierno del pueblo y el sistema económico —el capitalismo, la empresa privada el mercado libre—, no está incluido ni definido en la constitución de los Estados Unidos. Y cualquier ley sancionada posteriormente a la constitución y sus enmiendas originales son legislaciones que están sujetas a la interpretación y juicio de la Corte Suprema de Justicia. No se puede imponer al pueblo leyes que no estén dentro del marco constitucional, ni es deber del ciudadano acatar tales leyes erróneas que estén incluidas en la constitución; ese derecho les pertenece a los estados o al pueblo de estos. Este punto es una gran falla del gobierno que no cumple con la responsabilidad de velar por el bienestar general y de proteger la Seguridad y la Felicidad del pueblo.

Después del descubrimiento del nuevo continente, que llamaron América, —en nombre de un navegante italiano, Américo Vespucci—, el torrente de emigrantes en caravanas marítimas llegó a las costas del mar atlántico en América e invadieron estas tierras. Las tierras norteamericanas eran tierras habitadas por otros seres humanos con derecho a usarlas, no eran baldías. De hecho, los colonos encontraron cordialidad de parte de decenas de tribus con centenares de nativos americanos quienes tenían intención de ayudar a los colonos. Tal vez los nativos americanos entendían que el universo —en particular el planeta tierra— está reservada, desde de su principio, para todos aquellos seres que las habitan, además de las cosas inorgánicas complementando cada escenario. La existencia no designó el contenido del universo para seres vivientes específicos —como individuos egoístas—. El universo comparte su contenido con todos, sin prejuicios ni preferencias. Todo lo que encierra el universo es de todos y para todos, porque la existencia promueve la verdadera igualdad en el universo. En esas condiciones preestablecidas los emigrantes del viejo continente encontraron las tierras de América. Pero el reino de Inglaterra reclamó —sin ningún derecho— las tierras de la costa atlántica, fundando trece colonias, desplazando a sus habitantes originales. Tampoco la gente de las colonias puede reclamar —no tienen asidero legal que valide dicho reclamo— la propiedad de estas tierras en continente americano, sino es por vía de una usurpación (un acto vandálico).

Este es el punto, la igualdad de los hombres no es propiedad de una raza en particular. En aras de justicia, el autor señala que ciertos colonos negociaron y compraron tierras de los nativos americanos, implicando que esos colonos, reconocían la propiedad (por dominio eminente) de los nativos. Después de los hechos barbáricos, y la *mea culpa* (el cargo de conciencia) la constitución establece que los nativos americanos están exentos de contribuir con los impuestos, claro, no paga con eso la casi exterminación de esa gente —los verdaderos ciudadanos americanos— ni paga la usurpación del territorio de los Estados Unidos que estaba en poder de los nativos americanos por dominio eminente; es decir propiedad adquirido por el uso continuo, no reclamado, por más de veinte mil años antes que los europeos invadieran sus tierras.

La historia llamó bárbaros a los hunos (como la novela de Taras Bulda) que salieron de Asia, comandados por Atila —una figura legendaria—. [50] Estas hordas barbáricas invadieron Europa en aquel tiempo. La ley de Atila era su fuerza y crueldad que dejaba en su paso destrucción, aldeas destrozadas, mujeres violadas o secuestradas, mientras mataban niños y ancianos, en verdad a quienes se le opusiera. Así mismo, las hordas europeas que invadieron América, invadieron las tierras de los oriundos de América. La idiosincrasia de los europeos estaba amañada por las costumbres y políticas de la edad media.

España invadió, exploró, saqueó, las tierras del nuevo continente, América, desde Norteamérica hasta la Patagonia, exceptuando un gran territorio —Brasil— que lo tomo Portugal; y el territorio de Canadá que lo tomo Francia. Francia, Inglaterra, España, y Portugal se repartieron el continente americano. Inglaterra tomo la franja territorial a lo largo de la costa atlántica desde Boston hasta Georgia. De esta invasión en nombre del rey de Inglaterra —como los hunos— se apoderaron de las tierras que más tarde llamaron los Estados Unidos de América. De ahí los colonos se expandieron al oeste hasta el océano pacifico, matando a los nativos hasta casi el punto de exterminación. En verdad, fue un genocidio alevoso y mal intencionado, y es posible que se diga que los indios atacaban a los colonizadores. Yo pregunto, ¿Qué otra cosa podía hacer los nativos americanos cuando eran invadidos, y expropiados por extranjeros armados, si no era defenderse y pelear —con mucha desventaja mental y tecnológica— por lo que por naturaleza les pertenecía? Quizás, la riqueza que hoy tienen en Europa y ahora los Estados Unidos puede ser por todo lo que saquearon del nuevo continente. Los nuevos americanos les dieron a los verdaderos americanos pedazos de tierra seca, donde no pueden sembrar ni salir a cazar. Y luego los dejaron solos independientes con su propia forma de gobierno, prácticamente en un campo de concentración de donde les era prohibido salir.

---

[50] https://es.wikipedia.org/wiki/Atila

Esa acción no calza con las creencias religiosas ni los valores o principios morales que los colonos pretendían tener. En América nadie compró nada, prácticamente, ellos tomaron lo que pudieron y se adueñaron de estas tierras y su contenido por la fuerza. No hay títulos, o documentos de transferencia de propiedad, de los indios americanos a los europeos, que atestigüe la legalidad de adquisición de propiedades —el método de los hunos—. Todo fue usurpado, exceptuando adquisiciones de Florida, Luisiana, Texas, y California, Alaska, etc., territorios usurpado por otros exploradores a nombre de otras monarquías. Esa es la historia del inicio de América después de 1942, en grandes rasgos. Alguien puede decir, *"poco honrosa"*. El autor no intenta juzgar el comportamiento humano porque considera que los sucesos fueron parte de la evolución del hombre, actuando con el conocimiento y costumbres de aquel tiempo; pero el hecho de actos indebidos, es evidentemente claro. Todo lo anteriormente dicho es clara evidencia de que los colonos traían en su marco mental la idea de arrebatar propiedades ajenas como lo hacía las monarquías feudales.

Photo from Internet. Source Bing (search)– photo of the colonies of USA/

CAPÍTULO 3

Influencias humanas

Tal vez podamos ver ese marco mental analizando las influencias humanas de aquel tiempo. En verdad y es evidente que el valor de un conjunto es mayor que el valor de las partes —cada una tomada— separadas. Y así la unión es un factor multiplicador aplicado sobre la suma de los valores de las partes. La grandeza, extensión y profundidad de la declaración de la independencia y la constitución de los Estados Unidos de América es transcendente; va más allá del marco mental o intelectual de Europa en los siglos XIV, XV y XVI. Esa grandeza reside en la diversificación del pensamiento de su gente —así podemos ver el humanismo nato de los pueblos—.

El humanismo que encierra el texto de esos dos documentos resume el pensamiento moral y filosófico del hombre de ese tiempo, trascendiendo hasta nuestros días y aplicable del mismo modo. La secuencia de eventos es precisa y clara; —es evidencia de la ley de causa y efecto en acción—. La edad media y el feudalismo recién llegaba a su fin, y el humanismo surge intensamente, y por coincidencia, la caída de Constantinopla reduce el poder del imperio bizantino. Además, el Vaticano, Roma, pierde el control del nuevo hombre pensante y el concepto antropocentrista aparece para retar el concepto de teocentrismo.

El Vaticano se divide; Martin Luther, un profesor alemán, presenta un reto religioso y político a la iglesia católica de Roma y a la autoridad del Papa en el Vaticano con un movimiento de la cristiandad occidental en el siglo dieciséis, aparentemente planteado por Martin Luther en una publicación *"las noventa y cinco tesis"* en 1517. [51] La teoría de Luther exponía el abuso de la práctica del clero vendiendo indulgencia plenaria, —o sea certificados que se creían reducir los castigos en el purgatorio por culpas cometidas por el comprador del certificado o por sus seres amados. Martin Luther demanda que Jesús Cristo requiere que el perdón de los pecados sea un arrepentimiento del alma (espíritu interno) en vez de una simple solvencia mediante una confesión sacramental externa. La confusión aumenta con la separación de la Iglesia de Inglaterra del Vaticano, pero esta vez no por principios cristianos sino por corrupción y abuso de poder del Rey de Inglaterra. Hay confusión teológica en las mentes de los europeos y buscan paz para vivir sus creencias. De esto nacen los protestantes y muchos de ellos emigraron con sus ideas (pureza) religiosas al nuevo continente. Así es que la gente que llega a las costas de norteamericana traía en sus mentes la experiencia dolorosa que causa la opresión, la restricción de libertades, la persecución religiosa, la explotación, de gobiernos autocráticos, despóticos, como de las monarquías absolutas. El marco mental e intelectual aspiraba libertades para vivir una vida de acuerdo a su libre albedrio —que es ese derecho inalienable de la escogencia individual—.

La existencia prescribe su ley natural de causa y efecto —es decir, todo tiene un origen y las condiciones trazan una trayectoria e intensidad del evento resultante, un destino—; esta ley define la cadena de eventos que llevaron a la gente de las colonias al punto de la declaración de independencia. Son las condiciones, situaciones y circunstancias las que define las causas en cada momento —estos tres componentes son las bases y fuerzas de las causas—; y por esta y de esta causa o causas nace del desenvolvimiento de la vida. Allí comienza otra cadena, de acuerdo a la misma ley natural, con la cual las colonias, ahora en forma independientes, formulan su constitución política y forman su gobierno. Obviamente, el termino de "igualdad y respeto a sus libertades" vivían en sus mentes.

---

[51] https://en.wikipedia.org/wiki/Ninety-five_Theses

La otra ley de la existencia es la ley de la casualidad, que incluye eventos independientes, —esos son los eventos de azar—, y aislados que ocurren imprevistos, que afectan o perturban las cadenas de los eventos causales, aunque no cambian el destino de la causalidad. Entre estos están los imprevistos, condiciones existentes en latencia que no se toman en cuenta, en el seguimiento de las cadenas de condiciones causales.

En otras palabras, la declaración de independencia, el establecimiento de la república, y la creación de la constitución ocurrieron por que las condiciones y circunstancias se dieron para que estos eventos sucedieran. De modo que para entender lo que sucedió en aquel entonces debemos estudiar esas condiciones y circunstancias de ese tiempo; por ejemplo, las influencias de las costumbres, pensamientos y creencias de otros inmigrantes que llegaron de otras naciones europeas.

Conceptos detrás de la independencia

No se puede negar que el pensamiento de los colonizadores de los trece estados americanos estuvo influenciado por el pensar europeo del siglo XVII —y quizás de uno o dos siglos atrás—. Europa recientemente salía de la edad media a un renacimiento, una era de ilustración. Era el amanecer de una nueva forma de pensar y vivir —el modus vivendi— cómo se pudiera llamar. Tampoco podemos decir que fue total y puramente de naturaleza británica —y para el año 1600 la ilustración había comenzado—. La secuencia de eventos que se expuso en el capítulo uno muestra la mezcla de culturas, costumbres y objetivos de Europa en esos siglos. La colonización de América trajo al territorio del nuevo continente, ampliamente demostrado, el cansancio de vivir bajo monarquías absolutistas que restringían no solo la escogencia y práctica de religión sino, también, la libertad de acción —social, política y comercial—. Fuerzas internas presionaban las mentes y almas de los colonizadores y gestaban, casi naturalmente, las condiciones de un cambio drástico, inmediato y permanente. Así se dan todos los cambios; primero surgen las condiciones y restricciones inhóspitas en un entorno fermentan una reacción —la necesidad de un cambio—. El autor piensa que las leyes de la existencia regulan las combinaciones y permutaciones de substancias, seres, cosas, ideas, acciones y fuerzas que originan las situaciones y condiciones en un entorno de conformidad con la participación o contribución de cada una de estas en la mezcla. Casi siempre, es como Isaac Newton descubrió que para cada acción hay una reacción —en la cadena de causa y efecto—, y era de esperarse que las colonias reaccionaran en contra la opresión de la Corona británica. La situación de las colonias eran una olla de presión a punto de estallar; y de hecho estalló. Podemos ver estos conceptos, en esa época, en su evolución propia.

La situación de Europa, Siglos XV y XVI

Es decir, la emigración hacia el nuevo continente después de 1942 crea nuevas ideas de expansión, social, política y económica en Europa; hay júbilo y nuevas esperanzas. Era el sueño de ser libre, practicar sus creencias religiosas sin persecución, restricción ni acecho, trabajar y producir para sí mismo y todos —era el sueño del bienestar general—. Esa forma de pensar era como un "vivir y dejar vivir" en la libertad individual.

Lo más importante de esta época fue el Renacimiento intelectual, manifestado por un genuino deseo de alcanzar un mayor conocimiento, incluyendo lo humanista, científico y artístico. El recuento histórico indica que Europa pasaba por un período de escasez de alimentos, servicios y productos artesanales. Situación que pudo ser la causa de las muchas guerras entre las monarquías de esos años, cada cual, buscando su balance financiero y económico, en Europa. Ya hemos mencionado la guerra de los sietes años dejó en quiebra al reino unido. Y el descubrimiento de América pudo ser una bendición escondida del cielo —como los creyentes religiosos pueden decir—; y en realidad así fue. Los inmigrantes sabían lo que tenían que hacer desde antes de llegar a las costas de norte América. Mas no incluían en sus mentes la idea de regresar a Europa. Su misión era obtener vida libre o morir en el intento.

Colonización Neerlandesa de América

La historia registra que las exploraciones e incursiones de los holandeses en América aparecen alrededor del año 1602; los ingleses aun no llegaban al nuevo continente —dieciocho años antes que llegaran los peregrinos—. [52] Pero fue un navegante inglés al servicio de la compañía neerlandesa de las Indias Occidentales-, quien navegó por el actual estado de Nueva York en 1621, dicha Compañía había establecido puntos comerciales en las cercanías de los ríos Delaware y Connecticut como en Nueva York y Albany. Las fricciones comerciales entre neerlandeses e ingleses por el dominio del territorio de Connecticut terminaron por cederles a los ingleses la parte este de Long Island. A pesar de esa concesión las disputas continuaron hasta que la guerra entre los países bajos y el Reino Unido estallara. Como resultado los ingleses obtuvieron los Nuevos Países Bajos, una provincia colonial de la Republica de las Siete Provincias Unidas en la costa noreste de Norteamérica —desde la península de Delmarva hasta el extremo suroeste del cabo Cod, actualmente, Nueva York—, Nueva Jersey, Delaware y Connecticut, además de pequeñas zonas de Pensilvania y Rhode Island. Después de la capitulación del Fort Ámsterdam en 1664 y de la segunda guerra Anglo-neerlandesa, al terminar la Tercera Guerra Anglo-neerlandesa, en 1674, y bajo el tratado de Westminster, los neerlandeses cedieron finalmente esa área a los ingleses. Cabe notar que los descendientes de los neerlandeses contribuyeron a la cultura neerlandesa de los países bajos a la colonización de los Estados Unidos, dándole carácter a la región por más o menos dos siglos (el regionalismo antes mencionado). Esta región incluye Albany, Hudson Valley, parte oeste de Long Island, parte noroeste de Nueva Jersey y Nueva York. Los neerlandeses trajeron al nuevo continente —especialmente la región mencionada— las ideas de libertad y pluralismo y estos conceptos se convirtieron en pilares principales de la vida política y social de las colonias en América.

---

[52] https://es.wikipedia.org/wiki/Colonización_neerlandesa_de_América

La era de la Ilustración

Isaac Newton (1643-) piensa y luego dice que *"para cada acción hay una reacción"*; y que *"para cada fuerza hay otra fuerza de igual intensidad, pero de sentido opuesto que dejan un sistema de fuerzas en balance".* No sabemos cuánto tiempo le tomó llegar a estas conclusiones, pero de cualquier manera son leyes de la existencia que rigen el universo y han estado presentes y activas desde antes que apareciera la materia en el universo. Estas conclusiones son partes dinámicas de la ley de causa y efecto, por lo cual ningún evento sucede si no hay causas —condiciones, situaciones y circunstancias que lo genere—.

Hay muchos pensadores y filósofos de los siglos XV al XVII que pueden considerarse agentes de cambio. Sin embargo, como una fuerza, el cambio causa fricciones, resistencias, resentimientos y represalias en contra dichos agentes. La fuerza del cambio, aparentemente, es más fuerte que la fuerza de resistencia y al final el cambio se da por el bienestar general. El autor considera que no hay agentes de cambio más intensos que las condiciones y circunstancias que alimentan las causas de los efectos resultantes. Los líderes son la braza que encienden fuego a las causas del cambio. Los gobernantes deben entender que no hay ejército más fuerte que la decisión de un pueblo a defender sus libertades, derechos naturales y existencia. Las evidencias se muestran con acciones; todas las revoluciones en Europa y en América que los pueblos hicieron para alcanzar sus independencias.

Al autor considera que los Estados Unidos está al filo de situaciones sociales, políticas y económicas crecientes; es decir está llegando al borde de cambios profundos. Este libro contrasta lo que llevó a los colonos a declarar e implantar su independencia de la opresión de la Gran Bretaña en el siglo XVII con la situación actual en el siglo XXI. Hay grandes filósofos y pensadores que influyen el marco mental de los europeos de aquel tiempo, que, por falta de espacio en este libro, el autor solo hace referencia en las notas al final. [v]

La independencia de las trece colonias inglesas en Norteamérica se dio, por las causas —una cadena o secuencia de condiciones y situaciones coincidentes— que la hicieron posible. El renacimiento fue un movimiento cultural en Europa de los siglos XV al XVII, resultante de las ideas del humanismo —el nuevo concepto del hombre—. La influencia del renacimiento se esparce por Europa y el mundo incluyendo América, —en particular las colonias inglesas de Norteamérica—.

El autor encuentra interesante un artículo sobre la ilustración. [53] Según este artículo, *"la ilustración fue un movimiento cultural e intelectual, primordialmente europeo…"* La gente de Europa buscaba cambios al 'status quo' predominante, y el movimiento nace y dura un poco menos de cien años, desde mediados de la centuria XVII (o antes) hasta principios de la centuria XIX. En realidad, empezó como consecuencia del renacimiento europeo. Fue un cambio de pensamiento o marco mental que transformo la forma de vida en Europa e influyo en la formación social, política y económica de la unión de las colonias inglesas en América. Por eso decían que *"su declarada finalidad de disipar las tinieblas de la ignorancia de la humanidad mediante las luces del conocimiento y la razón —La facultad del ser humano de pensar, reflexionar para llegar a una conclusión o formar juicios de una determinada situación o cosa"*—. Mas tarde, la gente simbolizó este tiempo del siglo XVIII como el *"siglo de las luces"*.

Fue un acertado concepto de que el *"conocimiento podía cambiar la ignorancia' la superstición y la tiranía para construir un mundo mejor."* Este es el gran punto; correctamente cierto, que el conocimiento es la fuerza que empuja la evolución del hombre. Y es necesario estudiar el pensamiento de aquellos tiempos —social, económico y político— para reencausar la situación actual dentro esos tres términos. La gente estaba en lo cierto, con el pensamiento moderno, el autor sostiene que el conocimiento, la luz, es la llave de la evolución de la idiosincrasia y vida del hombre. El conocimiento es la base del mundo social, incluyendo el progreso, el avance científico, la evolución cultural, política y social de todas las épocas. El conocimiento, además, es el instrumento con el cual se puede lograr una unicidad social sostenida, en el mundo del hombre, la paz y seguridad. En aquel

---

[53] https://es.wikipedia.org/wiki/Ilustración

tiempo la ilustración —o sea el estudio y la educación— estaba al alcance de la burguesía, más no de la clase baja o la clase trabajadora, ni de las mujeres relegadas a segundo plano en la vida de negocios, relaciones políticas, etc. En estos tiempos modernos, sigue siendo igual; la educación es tan costosa que la clase media y trabajadora pierde acceso a la educación superior. Las mejores universidades casi están reservadas para la clase adinerada. No se puede negar sin embargo que la mentalidad humana avanza, aunque lentamente, con el escaso conocimiento que se filtra con la socialización y roce, en la vida diaria —las medios noticiosos y difusión, el contacto humano— hace que el conocimiento pase, filtrado, a las clases desafortunadas de aquel entonces y las de ahora. Pero el avance humano puede acelerarse estableciendo la libre educación [la libertad de educación como un derecho natural inalienable], así como la libre empresa, libre mercado, y libre religión. Es por esto que el autor sostiene que la educación debe ser libre para todos porque el beneficio de alta educación trae el conocimiento que acelera la evolución del hombre y de las sociedades en general; y así el autor dice *"denle conocimiento al pueblo y construirán un mejor mundo para todos"*.

Hoy en día este fenómeno de ilustración sigue siendo igual, manteniendo las viejas diferencias sociales y creando nuevas aún más hondas y anchas. Tal vez sea que la minoría que ostenta el poder y la riqueza no abre las compuertas de la presa educacional por temor a perder el control político, social y económico; e igualmente los empresarios mantienen el control del poder adquisitivo de la clase trabajadora al nivel de pobreza para eliminar la competencia que provocaría el auge general —suena paradójico, pero suele ser cierto—. Y con esto, las oportunidades, finalmente, se darían en forma igualitaria —y el auge de la Unión crecería a niveles que no sean visto antes.

En aquel tiempo, siglos XVII al XVIII, la aristocracia debatía temas políticos, educación, literatura, ciencias y filosofía. Y a pesar que la dirección de la vida de entonces estaba en manos de los hombres, aparecieron mujeres de talento que contribuyeron al cambio. Entre estas mujeres se encuentran Madame Lafayette, Lady Mary Wortley Montagu, Olympe de Gouges, Mary Chudleigh, escritoras activistas.

Ms. De Gouges, por ejemplo, escribió y publico "la Declaración de los derechos de la mujer y de la ciudadanía en 1791 Conforme a la cita 1). Pero en vez de repetir la totalidad de este importante artículo, el autor deja al lector(a) la tarea de estudiar por su cuenta este fenómeno de la ilustración. Solo menciona que personajes como Immanuel Kant, Jean le Rond D'Alembert sentaron críticos principios del pensamiento de cambio de esos años. D'Alembert, fue un agente de cambio, agotador de todo, incluyendo (como dice el artículo) *"lo discutió, analizó y agitó todo, desde las ciencias profanas a los fundamentos de la revelación, desde la metafísica a las materias del gusto, desde la música hasta la moral, desde las disputas escolásticas de los teólogos hasta los objetos del comercio, desde los derechos de los príncipes a los de los pueblos, desde la ley natural hasta las leyes arbitrarias de las naciones, en una palabra, desde las cuestiones que más nos atañen a las que nos interesan más débilmente".*

El autor considera que aquella *era de la Razón*, fue un proceso, revolucionario, sostenido o continuo, para mejorar la humanidad, y no solo para perfeccionar el sistema democrático de los Estados de América. La radicalización política con esfuerzos para implantar determinadas políticas partidaristas devuelve la humanidad al obscurantismo de aquella época. Para muchos gobernantes autocráticos o dictatoriales, la ignorancia es la condición idónea para dominar al pueblo, —además del temor bajo la amenaza—. Fue un gran paso lograr una estabilidad religiosa, terminando las guerras religiosas de aquel tiempo, con la Paz de Westfalia. [54] Fueron dos tratados de paz de "Osnabrück y Münster, firmados el 24 de octubre de 1648, este último en la Sala de la Paz del ayuntamiento de Münster.

La Paz de Westfalia dio lugar al primer congreso diplomático moderno e inició un nuevo orden en Europa central basado en el concepto de soberanía nacional —El concepto da el poder de la nación al pueblo—. Deja constancia en una constitución que cede el poder al Estado. Ahora el rey se convierte en un mero representante

---

[54] https://es.wikipedia.org/wiki/Paz_de_Westfalia

ideológico surgido de la teoría política liberal. Este mismo artículo define la soberanía en simples términos como sigue. [55]

[La soberanía Nacional es] *"el poder político supremo que corresponde a un Estado independiente, sin interferencias externas. En teoría política, la soberanía es un término sustantivo que designa la autoridad suprema que posee el poder ultimo e independiente sobre algún sistema de gobierno".*

Es decir que no hay poder más alto que el poder de los ciudadanos de la nación [el pueblo]. Y se considera el aspecto de *"interferencias externas"* como un término que incluye todo lo que no está en el dominio del poder del pueblo o del gobierno que lo representa. La nación es un sistema, y como tal, tiene su equilibrio —aunque transitorio es un balance— mientras mantiene sus seis encauces y sus cuatro propósitos antes mencionados. De modo que, si se aplican fuerzas internas o externas sobre la nación, la nación inevitablemente reacciona para restablecer su balance o ganar otro estado igualmente estable. Es decir, el sistema, Nación, no tolera otro poder más que el poder del pueblo. Es por esto que cualquier poder externo, independiente, no debe inmiscuirse en la soberanía popular o nacional. Todo poder que no este, o desee estar, subordinado al poder del pueblo no puede ser parte, componente o elemento de la nación, a pesar que sea un sistema necesariamente complementario en la operación de la nación. Por ejemplo, la separación de la iglesia y el estado. Es decir, la escogencia religiosa individual, es una cuestión de conciencia, y no está supeditado al estado, el gobierno o la soberanía del pueblo. Este tema representa dos asuntos, el ciudadano, un sujeto de derechos, en igualdad de derechos con los demás miembros de la nación, y otro que no es súbdito u objeto pasivo de pertenencia a una entidad política que se le impone; y abre la soberanía nacional traducida en un régimen representativo, porque la nación no puede

---

[55] https://es.wikipedia.org/wiki/Soberanía_nacional

gobernarse a sí misma directamente. Ese es el punto, por lo tanto, el gobierno existe por la voluntad del pueblo y del cual deriva todos sus poderes.

La soberanía nacional y popular are un estado social y no puede haber nada más alto que la voluntad del pueblo. Cualquier otro sistema o es subordinado a esta soberanía o es un sistema asociado a la soberanía coadyuvando los principios constitucionales del gobierno republicano y su democracia. Si hay un sistema complementario que no desee subordinarse a la soberanía nacional, como la religión, no debe participar en la administración de la operación de la nación —la cual solo tiene responsabilidad constitucional para gestionar los asuntos e intereses del pueblo—. Por esta razón, el mercado libre y la empresa privada que reclama su absoluta libertad, autodeterminación e independencia operativa debe separarse de las gestiones administrativas de la nación —los asuntos del pueblo—. Así los individuos, ciudadanos del pueblo pueden formar empresas libres, y negociar entre si sin la intervención del gobierno, en los mercados libres según su volición. Sin embargo, el gobierno representante del pueblo tiene una única responsabilidad constitucional.

> 1 —Formar una Unión más perfecta
> 2 —Establecer la Justicia
> 3 —Garantizar la tranquilidad nacional
> 4 —Tender la defensa común
> 5 —Fomentar el bienestar general
> 6 —Asegurar los beneficios de la libertad

La constitución sanciona claramente que tales objetivos son para nosotros —los ciudadanos libres— y para nuestra posteridad —los nuevos ciudadanos agregados en el futuro—. Pero no incluye explícita o implícitamente ninguna personería jurídica, sea de una o más personas naturales. Es por esto que el gobierno es del pueblo, por el pueblo y para el pueblo. Y el pueblo es considerado como los hombres creados igual por el Creador dotados de derechos naturales inalienables que las personerías jurídicas (creadas por consentimientos y de común acuerdo de las personas naturales) no pueden hacer o tener por sí mismas. Así que el gobierno debe velar por el bienestar y tranquilidad del pueblo regulando justamente la empresa privada y el mercado libre de modo que tome ventajas del pueblo usuario o consumidor de productos y servicios que el mercado libre ofrece. Este punto es un asunto primordial que el gobierno y en particular el poder legislativo debe reformar para cumplir con los objetivos de la Unión establecidos en el preámbulo de su constitución.

Por tanto, y así como la iglesia, es autónoma e independiente, la empresa privada y el mercado libre debe apartarse de la operación y gestión del gobierno republicano, y acatar los privilegios, permisos y regulaciones que la nación —la voluntad del pueblo— desee otorgarle a su operación y relación con el pueblo de la nación. Es decir, el gobierno republicano bajo su sistema democrático está bajo la voluntad del pueblo y es responsable de cumplir la voluntad del pueblo. Por consecuencia, el deber del gobierno es, únicamente, de ejecutar la constitución y su reglamento de leyes para asegurar los beneficios de la libertad para el pueblo. De tal manera que el sistema económico o comercial que afecte el bienestar general o la tranquilidad interior está en contra de la soberanía nacional y viola la soberanía popular. La situación económica de los ciudadanos es primordial y esta sobre los intereses de la empresa privada en el libre comercio. El mercado libre y la empresa privada no debe reclamar derechos ciudadanos de la nación y al mismo tiempo invocar y reclamar libertad de operar sin regulaciones de la nación. Dicha pretensión viola el espíritu fundamental de la constitución —la voluntad del pueblo y soberanía popular—. Por tanto, debe considerarse como una entidad foránea licenciada para operar dentro de la nación sin afectar los intereses del pueblo. Así como se promueve y protege la libertad de culto y la nación pone en manos de las religiones la escogencia de las creencias de la gente de la nación, también se debe de establecer rigurosamente la protección de la misma gente contra el abuso al consumidor y las actitudes mercantilistas de los proveedores. La constitución de los Estados Unidos excluye la explotación del hombre por el hombre —una razón de la declaración de independencia y concepto de la constitución—. Mas no se debe considerar intervencionismo el deber del gobierno de cumplir la voluntad del mismo velando el bienestar general. Toda empresa dentro del territorio nacional es de uno, o más de un miembro del pueblo. Pero la actividad comercial de productos o servicios, de uno o más miembros de dicha entidad comercial, no cambia el derecho individual del dueño o dueños de la empresa. El concepto de darle personería a una entidad de la empresa privada es aceptar que los dueños de esa empresa, de facto, adquieren doble derechos, como persona natural y como persona jurídica, lo cual está en contra del concepto que todos los hombres son creados igual. La voluntad de un empresario en calidad de empresa privada no asciende por encima de la voluntad de todo el pueblo, la soberanía popular. Es evidente que todo negocio, o empresa, debe tener licencia para operar dentro de los Estados Unidos o dentro de cualquier estado, de cualquier manera.

El autor considera que la simple mayoría del pueblo no representa la voluntad de la nación, cuando la nación incluye a todo el pueblo. Esto es asunto que debe aclararse cuando se establecen legislaturas aplicables al comportamiento del pueblo y debe estar supeditado al consentimiento de la minoría. Es por esto que el término del poder del pueblo debe ser claramente definida. De igual manera, todo subterfugio, sistema o mecanismo, que dependa de la inteligencia humana, no es una entidad humana y consecuentemente y no puede, ni debe, ostentar derechos de una persona natural. La liberta operativa de las empresas (corporaciones) privadas no implica libertad de abusar o causar daños al pueblo consumidor, porque atenta contra el bienestar general, la justicia, la tranquilidad nacional y socaba el bienestar general del pueblo. Dentro de estos conceptos la empresa puede operar en un mercado también libre, siempre y cuando el gobierno proteja a los pequeños negocios que compiten con las empresas grandes.

El libre mercado (un medio) y la libre empresa (un método) son recursos (o herramientas) mercantiles dirigidos a la relación comercial de los hombres, pero no son los hombres en sí. La voluntad del pueblo a través de su gobierno establece las reglas de comportamiento y relación comercial del mercado libre y de la empresa privada en dominio interno. El gobierno es responsable de velar por el bienestar general del pueblo con el deber de prevenir y evitar que un sistema intencionalmente se comporte aprovechándose del pueblo. Y en este caso también debe velar por la competencia y beneficios de las empresas locales operando en mercados internacionales. Una empresa de propiedad de ciudadanos de esta Unión instalada en país foráneo y operando fuera del país no pertenece a los Estados Unidos y por tanto debe tratarse con una empresa extranjera comerciando con los Estados Unidos. Por tanto, dichas empresas que operan dentro de una asociación global, si quiere ser libre y autónoma, debe separarse y operar externamente, acatándose a las políticas de la voluntad general del pueblo, delegada a su gobierno.

Las controversias religiosas también llegaron a las colonias inglesas en América. Un ejemplo de las consecuencias de estas controversias fue la expulsión de Roger Williams de la colonia de la bahía de Massachusetts por sus creencias religiosas. Roger Williams fue un ministro puritano, teólogo y autor que fundó el asentamiento Plantaciones de Providence, la cual vino a ser la colonia de Rhode Island. Fue un firme defensor de la libertad religiosa, la separación de la iglesia y el estado, y tratos justos con los indios americanos, y fue de los primeros abolicionistas. [56]

Sociedad y economía en las 13 colonias [57]

Todavía no llegaba la producción industrial, y la producción agrícola ocupaba el tiempo de los colonos, pero Europa sentía la potencia del auge de las colonias de norte américa, volviéndose al mismo tiempo el auge de Europa. Ahí estaba las grandes plantaciones, el cultivo del tabaco, y del algodón. Una vez que las colonias consolidaron su asentamiento y defensa a principios del siglo XVII la población creció en forma inesperada, a pesar que la Gran bretaña filtraba el comercio, la importación y exportación.

---

[56] https://en.wikipedia.org/wiki/Roger_Williams
[57] https://elnacimientodeclio.wordpress.com/2013/04/27/sociedad-y-economia-en-las-13-colonias-inglesas-de-norteamerica/

Lo que pasaba agitaba el pensamiento de la libre empresa y el libre mercado. Tal vez era deseable separar la función empresarial en la constitución de la función del gobierno, en particular prevenir las tendencias capitalistas a operar en forma mercantilista explotando al pueblo —con el propósito de maximizar la utilidad minimizando la inversión—; en otras palabras, aumentar sin límites el retorno de la inversión cero. Por este objetivo la banca, servicios, producción y comercio, rechazan las regulaciones del gobierno, acusándolo de intervencionista. La riqueza del continente americano, un territorio prácticamente virgen, ofrecía toda la materia prima, y más, para una masiva explosión económica, que en realidad ya estaba dando en la agricultura, plantaciones y tratamiento del tabaco. Una de los impedimentos para un desarrollo económico más acelerado era la política del Reino Unido de no conceder licencias de manufacturas. La producción era masiva por el trabajo incansable de los colonos. Al comienzo de la independencia, las trece colonias censaban alrededor de dos millones y medio de habitantes. Según los apuntes históricos el crecimiento se debió más a la inmigración masiva de los países europeos, en su mayor parte de Inglaterra, que a la tasa de natalidad.

Aspecto económico

Durante el siglo XV, después del descubrimiento de América y continuando en el siglo XVI, Europa entra en una etapa de prosperidad y crecimiento económico. [58] Esta expansión se atañe al crecimiento demográfico que trae la necesidad de acelerar el abastecimiento y la oferta de productos, servicios e información, balanceando la demanda creciente. Europa experimenta sociedades expansivas e innovadoras, traslapando la transición del feudalismo con el capitalismo moderno. El concepto de moneda se convierte en el instrumento impulsador de la nueva economía. Con el desarrollo de las colonizaciones en el nuevo continente por parte de Holanda, Francia, Inglaterra y España, —y en menor escala, Escocia e Irlanda—, el comercio que, en aquel entonces era solo en el territorio europeo,

---

[58] https://www.slideshare.net/dianaluciavesgapascitto/economia-del-renacimiento

abre el comercio intercontinental. Esta nueva forma de comercio requiere un nuevo sistema. La prosperidad o auge comienza con la colonización del nuevo continente por europeos y para Europa. Los nativos americanos no recibieron mucho a cambio; solo la cultura y religiones europeas —además del saqueo despiadado—.

La empresa privada: ¿está por encima de la constitución y de la soberanía popular o nacional? No, no está por encima de la Unión y del marco legal que les permite operar. El capitalismo renace en Europa bajo la idea de Precio Justo; es decir el precio de productos y servicios era el costo al punto de consumo más un porcentaje razonable y justo de ganancias netas.

El renacimiento impuso en el hombre la inquietud y necesidad de adquirir capital, tendiente al lucro bajo el espíritu de empresas de comercio y negocio. En realidad, el espíritu de la empresa privada en del mercando es en fondo y forma solo procedimientos y es en realidad la libertad de los propietarios que quieren actuar libres de regulaciones —sin tomar en cuenta el daño que le causan al pueblo.

En el tiempo de las colonias, la prosperidad en Europa abre nuevos horizontes, y la gente que le gusta vestir bien y adornarse de joyas, vivir en la máxima conveniencia y comodidad, holganza y fiestas pomposas dan paso al mercantilismo—. Entonces el capitalismo transfigura su forma de *precio justo* a *máxima utilidad (máximo retorno de la inversión)*; es decir aumenta el precio porque la demanda aumenta cuando el costo del producto o servicio se mantiene constante, aprovechándose del creciente poder adquisitivo del dinero y la abundancia de materia prima y productos. Este es el punto o momento cuando el gobierno falla en fomentar y proteger el bienestar general y prosperidad del pueblo, abandonándolo a la codicia mercantilista. La constitución debe reformarse para proteger al consumidor, el pueblo.

En ese tiempo inicia el capitalismo con un claro concepto; la teoría del *precio justo* consideraba que el valor de los productos y servicios dependían de su utilidad. Es natural y aceptable que la manufactura de un producto o preparación de un servicio y llevarlos al punto de consumo agrega costos al costo de obtener la materia prima. Además, el proveedor desea obtener una ganancia satisfactoria que incite al proveedor a realizar el proceso de producir o servir al consumidor. Dicha ganancia debe ser superior al interés normal que la banca paga por el dinero en una cuenta de ahorro. La rentabilidad es la diferencia entre valor obtenido y el valor de la inversión. Y la relación de esta diferencia y el valor de la inversión total es el retorno de inversión.

El autor encuentra lo anterior como algo natural y positivo. Pero encuentra insatisfactorio, incorrecto, injusto la práctica de obtener una rentabilidad mayor de 1.20 veces el valor del producto o servicio puestos en el punto de adquisición o un retorno de inversión mayor del 20%. Y el gobierno siempre será responsable de garantizar el bienestar general y asegurar la justicia debe proteger el pueblo (el consumidor). Es decir, el gobierno debe establecer el límite de la rentabilidad y o el retorno de inversión aplicable a los productos y servicios. El gobierno es del pueblo por el pueblo para el pueblo; no es de los ricos, por los ricos y para los ricos. El gobierno se inclinó a trabajar por los rico, famosos y poderosos desde hace tiempo, enfermando gravemente la conciencia de la Unión. Y la codicia y egoísmo de los ricos se convirtió en el cáncer de la sociedad destruyendo paulatinamente la tranquilidad nacional, la justicia, la búsqueda de la felicidad y el bienestar general —los objetivos fundamentales de la constitución de la Unión—.

El modelo económico del precio en función de la oferta y la demanda no es justa ni equitativa ya que la oferta es manipulable creando escases ficticia para incrementar el precio de la demanda sostenida. Así mismo el consumo educado afecta la demanda de modo que la demanda disminuye con la selección de producto. El

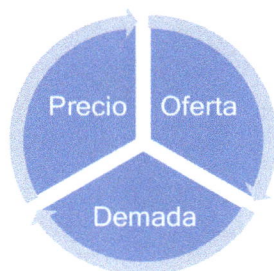

renacimiento despierta una política de economía diferente al final del tiempo medieval. También aparece una perspectiva que incluye no solo la decreciente autoridad del Papa, sino la creciente dependencia y autoridad de la ciencia. Por asuntos de justicia y quizás de propiedad intelectual, el renacimiento se debe en su mayor parte al pensamiento italiano —pues fue en Italia donde comenzó la renovación global, arte y ciencias, producción y comercio—. Debemos mencionar que en Florencia el gran banco de la Casa de Médicis, era lo último en sistemas de procedimientos y manejo bancarios y financieros.

Es importante notar que el movimiento fue producto de unos cuantos eruditos y no un desenvolvimiento popular general. Así que con la afluencia también llega la expansión y el poder social acompañada de reclamos por la expansión de libertades. Hemos visto que la opresión de las clases menos pudientes lleva al pueblo a explotar en rebelión —la rebelión de las masas—. La expresión del descontento no es abrupta sino paulatina y secuencial sin reversa. Las diferencias sociales se crean cuando un periodo de abundancia crea gente acomodada, unos sumamente ricos, pobres y sumamente pobres. El resentimiento social por brechas sociales y económicas producen las inevitables consecuencias. El resentimiento social y el reclamo de libertades civiles, incluyen medianos empresarios y la clase trabajadora. Los gobiernos son culpables porque toleran el enriquecimiento de unos pocos que explotan al pueblo.

El mercantilismo [59]

(El mercantilismo) Consistió en una serie de medidas que se centraron en tres ámbitos: las relaciones entre el poder político y la actividad económica; la intervención del Estado en esta última; y el control de la moneda. Así, tendieron a la regulación estatal de la economía, la unificación del mercado interno, el crecimiento de población, el aumento

---

[59] Fuente: https://es.wikipedia.org/wiki/Mercantilismo

de la producción propia —controlando recursos naturales y mercados exteriores e interiores, protegiendo la producción local de la competencia extranjera, subsidiando empresas privadas y creando monopolios privilegiados—, la imposición de aranceles a los productos extranjeros y el incremento de la oferta monetaria —mediante la prohibición de exportar metales preciosos y la acuñación inflacionaria—, siempre con vistas a la multiplicación de los ingresos fiscales. Estas actuaciones tuvieron como finalidad última la formación de Estado-nación lo más fuerte posible.

Claro que en aquellos tiempos el mercantilismo enfocaba conceptos (las políticas) de la intervención del estado en la economía, pero concurrente con el absolutismo de los reyes. El artículo de la nota al pie 59 en sus primero su segundo párrafo dice, el mercantilismo *"... [1]Consistió en medidas... centradas en tres ámbitos: las relaciones entre el poder político y la actividad económica; [2] la intervención del Estado en esta última; y [3] el control de la moneda. Así, tendieron a la regulación estatal de la economía, la unificación del mercado interno, el crecimiento de población, el aumento de la producción propia —controlando recursos naturales y mercados exteriores e interiores, protegiendo la producción local de la competencia extranjera, subsidiando empresas privadas y creando monopolios privilegiados—, la imposición de aranceles a los productos extranjeros y el incremento de la oferta monetaria —mediante la prohibición de exportar metales preciosos y la acuñación inflacionaria—, siempre con vistas a la multiplicación de los ingresos fiscales. Estas actuaciones tuvieron como finalidad última la formación de Estado-nación lo más fuerte posible".*

Claro que no es esto lo que los padres fundadores soñaron para la unión de las colonias. Pienso que la empresa privada es un derecho de los ciudadanos de formar y manejar sus propios negocios con libertad de acción. Sin embargo, la soberanía nacional se basa en lo que la constitución prescribe como poder y autoridad del gobierno protegiendo la Vida, la Libertad y Felicidad del pueblo, sino también el bienestar general. Dentro del bienestar general está la vida económica de los ciudadanos; por tanto, el gobierno debe fomentar, encauzar, proteger y mantener el sistema económico que el pueblo elija. Pero la empresa privada debe respetar los requisitos y condiciones de los mandatos constitucionales.

Las reformas a la constitución deben sancionar claramente el alcance de la libertad de la empresa privada del mercado de modo que no infrinja en los derechos inalienables de los ciudadanos.

Fisiocracia

Es preciso notar también que cuando el entorno estruja al hombre, la mente trabaja sin descanso buscando como lograr el paso de resistencia mínima para su vida, y siempre encuentra soluciones a su situación. Tal vez la situación de la edad media abrió las puertas al renacimiento, periodo de ilustración, como solución para Europa. Uno de los conceptos aplicables a la situación —la mentalidad— de los colonos es la fisiocracia. [60] Es una forma de pensar económico, o quizás fue una escuela. Fue un pensamiento que abrió a debate privado y público la idea de que el mundo está dotado de una ley natural inviolable —un término griego que promovía la idea que la naturaleza tiene imbuida una autoridad ejecutiva—; y esta autoridad manda que todas otras reglas naturales o humanas deben acatar las leyes naturales. El autor revisó el concepto de fisiocracia y encontró que la vida es una acción natural de la existencia en la cual el hombre, en general, no participa en esa decisión creativa de su vida; pero, en verdad no es un pensar económico sino un hecho de que el entorno inmediato no satisface totalmente las necesidades de cada individuo. Viendo este conceto desde el punto de vista de economía, la fisiocracia, es literalmente el reglamento innato (mandato) de la naturaleza que especifica que lo que se puede adquirir o de hecho se adquiere tiene un precio especifico equivalente a la sumatoria de los costos de adquisición. Todo lo que la existencia puso en el universo para beneficio de la vida no tiene asignación específica para una vida en

---

[60] https://es.wikipedia.org/wiki/Fisiocracia

particular sino en una distribución uniforme e igualitaria para todas las vidas. Pero, si todo se puede adquirir el precio es el total de costos de la adquisición. Este es el *"precio justo"* que los europeos dieron a los productos y servicios del capitalismo naciente en la era de la ilustración. El autor piensa que la observación de las necesidades humanas define los productos y servicios que el hombre necesita para promover y mantener la Vida. Entonces nace una secuencia natural que incluye el esfuerzo mental y físico de como adquirir, la materia prima, procesarla, y entregar productos y servicios acabados a la gente que los necesita, en la forma que los necesita, es también parte intrínseca de aquel reglamento innato de la naturaleza —la fisiocracia—. El capital-dinero que se arriesga en esa secuencia se incluyen en el precio del producto y servicio entregado a quien los adquiere. Es decir que el precio justo de un producto o servicio originalmente concebido en función de su utilidad debe incluir el interés estandarizado al tiempo de recuperación más un porcentaje de rentabilidad del proveedor. Por tanto, el individuo por ley natural busca e intercambia, algo por algo, con otros individuos, para satisfacer sus necesidades. Este intercambio es parte del proceso natural en la existencia que mantiene el balance de la vida. De modo que todo lo que el hombre necesita para proteger, promover y mantener su vida es parte de la vida. De aquí nace la necesidad de intercambiar productos y servicios con valores equivalentes. Leyendo la historia de la vida de los nativos americanos en las Américas, vemos que los so (erróneamente) llamados indios tenían su forma de cambiar (valor por valor) productos y servicios. Los Mayas, por ejemplo, crearon un tipo de moneda representada por semillas de cacao con el cual compraban productos y servicios en el mercado indígena, a tantas semillas de cacao por algo que necesitaban. En su forma natural

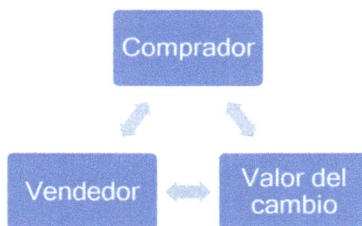

el valor para el comprador y vendedor es el principio intrínseco del intercambio no el tipo de moneda. El valor de la moneda es el valor de su respaldo (en oro, por ejemplo).

Otra idea consecuente es que el producto obtenido de los recursos utilizados en la preparación del producto debió tener un valor mayor que la suma de los valores de los insumos; por lo cual se generaba la *"plus valía"* del producto, sea el excedente económico. Es claro que ideas como la fisiocracia nacen de la reacción —intelectual— de los productores a las acciones intervencionista, o mercantilismo, de los gobiernos. porque esta opresión o restricción reducía la productividad agrícola e industrial. En cambio, la libertad bajo la fisiocracia incrementaba la prosperidad. El concepto parece tener mucha validez, la libertad de producción de productos y servicios, era la solución al impasse económico de aquel tiempo. Así tendía a reemplazar el mercantilismo con el libre cambio. Sin embargo, como veremos adelante, este libro muestra, incompatibilidades con el capitalismo y la relación de la política democrática —en especial cuando la debilidad de los gobiernos permite influencias desmedidas del capital sobre la gestión de los tres poderes del estado—. En verdad, esto último es un atentado contra la constitución y contra la soberanía popular.

Autonomismo

La autonomía es una actitud social, económica o política bajo la cual una entidad, natural o jurídica, propone tener la facultad de autogobernar su comportamiento u operación sin la intervención de otra u otras fuerzas externas. Hay varios ejemplos de instituciones autónomas en la estructura de gobierno de los Estados Unidos de América —por ejemplo, el manejo del correo nacional, declarada en la constitución, y las instituciones de inteligencia nacional—.

La autonomía implica la independencia, de otros poderes, o mejor dicho la eliminación de vinculaciones subsidiarias o dependencia de otras entidades, sobre las cuales el poder ejecutivo no debe intervenir o influenciar. Pero lo entes autónomos o agencias independientes de los Estados Unidos, aunque constitucionalmente forman parte del poder ejecutivo, están fuera de la autoridad del presidente y en gran medida están influenciadas por caprichos, juegos de intereses, políticos o intereses personales del ejecutivo. Los entes autonomías tiene sus propias características y organizaciones administrativas diferentes a los departamentos de gobierno. De acuerdo a sus estatutos aprobados se puede decir que tienen su propia constitución interna o reglamentos operativos. El presidente tiene la autoridad de nombrar, y de hecho nombra, a los comisionados de las juntas directivas de los entes autónomos y también el presidente puede designar al presidente de esas juntas directivas. Desde el punto de vista de Benjamín Franklin la corrupción crece y se apodera del gobierno. Como podemos ver los presidentes tienen la oportunidad de acomodar las directivas en forma que favorezca a su ideal o partidarismo político, o a sus intereses personales, mediante nombramientos condicionados. Casos típicos han sido, por ejemplo, los despidos de los directores de la agencia de inteligencia federal (FBI por las siglas en inglés) durante la presidencia de Donald Trump. El despido fue aparentemente político y para cubrir intereses personales en el comportamiento del presidente.

Ese el peligro existente que emana del poder y autoridad que el presidente tiene o se auto otorga, capaz de modificar y o reducir a niveles ineficientes o inclusive a eliminarlos del sistema de gobierno, sin que los otros dos poderes pueden intervenir en la acción ejecutiva. El presidente Trump ha logrado destruir sustancialmente algunas entidades autónomas, así como ha tratado de eliminar o privatizar la institución del correo, los Estados Unidos de América; también ha intervenido en las estructuras de otras instituciones autónomas como aquellas de la comunidad de inteligencia, despidiendo o reemplazando altos funcionarios de esas instituciones. Entre estos funcionarios podemos mencionar a James Comey, director de la agencia de investigación federal (FBI por sus siglas en ingles). La lista de actos de probables abusos de autoridad y o poder es larga.

El autonomismo fue un movimiento internacional en Europa. El artículo en la nota al pie 23, registra que, en España, *"El autonomismo es un elemento central de la política española desde la transición democrática. El autonomismo existe de facto y se aplica a las 17 regiones del país. Existen sin embargo movimientos soberanistas en varias regiones, en especial en las nacionalidades históricas: Aragón, Cataluña, Valencia, País Vasco, Andalucía y Galicia."*

Mientras que en Francia, *"El autonomismo regional en Francia se conoce como descentralización, y no surge de aspiraciones nacionalistas ni independistas sino de la aplicación del Principio de subsidiariedad. Los movimientos nacionalistas en Córcega, Bretaña, Provenza (Occitania), y autonomistas/regionalistas en Alsacia y Flandes no han conseguido cambiar la configuración del Estado Francés."* Según este artículo la descentralización en Francia *"transfieren competencias y responsabilidades a nuevas instituciones. Un ejemplo de descentralización institucional es la transferencia de la política monetaria del ministro de Finanzas a una banca central independiente; El traspaso de los poderes ejecutivos a nivel de los departamentos del prefecto al consejo departamental, [Incluyendo] educación primaria y formación profesional. [y funcionalmente] la trasferencia de una competencia del gobierno central a una entidad del gobierno local.*

Mas cerca, aquí en los Estados Unidos, gobiernos del partido republicanos ha intentado fuertemente en privatizar, una forma de descentralización, la salud del pueblo, intentando desmantelar lo que es llamado, Acto de Atención Costeable (ACA por sus siglas en ingles), —Planes de Salud de Atención Obama ("Obamacare" por su nombre en inglés). La constitución debe sancionar la total independencia de los entes autónomos y así evitar la infiltración de la corrupción con fines partidaristas y o personales de los presidentes.

Subsidiariedad

Por otro lado, el principio de subsidiariedad implica que las autoridades más cerca del punto-origen deben resolver todos los asuntos, objetos o problemas que en ese lugar surjan. [61] Es una pauta que establece la responsabilidad de un gobierno central y los derechos de los estados que integran la Unión. Sin embargo, la subsidiaridad no libera al gobierno central de la responsabilidad de

---

[61] https://es.wikipedia.org/wiki/Principio_de_subsidiariedad

es contraria a la fusión de poderes en un parlamento, donde el poder legislativo y ejecutivo traslapan. La separación de poderes previene la concentración de esos tres poderes, promoviendo supervisión y balance del poder ejecutivo. Ese es el espejismo del concepto de un gobierno republicano: la integridad de sus tres poderes. Es quimérico porque depende de la honestidad de los representantes que el pueblo elige en el sufragio electoral. Como previno Benjamín Franklin la corrupción se toma el poder del gobierno y destruye la intención constitucional de la Unión cada doscientos años. Y el gobierno de esta Unión ya llegó a tener esa situación.

Pero repacemos la historia de la colonización por otro momento. A los años el descubrimiento de América por Cristóbal Colon, Aristóteles, a casi la mitad del siglo XV anuncio la idea de gobiernos mesclados en su escrito *"políticas."* Él sugería diferentes formas constitucionales para las ciudades y estados. Por el mismo tiempo de Aristóteles, John Calvin dijo Democracia. —*"Es un don invaluable si Dios permite que un pueblo elija su propio gobierno y magistrados"*—. Y con respecto a este punto sugirió montar varias instituciones políticas complementarias que se controlen una a la otra dentro de un sistema de supervisión y balances. Era obvio que Calvin no toleraba la política absolutista y prefería el poder del pueblo. Y es bueno notar que los padres peregrinos instalaron en la colonia de Plymouth en Norteamérica un sistema de gobierno democrático tripartita. "Los hombres libres" elegían la corte general, funcionando como poder legislativo y judicial, y este poder, a su vez, elegia al gobernador, y juntos con sus siete asistentes, constituían el poder ejecutivo. Las otras colonias, Massachusetts, Rhode Island, Connecticut, Nueva Jersey y Pensilvania instalaron sistemas democráticos similares. Pero las colonias de Plymouth y Massachusetts agregaron la libertad de culto.

Montesquieu mantenía en su filosofía y por inferencia se puede concluir que si un poder tiene la autoridad de elegir a miembros de otro poder la separación de poder deja de existir. Por esto un sistema democrático debe sentar reglas efectivas que eliminen la aplicación del concepto "divide y manda" propuesto por Niccolo di Bernardo dei Macchiavello —supuestamente el padre de la filosofía y de la ciencia política—. El principio de supervisión y balance en un gobierno implica la estabilidad gubernamental y el autocontrol del poder. La supervisión y balance ordena que cada rama del gobierno tenga poder y autoridad de limitar o supervisar a los otros dos, creando el balance del poder en las tres ramas. Por tanto, el poder equitativo de cada rama previene que cualquiera de las ramas se vuelva suprema y absoluta. Desafortunadamente, Montesquieu no incluyó en la teoría la influencia de la corrupción y Macchiavello triunfo. No es que la deshonestidad es incontrolable, sino que el sistema no ha sido para reducir, eliminar y garantizar que no recurra la corrupción en los gobiernos. Por eso los fundadores dijeron formar un Unión más perfecta, implicando que esa Unión está expuesta a la corrupción y es necesario sellar las entradas por donde se cuelan las ratas.

Discurso sobre la desigualdad

Según el autor toda condición de desigualdad entre los hombres nace de la descomposición del alma y las actitudes malignas de sus egos —así como egoísmo, egocentrismo, o egotista—. Pero el autor interpreta la filosofía que Rousseau (Jean Jacques), estableció en su "discurso sobre el origen y fundamentos de la desigualdad entre los hombres". Según su discurso, todos los problemas y males sociales se deben en primer término a las brechas o desigualdades de los hombres fundadas en una sola causa proveniente del estado de sociabilidad. Rousseau consideró que "la estructura e imagen del hombre es siempre igual, vagabundo y salvaje", primitivamente. Rousseau propuso que "la distinción de los animales por ser libre tiene capacidad de auto perfeccionarse moralmente". Rousseau pensó que el hombre está dotado de un sentimiento natural, la piedad; por tanto, no es un ente perverso o malvado, siendo que se presta a ayudar y socorrer a quien sufre. Así el hombre vivía originalmente en armonía con la naturaleza hasta que la pandemia de propiedad contagió su mente; según Rousseau, cuando el hombre dijo "esto es mío", el concepto de propiedad aparece por primera vez, y el hombre funda la sociedad civil —el autor concuerda con este precepto—. Y de ahí, comenzó la carrera por resguardar, aumentar sin límites, todo "lo que es mío". Y consecuentemente nace la noción de imposición y dominio sobre los demás —el concepto del poder—. Mas aun en el afán de proteger "lo mío" nacen los acuerdos y compromisos, alianzas y actividades conjuntas, dando paso a la creación de la sociedad civil y a las leyes que regulan el comportamiento humano, garantizando el derecho sobre lo mío. De todo esto nace la desigualdad —la diferencia entre débiles y poderos; y la libertad natural del hombre terminó—. Las controversias con la definición de propiedad generan al mismo tiempo la necesidad de mantener la paz y cordialidad social y el concepto de los acuerdos. Consecuentemente, de este pensamiento antropológico y filosófico, Rousseau conforma su teoría del contrato social.

Contrato Social

La investigación del autor encuentra abundante información en el Internet; y lee y analiza muchos artículos de la información pública. Mientras trabajaba como secretario del embajador en Venecia, Italia, por el año 1743, Rousseau comienza a escribir un libro sobre el tema de libertad e igualdad. Mientras tanto, las colonias seguían enfrascadas en su desarrollo y controversias con las imposiciones de la corona inglesa. Un resumen del trabajo de Rousseau aparece en 1762, titulado *"El contrato social o principios del derecho político"*. [63] Este libro trata sobre la filosofía política, cubriendo el tema de libertad e igualdad. La filosofía de Rousseau consideraba que el individuo esta fundamental dentro del convivio social, y por lo tanto la armonía del convivio está en función de la voluntad general. Rousseau no termina de escribir ese libro, pero compone un resumen del mismo que fue su obra del contrato social en cuatro tomos. En el primer tomo, el escribe que el hombre nace libre por naturaleza, "El hombre ha nacido libre, y, sin embargo, por todas partes se encuentra encadenado"; y por otro lado agrega que "la familia es el primer modelo de sociedad política". Rousseau se opone al derecho del más fuerte y dice, "Convengamos, pues, en que la fuerza no constituye derecho, y que únicamente se está obligado a obedecer a los poderes legítimos". El autor está de acuerdo con esta filosofía y mantiene que es el caso de los

---

[63] https://es.wikipedia.org/wiki/El_contrato_social

gobernantes autócratas o dictadores, que usurpan el poder del pueblo y lo someten por la fuerza militar y el dominio político corrupto que mantienen. En su segundo tomo Rousseau expone, por un lado, la idea de que el pueblo busca abundancia y paz; él pensó que la libertad subsiste por la igualdad; "es precisamente porque la fuerza de las cosas tiende siempre a destruir la igualdad, por lo que la fuerza de la legislación debe siempre mantenerla". Quizás podemos entender que la fuerza no puede ser otra cosa que el abuso de poder por parte del gobierno, y por tanto el marco legal debe proteger el derecho del pueblo para mantener la igualdad; de modo que si las leyes no se aplican o no se hacen con este fin el gobierno se vuelve una tiranía, una dictadura o una monarquía. En el tercer tomo, Rousseau, opina que la democracia es una forma tan perfecta de gobierno que no se da nunca en su forma pura; los dioses se gobiernan democráticamente, "pero un gobierno tan perfecto no es propio de los hombres". El autor difiere en esto, y aunque sea cierto, piensa que la desviación al principio es no tener una causa bien definida y un reglamento de ley serio y enforzado para que el hombre siga la causa. Por otro lado, esta actitud es dictatorial e impositiva; cuando en realidad lo que se requiere es que el hombre trabaje por la causa común por su propia volición. El autor piensa que el hombre-pueblo trabajará por la causa común cuando el beneficio sea justo e igualitario. Este es el punto de la reforma a la constitución, que para hacer una Unión más perfecta es necesario redactar y sancionar leyes que garanticen los seis objetivos (o mandatos) y las cuatro evidencias fundamentales presentadas en el párrafo "Encauce" del capítulo 2.

La perfección de la democracia depende de la perfección del hombre, más bien de su ego, y es la codicia y el egoísmo humano lo que causa la imperfección de la democracia. Pues viendo este caso desde un punto de visto contributivo, puede establecerse que el auge, bienestar y paz total de una sociedad es la sumatoria del auge, bienestar y paz individual. De modo que mientras no se logre ese estado de auge, bienestar y paz general, las diferencias sociales siempre causaran inconformidades, grietas sociales y discordias en la política. Por ejemplo, las siguientes.

> 1.- "Cuanto más crece el Estado, más disminuye la libertad.
> 2.- "El gobierno para ser bueno, debe ser relativamente más fuerte a medida que el pueblo es más numeroso.
> 3.- Cuando más numerosos son los magistrados, más débil es el gobierno.
> 4.- La resolución de los asuntos se vuelve más lenta a medida que se encarga de ellos un mayor número de personas.

Rousseau presenta estas frases aludiendo al inconformismo y a las diferencias sociales, dando puntos de aritmética. Para el autor es obvio que entre más grande sea el estado —la suma organizada de todos sus elementos, población, territorio, poder, gobierno y derecho—, la libertad se reduce por el respeto al derecho ajeno. Luego para que un gobierno sea un buen gobierno debe consolidar sus funciones en forma más efectiva y eficiente a medida que la población crece en número. También es claro que la eficiencia del gobierno no está en la burocracia porque esta vuelve al gobierno ineficiente. Y por otro lado a mayor número de autoridades de decisión, mayor es el número de opiniones, y más débil es el proceso decisivo. El proceso de resolución de los asuntos gubernamentales es más lenta.

Rousseau, escribe en su cuarto libro *que los hombres bondadosos, con rectitud necesitan pocas leyes.* Esto es cierto porque estos hombres que pertenecen a una clase que respetan el derecho ajeno por voluntad propia de hecho no necesitan obligaciones legales adicionales para comportarse responsablemente. El ideal es que la voluntad de estos hombres sencillos fuere la voluntad general y sostenida de todos los miembros del estado. El autor mencionó que el hombre actúa conforme lo tratan o maltratan, y cuando el beneficio de la causa común es igualitario el hombre trabaja por el bienestar general. La constitución debe reformarse para instituir, promover, cuidar y mantener la igualdad social, política y económica del país.

El autor encuentra una información en un artículo en el Internet. [64] Este artículo data otro de los grandes pensadores en el

---

[64] https://es.wikipedia.org/wiki/Dos_tratados_sobre_el_gobierno_civil

ramo de temas políticos, -John Locke [65] -, quien escribe sobre la filosofía política. Locke, además de su ataque al patriarcalismo, enfoca su pensamiento a la teoría de sociedad política o civil, —publicada en 1689-, basada en los derechos naturales y el contrato social. Locke escribe dos tratados, según el artículo de la nota al pie 64. El primer tratado Locke reta el derecho divino de los reyes -tratado sobre el gobierno a su impugnación-. En su primer tratado, Locke introduce una contundente teoría de la sociedad política o civil. En el segundo tratado presenta su teoría de Estado, enfocando su pensamiento en los derechos naturales y en el contrato social.

Causas y consecuencia de la separación

De todo lo que hemos leído en el prólogo y en este capítulo, podemos resumir las causas y consecuencias del resentimiento de los habitantes de las colonias de Norteamérica. Las guerras territoriales de las potencias de Europa debilito económicamente a las grandes monarquías -como puede verse con el resultado de la guerra de los siete años-. El final de la edad media y del feudalismo fue otro factor importante. Pero el despertar intelectual de los europeos con el renacimiento y el período de ilustración que dieron a esta gente una nueva perspectiva de la vida. Con esta perspectiva vino también el concepto antropocentrista. Y con este pensar nuevo el individuo reconoce la importancia de su presencia en el universo, descubriendo que solo el conocimiento puede, y en realidad hace, avanzar la humanidad -el humanismo-. Una revisión profunda de lo que aconteció en ese entonces revela ciertos aspectos interesantes e influyentes para el marco mental de los colonos de Norteamérica. La nobleza rural y el feudalismo decae ante el concepto del poder real, dando paso a monarquías autoritarias carácter urbano. Nacen las ciudades y la burguesía emerge como una clase social envuelta en actividades artesanales, industriales y comerciales. La vida cambia; y el concepto del dinero sale de la necesidad del intercambio inmediato —o sea el valor del cambio-. Y no solo esto, el pase de lo rural a lo

---

[65] https://en.wikipedia.org/wiki/John_Locke

urbano despierta la inquietud intelectual empujada por la demanda de servicios. Y con esto también llega la curiosidad científica. La mentalidad de la gente se expande y el pensamiento crítico despierta. Ese pensamiento crítico desarrolla la urgencia de adquirir más y más conocimiento, leer y estudiar. Y los inventos florecen, entre ellos la imprenta, facilitando la propagación de las nuevas ideas. Y por primera vez emergen los centros de estudios -la alfabetización, escuelas, y universidades-. El movimiento de ilustración lleva al hombre más allá de su existencia física; lo empuja a entender que es una persona más extensa que su ser anatómico y biológico. Y florece el arte y la admiración del placer estético, incluyendo la literatura y la poesía. Parece que el descubrimiento de América, no solo confirma la esfericidad de la tierra sino lanza el pensamiento científico a estudiar lo que rodea la tierra -como la astronomía, física, química, etc. Las fronteras geográficas se expanden y con ella se desarrolla el comercio. Pero Inglaterra acoge esta era de la ilustración hasta casi el final del siglo XVI, cuando a mitad de este siglo las colonias inglesas de Norteamérica apenas afirmaban sus asentamientos. Hubo grandes pensadores y filósofos en ese periodo como Charles Louis Montesquieu, [66] Jean Jacques Rousseau. [67] El primero crea la teoría de separación de poderes y escribió el *Espíritu de las leyes*; [68] y el segundo escribe el discurso de la desigualdad y propone el contrato social y confecciones.

El Espíritu de la ley

Es un tratado de teoría publica y derecho comparado, publicado en 1748 (28 años antes de la independencia de las colonias inglesas en Norteamérica). Esta teoría sugiere puntos de mucha importancia, por ejemplo, Montesquieu afirma que *"los poderes ejecutivo, legislativo y judicial no deben concentrarse en las mismas manos".* El autor elogia la intención de la teoría de Montesquieu de que *"cada poder contrarreste y equilibre a los otros dos".* Sin embargo, el autor encuentra ciertas

---

[66] https://en.wikipedia.org/wiki/Montesquieu
[67] https://en.wikipedia.org/wiki/Jean-Jacques_Rousseau
[68] https://es.wikipedia.org/wiki/El_espíritu_de_las_leyes

debilidades en la teoría como, por ejemplo, el origen de la *organización social* y la *virtud del cumplimiento de sus respectivos principios de gobierno.* Tanto la organización social como el complimiento de principios de gobierno puede tener fallas en su concepción, en su implantación, y en su ejecución, y no representar la voluntad de la soberanía popular -por tanto, el sistema falla-. Ya se enunció un peligro potencial como es la concentración de los tres poderes en manos solo uno de los tres poderes -que viene a ser, prácticamente, una autocracia, dictadura o tiranía-. Montesquieu toma la conceptualización de tres tipos de gobierno (1) aristócrata, (2) democracia, y (3) monarquía para clasificar los gobiernos en tres clases y propuso (1) el gobierno republicano [aristocrático y democrático], (2) monárquico, y (3) despótico. Por las razones que da Montesquieu que el poder no debe concentrarse en las mismas manos se enfatiza la necesidad que el presidente de los Estados Unidos no debe tener el poder ni autoridad de nominar a los magistrados de la corte suprema, ni jueces federales, ni poder sobre las agencias independientes. Tampoco debe tener poderes que lo coloque sobre el reglamento de leyes y tenga poder de pasar por encima de las decisiones de las cortes perdonándole a ciertas personas las sentencias por sus delitos. Esta autoridad y poder propicia la corrupción y destruye los principios constitucionales.

El autor no encuentra la lógica del cambio -la propuesta es como tener bananos de tres tamaños, y luego agruparlos en tres grupos por rango de peso; siempre serán los mismos bananos. Por otro lado, la clasificación por la naturaleza de cada gobierno, basada en quien tiene el poder y como lo ejecuta es más factible. Montesquieu describe su clasificación en

1.- *El gobierno republicano donde el pueblo, o una parte de este, conserva el poder soberano (democracia o aristocracia) y el pueblo es responsable de hacer las leyes.*

2.- *El gobierno monárquico donde el rey posee el poder y lo ejerce bajo una estructura de leyes fijas y establecidas.*

3.- *El gobierno despótico donde una persona detenta el poder y los ejerce sin leyes fijas imponiendo sus caprichos personales.*

Claro, de las tres opciones anteriores la primera es la que los padres fundadores escogieron para la Unión. Ya hemos visto que las colonias formaron su propio gobierno en forma parecida. También hemos visto, y es el tema de este libro, que el gobierno de la Unión tiene sus fallas y está expuesto a la corrupción, y abuso de los poderes del estado para fines que no son del pueblo. El autor considera que el gobierno republicano y la democracia no es suficiente. Es decir que la soberanía popular no es solo el periodo (el día) de votación. Ni el voto significa la concesión de un poder generalísimo al presidente y demás funcionarios públicos en el gobierno. Ni tampoco es una licencia para ubicarse por encima de la ley y abusar del poder y autoridad que el pueblo otorga a los representantes electos y nominados. Esta forma sería la cuarta versión de gobierno y democracia, donde el pueblo es el estado, soberano, que elige a todos los representantes en los tres poderes por su voluntad y voto popular, y al mismo tiempo revisa las leyes que el poder legislativo hace antes de aprobar el establecimiento como ley vigente, y también puede, como lo hicieron los ciudadanos de las colonias reclamando su independencia con una sola voz.

> *"--Que, para asegurar estos derechos, se instituye a los gobiernos entre los hombres, derivando sus poderes justos del consentimiento de los gobernados, --Que cada vez que cualquier forma de gobierno se vuelve destructiva de estos fines, es el derecho del pueblo a alterarlo o abolirlo, e instituir un nuevo Gobierno, sentando sus cimientos sobre principios y la organización de sus poderes en tal forma, en cuanto a ellos parecerá más probable que efectivamente su Seguridad y Felicidad..."*
>
> *"... y, en consecuencia, toda experiencia ha sembrado, que la humanidad está más dispuesta a sufrir, mientras que los males son sufribles, que para enderezarse a sí mismos mediante la abolición de las formas a las que están acostumbrados. Pero cuando un largo tren de abusos y usurpaciones, persiguiendo invariablemente el mismo Objeto evidencia un diseño para*

> *reducirlos bajo el despotismo absoluto, es su derecho, es su deber, desechar a ese gobierno, y proporcionar nuevos guardias para su seguridad futura."*

Es claro que la constitución considera la posibilidad que sus representantes abusaran de los poderes y autoridades que reciben del pueblo. Por tanto, también establecieron en la letra y espíritu de esa documento la solución a la situación aludida en la cita que dice *"desechar a ese gobierno, y proporcionar nuevos guardias para su seguridad futura."* Consecuentemente, cuando el pueblo expresa su descontento públicamente y demanda una sustitución de forma y fondo de su gobierno lo hace con el derecho explicito que sanciona la constitución. Ese es el derecho soberano del pueblo y no que no podemos categorizar con ningún adjetivo calificativo que no sea el ejercicio de su derecho natural -el manejo de su Vida y destino. Sin embargo, el poder legislativo ha fallado y sique fallando al no establecer un proceso constitucional que tenga por objetivo ese mandato de desechar el gobierno y proponer nuevos guardianes cuando no cumple o viole los mandatos constitucionales.

Derechos naturales

Locke estaba consciente desde el momento que concibe su argumento que cualquier nuevo sistema está siempre expuesto a la corrupción política. Y resuelve proponiendo que un rey constitucional que este subordinado al poder civil (del parlamento) es más que suficiente. Luego agrega que un Estado debe tener una tricotomía política; planteada en tres poderes que eviten la corrupción política. Quiso decir, (1) un poder legislativo, (2) un poder ejecutivo, y (3) poder federativo (la casa de representantes hoy en día). Lo interesante de su filosofía política es que estaba pensando (en todo momento) en la soberanía nacional (o soberanía popular). Locke tiene ciertas grietas en su filosofía, porque confía la autoridad de elegir, -después de ser elegido por el pueblo-, a los miembros del poder ejecutivo, además de hacer las leyes. Esta proposición es incorrecta y peligrosa, como lo demuestran las acciones de gobiernos futuros. Así mismo no es cierto, que estos tres poderes eliminan la corrupción política porque el sistema mismo queda sujeto a la influencia de la corrupción -así lo demuestra la historia-. Por tanto, no era la solución que se buscaba para una democracia más perfecta. No se puede negar, sin embargo, la grandeza del pensamiento de John Locke. Tampoco se puede negar la influencia que Locke impuso, -su teoría del Estado-, en el pensamiento americano e ilustrado. En la mente del autor de este libro "Reformas", la democracia americana tiene mucho camino que andar. Y por supuesto la evidencia del impacto de la filosofía política de John Locke salta a la realidad en la proclamación de la independencia de las colonias inglesas en América. El modelo político de la separación de poderes, como un espíritu, se introdujo en la redacción de la constitución de los Estados Unidos de América. El autor nota que el enfoque de Locke no define la ley natural, ni la soberanía popular, explícitamente, aunque habla de derechos naturales del hombre.

John Locke (agosto. 29, 1632 – octubre. 28, 1704)

English philosopher and physician, widely regarded as one of the most influential of Enlightenment thinkers and commonly known as the «Father of Liberalism.»

De izquierda a derecha: John Adams, George Washington, Thomas Jefferson, Benjamin Franklin, and Alexander Hamilton.

Nosotros, el pueblo, les debemos el poder y la gloria de la vida con derechos en *"... una nación bajo Dios, indivisible, con libertad y justicia para todos",* diseñada bajo el concepto de que todos los hombres son creados igual.

CAPÍTULO 4

Principios Fundamentales

No podemos aferrarnos a una sola línea demográfica sólida y pura, cuando ya para los años de 1500 la mezcla cultural, -social, educación, política y economía-, era el resultado de las influencias de nuevos pensamientos de la gente en las naciones europeas de esos tiempos, en particular España y Francia. Así que no podemos insistir en que el movimiento de independencia fue un movimiento de los ingleses, aislado y sin influencia de fuerzas o pensamientos internacionales externas. La era de ilustración ya se había permeado en las mentes de los colonos aun antes de llegar a las colonias de Norteamérica. Los colonos ya traían sus principios basados en pensamientos filosóficos de libertad, autodeterminación y soberanía nacional o popular. Entonces corresponde revisar con atención los principales pensamientos progresivos que influyeron el pensamiento y decisión de los colonos en 1776. Aunque todos los temas sociales, económicos y políticos influenciaron el pensamiento de la gente de las colonias norteamericanas, hay ciertos temas que sobresalen por su influencia en la formulación de la república democrática de los Estados Unidos de América.

Pluralismo

El pluralismo es una forma de la diversificación del concepto de participación en la vida social, económica, y política. Este concepto alude a la presencia de múltiples grupos de intereses, posiblemente consolidados dentro de un sistema social, económico o político; y esos intereses influyen en la toma de decisiones en general. El pluralismo acepta la participación de todos los miembros del grupo. [69] En realidad, es la base de la democracia, de donde se deriva el poder soberano del pueblo. En sociedades homogéneas donde todas las personas son de una sola cultura, pensar político, costumbres y cultos el pluralismo se reduce a -llegando a ser- un monismo. El caso de las trece colonias es diferente desde el inicio de sus asentamientos. Y hemos visto rápidamente las influencias ejercidas en las colonias con colonos de varias naciones de Europa. Es por esto que el factor del pluralismo cobra importancia, tanto en los aspectos sociales, económicos, y por supuestos políticos. Quizás de este concepto pluralista nace la aplicación del concepto de Unión, confirmado con la frase en latín que dice *"e pluribus unum"* o la frase de *"la unión hace la fuerza"*. De cualquier manera, la diversidad demográfica tenía que actuar como una masa homogénea para realizar el sueño común. Pero además de lo anterior el reto del pluralismo, social, religioso, pensar político, y teorías económicas a los pueblos heterogéneos es la forma de integración en una Unión. La integración necesita que las fuerzas que unen a la pluralidad sean más fuertes que las diferencias ideológicas que los separa. Es decir que la suma de las fuerzas positivas y negativas más los beneficios de la unión es cero (están en balance). En otras palabras, los beneficios de la libertad es la diferencia entre las fuerzas positivas y negativas, donde las positivas son mayores que las negativas. Entonces los pueblos se unen en una causa común (el sueño americano): Formar un Unión más perfecta (cada día) con justicia, tranquilidad, seguridad, y bienestar general, que asegure el beneficio de la libertad para todos, el pueblo. La llave para unir intereses, creencias, filosofías diferentes está en los beneficios comunes para cada miembro de la sociedad. Es decir, los beneficios obtenidos deben ser mayores que los sacrificios que se hace para obtener esos beneficios. Esta fue la situación de las colonias, y la unión les ofrecía la oportunidad de alcanzar dichos beneficios —

---

[69] https://es.wikipedia.org/wiki/Pluralismo

los que se resumen en el bienestar general—. Rodaron los dados; la suerte estaba echada.

La ley Natural

¿Qué es la "ley natural"? El autor considera que la ley natural es la representación de la verdad de la realidad de la existencia —en este caso, humano—. Es la verdad lógica de la vida, no solo del hombre sino de todos los seres vivientes. Y la cita en conclusión dice.

Ley Natural es una teoría moral de jurisprudencia que mantiene que la ley debe estar basada en la moral y la ética. La Ley Natural sostiene que la ley está basada en lo que es "correcto." La Ley Natural es "descubierta" por los humanos mediante el uso de la razón y el escoger entre lo bueno y lo malo. Por lo tanto, el poder de la Ley Natural reside en descubrir ciertos estándares universales de la moralidad y de la ética. [70]

La grandeza del concepto citado aquí arriba, está en aceptar que la existencia tiene un standard de comportamiento ético y moral, que los humanos debemos acatar. Y las decisiones del gobierno deben ser no por necesidad sino porque es correcto hacerlo. En realidad, la ley natural es una cualidad del sentimiento, del alma, o de la jurisprudencia de la conciencia humana que juzga lo que es bueno o malo, correcto o incorrecto, justo o injusto y también -por qué no- lo agradable o desagradable. Y la cita en conclusión dice así, *Finalmente, ¿de dónde proviene la ley? La Teoría de la Ley Natural mantiene que ciertas leyes morales trascienden el tiempo, la cultura, y el gobierno. Existen estándares universales que aplican a toda la humanidad a través de todos los tiempos. Estos estándares morales universales son inherentes y reconocibles por todos nosotros, y forman la base de una sociedad justa.* EL autor por su cuenta agrega que la existencia da un patrón de comportamiento para los seres vivientes —en particular para los humanos— compuesto de la tranquilidad, la satisfacción y la gratitud. Es el cauce ético y moral que existe junto a la soberanía popular. La soberanía popular es un espejismo si el hombre no acata la ley natural. El pueblo no debe permitir que los representantes elegidos

---

[70] https://www.allaboutphilosophy.org/spanish/ley-natural.htm

para cargos públicos ocupen sus cargos para beneficios personales, en cualquier forma o método. Por ejemplo, el hombre nace libre, libre para moverse dentro de su entorno y escoger de los recursos de ese entorno lo que es necesario para su subsistencia. Libre de pensar y gritar al viento lo que siente y piensa. Libre para asociarse con uno o mas humanos, y formar sociedades, comunidades, naciones. Libre para crear e instaurar gobiernos que aseguren la relación justa y equitativa entre todos los hombres, el pueblo.

Liberalismo [71]

El liberalismo es un pensamiento de liberalidad. La ley natural y la soberanía popular señalan el camino del liberalismo. [72] Es decir, el liberalismo es la idea de que *cada individuo trae la libertad del individuo y la mínima intervención del estado en la vida social y económica.* De aquí nace la libre empresa y el mercado libre. Este liberalismo era la condición que los colonizadores de América deseaban obtener para el desarrollo del comercio y bienestar social y económico de sus colonias. Por tanto, el gobierno en representación del pueblo, es responsable de velar por los intereses del pueblo. No debe permitir que la empresa libre abuse de la ingenuidad del pueblo. Es decir, siendo que el gobierno es responsable de los seis mandatos constitucionales y sus cuatro evidencias presentadas arriba, no debe permitir que la empresa exploten, engañen, abusen e impidan el derecho constitucional del pueblo, permitiendole el derecho de una competencia justa.

Según Wikipedia El liberalismo [73] *"es una doctrina política, económica y social que defiende la libertad individual, la igualdad ante la ley y una reducción del poder del Estado… en general defiende los derechos individuales (fundamentalmente la libertad de expresión, la libertad de prensa y la libertad religiosa), el mercado libre, el secularismo, la igualdad de género y la igualdad racial, el capitalismo,*

---

[71] http://etimologias.dechile.net/?liberalismo
[72] https://en.wikipedia.org/wiki/History_of_liberalism
[73] https://es.wikipedia.org/wiki/Liberalismo

la propiedad privada, la democracia, el Estado de derecho, la sociedad abierta y el internacionalismo… [y también] *se opone al absolutismo, y al conservadurismo".*

Conservadurismo

¿Qué es el conservadurismo? La cita 74, define al conservadurismo como *"En la política, se denomina conservadurismo el conjunto de doctrinas, corrientes, opiniones y posiciones, generalmente de centro derecha y derecha, que favorecen tradiciones y que son adversas a los cambios políticos, sociales o económicos radicales, oponiéndose al progresismo".* [74]

La inclinación política del conservatismo es guardar el estatus quo, oponiéndose al progresismo. Es decir, el conservatismo apoya la preservación de tradiciones, rechaza los cambios radicales, aunque protege los derechos morales, familiares religiosos en la sociedad. El conservatismo no permite avances económicos. El autor encuentra en otra cita una definición que dice *"Conservadurismo es un término que refiere a todas aquellas doctrinas, tendencias u opiniones que tienen por fundamento la creencia en un orden, ley o derecho natural, y, en consecuencia, se apegan a las tradiciones o costumbres mientras resisten a los cambios políticos; es decir, pretenden conservar"* el statu quo. Por ende, el conservadurismo suele oponerse a las políticas progresistas". [75]

Es claro que el fundamento, bases, de la declaración de la independencia de las colonias americanas debía ser claramente definido para crear, establecer y perpetuar un balance político, social económico favoreciendo al pueblo de la nueva nación americana. Las corrientes políticas liberales y conservadoras existían antes de los primeros problemas con el absolutismo del reinado británico. Como se puede leer en los escritos de los diferentes personajes participando en el proceso independentista de América.

En 1789, los franceses cansados de tantos años de monarquía absoluta buscaban una soberanía popular con libertad y fraternidad. Fue un movimiento político, social, económico y militar, resultó en

[74] https://www.significados.com/conservadurismo
[75] https://es.wikipedia.org/wiki/Conservadurismo

el derrocamiento de la monarquía absolutista, que hasta entonces había regido en Francia, a la vez que originó el establecimiento de un gobierno republicano democrático. Las causas fundamentales que originaron la revolución francesa fueron: El absolutismo monárquico, que se caracterizó por el ilimitado poder del soberano, cuya autoridad no estaba sujeta a control alguno: La desigualdad social, política y económica; la falta de libertades y derechos. A estas causas hay que añadir un importante factor: la poderosa influencia de las nuevas ideas. Tal ves es necesario saber el pensar filosófico y o moral de los fundadores para entender las bases de la Unión de los Estados Unidos. Leyendo las frases de la declaración de la independencia escuchamos la filosofía de los fundadores y el pensamiento de todos quienes consintieron la letra de la declaración. Por ejemplo,

"… la estación separada e igualitaria a la que las leyes de la Naturaleza y del Dios de la Naturaleza les da derechos…"

"que todos los hombres son creados iguales, que son dotados por su Creador con ciertos derechos inalienables…"

Esta es la base intrínseca de la nación que los fundadores crearon. Ellos claramente establecen públicamente que existen la naturaleza, (existencia o universo) tiene leyes aplicables a la Vida humana. El pensamiento integrado de los fundadores acepta evidentemente que, bajo esas leyes, la intención del Creador es crear a todos los hombres de forma igual y darles derechos que ningún hombre puede quebrar, reducir, alterar ni eliminar, son derechos inalienables. Además, los fundadores dejan explícitamente que entre esos derechos el Creador les confiere a los hombres el derecho *a la Vida, la Libertad y la búsqueda de la Felicidad.* Es decir que el Creador de la Naturaleza concede la Vida, la Libertad y las oportunidades de buscar la Felicidad. Atributos que ningún hombre puede negar. Luego los fundadores amplían su interpretación de la voluntad del Creador y declaran que por esos derechos toman un fin y juntos deciden *"formar una Unión más perfecta, establecer la justicia, garantizar la tranquilidad nacional, tender a la defensa común, fomentar el bienestar general y asegurar los beneficios de la libertad para nosotros y para nuestra posterioridad";* y todo compromiso es para proteger los tres derechos, la Vida, la Libertad, y la búsqueda de la Felicidad.

Soberanía popular

El sentimiento de los colonizadores de las trece colonias en América era controversial. ¿Eran verdaderamente libres de la corona inglesa o viven para siempre subordinados a la Gran Bretaña y su Parlamento? Hay precedentes en otros lugares.

Lo más sobresaliente de la revolución francesa de 1789 es la idea sobre la propiedad de la soberanía de una nación, un monarca, un gobernante, un partido político o el pueblo. Con todo el derecho y exactitud de pensamiento los eruditos como, Thomas Hobbes, John Locke y Jean-Jacques Rousseau, y también Benjamín Franklin. Y esta filosofía se esparce al resto del mundo. Pero la semilla del concepto de "soberanía popular" fue parte de los conceptos incluidos en las bases de la independencia de las trece colonias americanas.

Según este artículo en el Internet; *"El término soberanía popular se acuñó frente al de soberanía nacional, que se interpretaba de una forma restrictiva como la soberanía residente en la nación, difícil definición que puede identificarse con más dificultad y restringirse en su representación efectiva a las capas más elevadas de la sociedad (sufragio universal); mientras que el principio de la soberanía popular nace con unos derechos y garantías constitucionales. El principio teórico en el que se basan todas las concepciones de la democracia y que hoy tiene aceptación prácticamente universal como fuente de todo poder y autoridad. Como doctrina política moderna, proviene de Rousseau. Un pueblo es una unidad histórica de costumbres y hábitos de vida en común, cuyos integrantes acuerdan formar un Estado para gobernarse mejor en forma soberana (sin otro poder por encima de él). El pueblo constituye el Estado, y debe después controlarlo y cambiarlo si lo cree conveniente. El pueblo no debe nada a sus gobernantes, que son servidores, escribientes o mensajeros de la voluntad popular. Al mismo tiempo, el pueblo tiene gran poder sobre los individuos, solo compensado por la reciprocidad de la situación de estos".* [76]

Dentro de este concepto de *"soberanía popular"*, los gobernantes son servidores, escribientes o mensajeros de la voluntad popular; el pueblo no debe nada a sus gobernantes. Pero sus gobernantes deben

---

[76] https://es.wikipedia.org/wiki/Soberanía_popular

al pueblo honestidad, lealtad y eficiencia en la administración de los asuntos y negocios del pueblo. El concepto de soberanía popular y las leyes naturales no particularizan una clase de hombres, es general, conclusiva y colectiva. Se aplica a toda la gente del mundo. Y en cuanto a un gobierno se refiere, el punto de que *"un gobierno solo puede existir con el consentimiento del pueblo",* implica necesariamente que su gobierno lo hace a través de sus representantes, escogidos en votación libre y popular quienes deben acatar la voluntad del pueblo. La expresión de la voluntad del pueblo, la democracia —el poder del pueblo—.

El marco de leyes

Hay dos clases de leyes en la existencia, las leyes promulgadas y las leyes naturales. Las leyes promulgadas son falibles mientras las leyes naturales son infalibles. Las primeras tienen fallas y son vulnerables y susceptibles al egoísmo humano, a la mala intención, a las agendas escondidas e intereses personales. Las leyes naturales aplican la justicia con consecuencias proporcionales aplicadas a su debido tiempo, —muchas veces inmediatas—, sin posibilidad de perdón. En realidad, no, el perdón de los pecados no existe y siempre se pagan bajo la justicia de las leyes naturales. Esto grado de justicia no existe en las leyes promulgadas; y la aplicación de las leyes y castigos son artículos en subastas del mercantilismo humano. En este mercantilismo los ricos, famosos y poderos compran y venden la justicia de las leyes promulgadas. Muchas veces la justicia se intercambia con o por favores que quien vende la justicia, recibe favores, lealtad o bien económico. El perdón presidencial pudiera estar dentro de esta categoría. La situación es diferente para los pobres o quienes no pueden pagar el precio de la justicia en subasta. La manipulación de las leyes promulgadas es una consecuencia inmediata de la naturaleza del hombre corrupto. Los padres fundadores de los Estados Unidos de América sabían de esta situación y con conocimiento de causa declararon públicamente.

1— *"Consideramos que estas verdades son evidentes, que todos los hombres son creados iguales, que son dotados por su Creador con ciertos derechos inalienables, que entre ellos están la Vida, la Libertad y la búsqueda de la Felicidad".* Y así dijeron más.

2— *"Cuando en el curso de los acontecimientos humanos, se hace necesario que un pueblo disuelva las bandas políticas que las han conectado con otra, y asuma entre los poderes de la tierra, la estación separada e igualitaria a la que las Leyes de la Naturaleza y del Dios de la Naturaleza les da derecho, un respeto decente a las opiniones de la humanidad requiere que declaren las causas que los impulsan a la separación".*

Consecuentemente, también de acuerdo a las leyes naturales reclamaron los derechos que el Dios de la naturaleza les confirió para ejecutar un fin, un propósito.

3— *"a fin de formar una Unión más perfecta, establecer Justicia, asegurar la tranquilidad interior, proveer para la defensa común, promover el bienestar general y asegurar para nosotros y para nuestra prosperidad los beneficios de la Libertad, establecemos y sancionamos esta Constitución para los Estados Unidos de América".*

Es más, y con la única idea de que los Estados Unidos de América representa un territorio geográfico, las personas físicas, los habitantes, quienes tienen la capacidad de opinión y voto, de las trece colonias declaran la unidad de los ciudadanos; —y los fundadores incorporaron en sus estandartes, emblemas y sellos las expresiones latinas como *"e pluribus unum (todos en uno)",* bajo el gran concepto de *Novus Ordo Seclorum* (un Nuevo Orden de los Siglos). Entonces el nuevo gobierno es un orden estable a través del tiempo; y en la unión entran solo las personas naturales. De modo que las personas jurídicas, creadas por leyes promulgadas, no teniendo las características, atributos y capacidades, de las personas naturales, —creadas iguales por el Creador— no entran ni pertenecen en la categoría de personas naturales que integran la Unión —los Estados Unidos de América—. Solo las personas físicas por los derechos naturales tienen derecho a participar en las gestiones de su gobierno, que es del pueblo, para el pueblo y por el pueblo —el pueblo compuesto de personas naturales—.

Ni la declaración de independencia ni la constitución concede ningún derecho de participación inherente en el gobierno a ningún sistema económico, social, religioso o político. Pero establecen claramente que *"nunca se exigirá Prueba religiosa como condición para ocupar ningún cargo o mandato público de dependa de los Estados Unidos".* Es decir, la constitución no discrimina a ninguna persona por su inclinación religiosa a ocupar un puesto público.

Y los fundadores de la Unión establecieron que *"NOSOTROS, el Pueblo de los Estados Unidos, ... establecemos y sancionamos esta Constitución para los Estados Unidos de América* —el pueblo de las colonias—. La frase al final de la cita, *"esta constitución para los Estados Unidos de América"* sugiere o implica *"Nosotros el Pueblo"* y nadie más que el pueblo, personas naturales.

Los fundadores claramente establecieron, en el texto de la declaración de independencia, que el poder de sus gobiernos nace del poder del pueblo, diciendo *"—Que, para asegurar estos derechos,* [del pueblo], *se instituye a los gobiernos entre los hombres, derivando sus poderes justos del consentimiento de los gobernados.* Es decir, las personas jurídicas por su condición de ser propiedad de personas naturales, no pueden ni deben ostentar, asumir o tomar derechos iguales a las personas naturales a la cuales la personería jurídica pertenece. Tal concepto conlleva una participación doble de los propietarios de dicha entidad, una como persona natural y otra como dueño de la personería jurídica —equivalente o tener un derecho de doble voto en los asuntos del pueblo.

Por otro lado, las leyes que el congreso expida deben ser apegadas a la constitución de los Estados Unidos de América, según el manifiesto, *"Esta Constitución, y las Leyes de los Estados Unidos que se expidan con arreglo a ella";* El autor interpreta la frase *"Los Estados Unidos garantizaran a todo Estado de esta Unión una forma de gobierno republicana, ..."* —lo cual implica que el gobierno de los Estados Unidos es de forma republicana—. La idea está de acuerdo a la definición intrínseca siendo que ciertos representantes escogidos por el pueblo en sufragio electoral representan al pueblo en el manejo de su gobierno —así es representativa—. Pero lo que define al gobierno como republicano es la estructuración del poder que deriva del pueblo en tres ramas (poder ejecutivo, poder legislativo y poder Judicial) bajo la constitución de la Unión. Sin embargo, por la razón de que los fundadores dejaron en las manos del pueblo la soberanía de la Unión y el derecho del pueblo a elegir a sus gobernantes el sistema político es una democracia. Entonces el gobierno de los Estados Unidos de América tiene una estructura republicana regida por un sistema democrático, —el poder del pueblo—. Por consiguiente, los tres poderes del Estado, establecidos por voluntad del pueblo, con representantes elegidos por escogencia del pueblo, quedan subordinados a la voluntad del pueblo. Y el pueblo reserva su derecho a *"… formar una Unión más perfecta, establecer Justicia, asegurar la tranquilidad interior, proveer para la defensa común, promover el bienestar general y asegurar para nosotros y para nuestra prosperidad los beneficios de la libertad"*. Es evidentemente claro que dicho derecho incluye reformar su constitución con enmiendas con esos fines cuando sea necesario. Ya se han dado acontecimientos suficientemente graves que demuestran la debilidad y vulnerabilidad de la constitución y forma del gobierno establecido. Por ejemplo, durante las administraciones de Andrew Jackson, Richard Nixon, Bill Clinton y Donald Trump. El proceso político de destitución han sido diferentes en estos tres casos; aunque en cierta forma presentan un patrón de corrupción en el poder ejecutivo del gobierno republicano constitucionalizado. La actuación del Fiscal General, William Barr, es clara evidencia de la corrupción galopante y de la intención de prostituir los principios del gobierno, la constitución y la democracia de los Estados Unidos de América, actuando como abogado personal del presidente Donald Trump. Los fundadores anticiparon esta vulnerabilidad y la tendencia a la corrupción que pueden practicar algún representante del pueblo como el presidente de la república. Y para proteger el sistema democrático incluyeron en la constitución un proceso de destitución político con el cual puede removerse un representante de su puesto político. La cámara de representantes tiene *"la facultad absoluta de presentar cargos de destitución en Juicios Políticos"* [Art. 1, Sec. 2].

Igualmente, los fundadores previnieron que el proceso de destitución se haga por agendas escondidas instigadas por causas políticas o intereses partidaristas, aclarando en la declaración de independencia este punto; *"La prudencia, de hecho, dictará que los gobiernos establecidos desde hace mucho tiempo no deben cambiarse por causas ligeras y transitorias; y, en consecuencia, toda experiencia ha sembrado, que la humanidad está más dispuesta a sufrir, mientras que los males son sufribles, que para enderezarse a sí mismos mediante la abolición de las formas a las que están acostumbrados"* [Mediado del segundo párrafo] de la Declaración de Independencia]. Sin embargo, dejaron claramente sancionada la condición o condiciones por las cuales el proceso de destitución puede ejecutarse; esto es *"… cuando un largo tren de abusos y usurpaciones, persiguiendo invariablemente el mismo Objeto evidencia un diseño para reducirlos bajo el despotismo absoluto, es su derecho, es su deber, desechar a ese gobierno, y proporcionar nuevos guardias para su seguridad futura"* [Final del segundo párrafo] de la Declaración de Independencia. Sin embargo, los gobiernos (sus tres poderes), presentes y pasados han ignorado el mandato de *"formar una Unión más perfecta"* en este sentido. Es decir, aún no está constitucional o legalmente claro lo que es *"un largo tren de abusos"*, pero el comportamiento del presidente Donald Trump es claro y deja la evidencia histórica de perseguir *"invariablemente el mismo Objeto evidencia un diseño para reducirlos* [al pueblo] *bajo el despotismo absoluto…"*. Mas, aun así, el senado y su líder mayoritario en el tiempo de Trump, encubre solapadamente la actuación del presidente. La constitución debe reformarse para que situaciones come estas no sucedan más en el futuro, cumpliendo con el mandato constitucional *"a fin de formar una Unión más perfecta, establecer Justicia, asegurar la tranquilidad interior, proveer para la defensa común, promover el bienestar general y asegurar para nosotros y para nuestra prosperidad los beneficios de la Libertad"* … El gobierno falla en cumplir con estos seis mandatos.

El fundamento legal fue establecido con sus bases en la declaración de causa y efecto que apoyo la independencia y en la constitución que forma la ley superlativa del marco legal de los Estados Unidos de América. Y no hay ley más alta que esta constitución, después de la soberanía popular; y todas las leyes promulgadas deben ser arregladas de conformidad con esa ley suprema. Los fundadores sancionaron la responsabilidad de entender todas las controversias, tanto de derecho como de equidad, que surjan como consecuencia de esa constitución, de las leyes de los Estados Unidos. El Poder Judicial estará bajo el eminente peligro de la politización partidarista y beneficios personales que pueda corromper la intención fundamental de los fundadores. Esto es con respecto al proceso de nominación de candidatos para integrar la Corte Suprema de Justicia por el presidente de la república. La nominación es débil y vulnerable a las fuerzas partidarista. La historia ya ha registrado algunos casos de nominación y aprobación amañada y manipulada por intereses de un partido político ocupando la mayoría del senado. Existe la posibilidad con alta probabilidad de corrupción de que un magistrado este obligado a pagar el favor de ser nominado y aprobado con otro y otros favores al quien nómina y o aprueba el nombramiento. Obviamente este tren de acciones corrompe la democracia, roba la soberanía del pueblo, atenta contra la constitución, destruye la separación fundamental de poderes de la república. Estos casos caen ciertamente en los abusos que la declaración de independencia trata de prevenir y consecuentemente los hechores, consentidores y beneficiados quedan sujetos al proceso de destitución política. La constitución y el marco de leyes debe enmendarse, tapar y sellar esos vacíos legales.

Obediencia a las Reglas de Ley

Ya hemos visto bajo el punto de los derechos civiles y políticos en este capítulo que la convivencia social armoniosa con los miembros de un grupo o comunidad se conforma con el respeto a la Vida, Libertad y búsqueda de la Felicidad de los demás miembros del grupo. Por tanto, la paz y seguridad individual en la participación en el la comunidad y el pueblo depende de dicho respeto y la obediencia al régimen legal aprobado por el pueblo.

Humanismo [77]

La filosofía humanista trae al hombre una nueva forma de pensar; y lleva a la mente a un plano más alto donde el valor humano

---

[77] https://es.wikipedia.org/wiki/Humanismo_renacentista

asume el concepto del antropocentrismo, abandonando el viejo y gastado concepto del teocentrismo. El despertar del pensamiento redireccionándose a la razón durante el renacimiento europeo y el periodo de ilustración. El hombre concibe su verdadero valor como ser humano, concluyendo que es el principal factor del mundo; agregando que es, *el centro de todas las cosas —el fin absoluto de la creación"—*. La capacidad de adquirir conocimiento y la facultad de pensar y razonar, claramente, lo pone en ese plano superior sobre todos los seres vivientes. Los fundadores redactaron la constitución con obvios aspectos humanitarios que dicen *"todos los hombres son creados iguales, que son dotados por su Creador con ciertos derechos inalienables…"* Esta es la belleza incluida en el espíritu y letra de la declaración de la independencia. Entre esos aspectos humanitarios, consideraron la libertad civil de todos.

La Libertad Civil [78]

La libertad civil es un derecho natural que otorga al hombre acceso irrestricto, si así lo desea, a situaciones lícitas enmarcadas por el marco legal de esa libertad civil. De modo que todo derecho que no esté sancionado por un reglamento legal debe ser considerado, y de hecho es, un derecho natural.

El concepto de libertad total es un espejismo, individual o de grupo, político y social —y aun económico—, pero siempre relacionado con el ser humano. Aun en el caso de aislamiento individual en cualquier ambiente —o sea en su estado natural—, el hombre siempre está limitado, mental y físicamente. La libertad del hombre solo existe en su libertad de escogencia —libre albedrio—, pensar y actuar, implicando movimiento, a su gusto dentro de su entorno natural. Esa libertad natural (ambiental) se reduce en proporción directa al número de personas que entran a habitar en el mismo ambiente. Este es el punto; todo el entorno y recursos del entorno que solo eran del primer hombre que habitaba solo, ahora se comparten entre todos y cada uno y otros individuos que

---

[78] http://www.enciclopedia-juridica.com/d/libertad-civil/libertad-civil.htm

habitan ese entorno —como un grupo, sociedad o comunidad—. El concepto de derecho individual nace y demanda respeto reciproco de cada individuo hacia los demás. Y con este respeto también viene la necesidad de acordar entre todos las reglas (leyes) del movimiento dentro de, y el uso de los recursos del entorno. No existiendo carta de propiedad inicial los recursos del entorno son propiedad de todos los hombres en el entorno, y el uso y usufructo de tales recursos son también de todos los hombres. Entonces, el valor agregado, por el trabajo de extracción, elaboración y manufactura de tales recursos en productos usables, más el esfuerzo de distribución son costos que el productor tiene derecho de recuperar, además una taza de ganancia que el estado establezca. Pero no el costo de materia prima a menos que el gobierno le imponga aranceles al uso de esa materia prima.

Por esto es que el concepto de libertad es un espejismo social. En otras palabras, la libertad civil del hombre existe limitada por el derecho ajeno, y el respeto de derecho ajeno contribuye al bienestar general del grupo social. Desde este punto de vista, en cualquier relación social no hay libertad individual, solo hay libertad (acordada) del grupo social. El tema de la libertad individual rápidamente se vuelve a asunto de derecho comparativo de los miembros del grupo social. Entonces la paz es relativa y depende de la asignación equitativa del derecho para cada uno y todos los miembros del grupo, comunidad, estado o nación, donde el vínculo es el acuerdo ratificado de esos derechos. Finalmente, la libre escogencia pierde amplitud desde el momento que los hombres deciden y aceptan vivir en grupo o en comunidad; sin embargo, lo que se pierde debe ser igual para todos, en forma natural, sin preferencias sin privilegios para ningún miembro del grupo o comunidad. Igualmente, lo que se gana de la agrupación o asociación —como pueblo— debe ser igualitaria. Las leyes como la constitución ordenan deben proteger y preservar esa condición de igualdad en todos los aspectos humanitarios y sociales. Así mismo, todo individuo conserva, sin restricciones de ninguna clase, la libertad de pensar, decidir y actuar cualquier cosa que no afecte, restrinja o limite el derecho ajeno, individual o de grupo. El límite de la libertad que el individuo cede depende de la naturaleza del individuo —la naturaleza definida por la capacidad del entorno común—. Así mismo, esta capacidad natural crea una tricotomía de derechos, sociales, políticos y económicos. Pero dejando aparte el derecho social por un momento analicemos por ahora los otros dos.

Derechos Civiles y políticos [79]

"En general, son derechos que protegen las libertades individuales de su quebrantamiento ilegal (represión) por parte del poder (sea el de los gobiernos o el de cualquier otro agente político público o privado), y garantizan la capacidad del ciudadano para participar en la vida civil y política del Estado en condiciones de igualdad, y sin discriminación. [Estos] *son los* [derechos] *reconocidos por todos los ciudadanos por la ley; y en ello se distinguen de los derechos humanos y de los derechos naturales. Los derechos civiles son concedidos dentro de un Estado, mientras que los derechos naturales o los derechos humanos son* [universales] *internacionales, y, se tienen, o bien por el hecho de nacer, según la teoría iusnaturalista, o bien por la constitución de la sociedad, según la teoría contractualista (el iuspositivismo, que separa moral y derecho, no se plantea la existencia de derechos naturales).*

El contrato Social

Jean Jacques Rousseau provee conceptos decisivos en su libro *"Contracto social (1762)"* para dar fundamento a la idea de democracia y reemplazar la noción de "voluntad del rey o monarca" que fundaba la monarquía. [80] también incluye la voluntad de un gobierno autócrata, despótico y o dictatorial que abusa de su position, otorgada por el pueblo, para destruir la soberanía popular o el poder del pueblo.

---

[79] https://es.wikipedia.org/wiki/Derechos_civiles_y_políticos
[80] https://es.wikipedia.org/wiki/Voluntad_general

En realidad, no existe ningún contrato entre los ciudadanos de un pueblo y el estado o gobierno que ellos definen para el manejo de sus asuntos y negocios. Esto es porque siendo el pueblo la soberanía nacional de la cual un gobierno deriva su autoridad, el pueblo no está subordinado a su gobierno sino al marco legal que regula el comportamiento general. Es decir que la supremacía del poder siempre pertenece a los ciudadanos del pueblo y nunca pasa a ser una propiedad o un derecho de sus representantes en el gobierno, como en una monarquía, un gobierno autocrático o dictatorial. Es interesante notar que el contrato social elucida gran parte de la filosofía liberal, o liberalismo, *"por su visión filosófica del individuo como fundamental, que luego decide vivir en sociedad por lo que necesita del Estado de Derecho que asegure las libertades para poder convivir";* según este mismo artículo.

El contrato social en verdad es el reglamento de leyes, derivadas de la constitución aprobada por el pueblo y acatada por cada uno de los ciudadanos, incluyendo a cualquier persona que ocupa o es electo a un cargo de servicio público —esta subordinación a la regla de leyes incluye al presidente de la nación, pues nadie está por encima de la ley—.

La teoría del Contrato social, expuesta originalmente por Rousseau, *"se refiere al acuerdo que tiene lugar en el seno de un grupo de individuos, suponiendo que la totalidad de los miembros están a favor de lo convenido, y aceptan someterse a las normas comunes y reconociendo la existencia de una autoridad que regula el orden". El pueblo utiliza esta teoría del contrato social para explicar el origen del Estado. Los seres humanos, con la intención de convivir en sociedad, establecen de manera implícita un contrato social que les brinda determinados derechos, pero que a cambio les exige dejar de lado la libertad que tendrían si vivieran en un estado natural ya que deben someterse a las leyes. Las cláusulas del contrato social, de este modo, establecen los derechos y las obligaciones de los ciudadanos, siendo el Estado la institución que las personas acuerdan crear para garantizar el cumplimiento del pacto en cuestión.* [81] El lector puede leer el resto de este artículo en la nota al pie, 81, para ampliar

---

[81]   https://definicion.de/contrato-social/

su entendimiento sobre este término. El autor encuentra trazas de otros pensamientos filosóficos influyentes en la formación de la Unión de Estados Americanos; por ejemplo.

Libertarismo

Libertades civiles

Todos los derechos parten de los derechos naturales considerados en la ley natural; los europeos ya habían descubierto con la ilustración al final de la edad media. El propósito de las libertades civiles y políticas era proteger las libertades individuales, evitando cualquier quebrantamiento ilegal —como por ejemplo la represión—, de los monarcas y gobiernos representantes del rey. Este concepto se extendió prontamente a incluir cualquier gobierno, o agente político, público o privado. Su objetivo era (y debe ser) garantizar los derechos del ciudadano de tener una vida participativa, —[social], civil y política en el Estado— con igualdad y sin discriminación de ninguna forma. [82]

Intervencionismo

Intervencionismo: una política o práctica gubernamental de hacer cosas para influir directamente en la economía del país o en los asuntos políticos de otro país. [83]

El intervencionismo es una actitud política, una injerencia, premeditada de un gobierno en sus asuntos de economía interna, o control, y en la política interna de otros países. Como consecuencia de tal actitud es el resentimiento de los ciudadanos, reacción interna, y las medidas defensivas de un gobierno intervenido contra el gobierno intervencionista. La injerencia del estado y o de sus agencias administrativas tienen un fin determinado. La intención del gobierno intervencionista es de vigilar las actividades económicas y comerciales

---

[82] https://es.wikipedia.org/wiki/Derechos_civiles_y_politicos
[83] https://www.merriam-Webster.com/dictionary/interventionism

de las empresas y mercado privado y por supuesto, manipular las gestiones operativas del sector privado —*como sucede en una economía dirigida.* [84] El efecto inmediato se observa en decretos que regulan el ahorro y el consumo del pueblo restringiendo los niveles de producción y comercialización de productos y servicios. El intervencionismo tiene innumerables fases y o escalas, que obviamente se expresan con regulaciones. Pero entre algunas pueden manifestarse al público como políticas fiscal y monetaria, aranceles, aduanas, etc. La reacción interna del sector privado en la economía local es de rechazo, resistencia y repudio contra el sector público. Señales de intervencionismo son decretos o regulaciones que afectan directamente el sector privado; entre estas señales contratos y condiciones de trabajo, manipulación de precios, etc. El intervencionismo puede incluir políticas fiscales como aplicación de impuestos y subsidios a las empresas.

En un gobierno democrático el intervencionismo no tiene lugar. Se debe entender, además, que dentro del libre albedrío cada persona tiene el derecho inalienable de la Vida y vivir la vida como le parezca mejor a su bienestar y felicidad. La participación en o de una empresa privada, así como la actividad interactiva en el mercado libre, es también parte de cómo vivir la vida dirigida por su derecho a libre escogencia. Interactuar con, dentro y fuera de la empresa privada y el mercado libre es una decisión personal que no está detallada en la constitución; por tanto, es libertad o un derecho que recae en el individuo. Es por esto que el gobierno democrático no puede ni debe intervenir en el comportamiento de la vida económica del pueblo. Como punto del caso, el gobierno no puede ni debe inmiscuirse, influenciar, ni intervenir en las actividades de la empresa privada o del mercado libre. Considerándose estos dos sectores separados, autónomos e independientes del gobierno, local o central. La constitución debe dejar claro que es escogencia del ciudadano individual, o el pueblo entero, tiene el derecho de escoger su forma de vida económica. Sin embargo, el gobierno es y será responsable de cumplir y hacer cumplir con los seis objetivos de la Unión: Formar una Unión más perfecta, establecer Justicia, garantizar la tranquilidad

---

[84] https://economipedia.com/definiciones/intervencionismo.html

nacional, atender la defensa común, fomentar el bienestar general y asegurar los beneficios de la libertad para todos nosotros, el pueblo.

¿Y la pregunta queda latente, hay justificación para el intervencionismo? No, no la hay. En una nación con un gobierno democrático y capitalista, el sistema económico se gobierna por el mercado libre fuera del control del gobierno. Es por esto que el autor contempla ciertas condiciones que por su enfoque pueden lucir como intervencionismo, por ejemplo, protección de la vida, la salud, el bienestar general y la El gobierno no debe abandonar el principio fundamental de la Unión para promover el sistema económico; eso no es la función del gobierno.

En ambos casos el gobierno ha tomado fondos del pueblo para sacar del problema o asistir financieramente a la empresa privada de la posible ruina. El gobierno de Obama habiendo heredado la recesión de Bush salvo a la General Motors de su bancarrota para luego convertirse otra vez en la gran empresa que es. El autor pregunta y reta que, si la empresa privada y el mercado libre son autónomos e independientes, porque el pueblo tiene que pagar por sus fallas económicas.

Hablando de otras áreas, el gobierno debe actuar con cordura para proteger los bienes públicos del pueblo de acuerdo a los seis objetivos constitucionales establecidos en su preámbulo, incluyendo todo los siguiente: Salud General; Bienestar; Igualdad; Tranquilidad; Recursos públicos; Medio Ambiente; Felicidad; y similares.

Esos bienes públicos incluyen, aunque no se limitan a estos, la educación, agua potable, aire fresco y saludable, el sistema vial y recursos naturales dentro de su territorio —Estos son patrimonio del pueblo—. Las fallas del capitalismo como el colapso económico durante la presidencia (43) de George W Bush y durante la presidencia (45) de Donald J. Trump, nos afecta a todos, el pueblo, directamente pero no es causa de la Unión o del pueblo.

El gobierno no puede abandonar los principios fundamentales de la Unión para favorecer el sistema económico. No es función del gobierno lo que no sanciona la constitución, aunque puede haber leyes subsidiarias que hacen esto exactamente. Si existen tales leyes son inconstitucionales, nulas e invalidas. El sistema capitalista como una cosa privada pertenece a las personas naturales y debe acatar las disposiciones constitucionales. El gobierno debe *"promover la igualdad de los ciudadanos y un mayor bienestar social, mediante la asignación más eficiente de los recursos disponibles sin que esto produzca grades brechas de desigualdad en la población"*, según el artículo.

Hay otro principio fundamental que debemos repasar; es el siguiente.

Laissez-faire

Hagamos una breve exposición de este concepto, Laissez-Faire originado en Francia en la época de la ilustración en la centuria XVI. [85] Es un sistema económico donde las actividades comerciales, bursátiles, de intercambio, producción y servicios están fuera del alcance y control, regulaciones y subsidios del poder estatal. El concepto declara *"... el individuo es la unidad básica de la sociedad y tiene un derecho natural a la libertad; que el orden físico de la naturaleza es un sistema armonioso y autorregulador; y que las corporaciones son criaturas del Estado y por lo tanto los ciudadanos deben vigilarlas de cerca debido a su propensión a interrumpir el orden espontáneo"*. [86] Este concepto es lo que hemos hablado anteriormente, exceptuando que (1) las corporaciones son creadas por uno o más individuos mas no por el estado, y (2) que debido a la corrupción del hombre pudiendo afectar los seis mandatos constitucionales establecidos en el preámbulo, el gobierno debe vigilar de cerca que no violen la constitución del pueblo. El principio de Laissez-Faire enuncia que los mercados deben ser competitivos, maximizando la libertad para que los mercados se autorregulen. El orden espontaneo es una facultad de la naturaleza para autorregularse y balancearse y así salir del caos. En gran modo, esto es el principio natural del balance de los sistemas físicos y químicos, etc., el cual enuncia que cuando un sistema en equilibrio es perturbado por fuerzas internas o externas de forma que lo hacen perder su equilibrio, el sistema reacciona a buscar su equilibro

---

[85] https://en.wikipedia.org/wiki/Laissez-faire
[86] https://en.wikipedia.org/wiki/Spontaneous_order

original o a movilizarse a través de cuasi equilibrios hasta obtener otro equilibrio estable. Los sistemas sociales, políticos y o económicos, como sistemas, exactamente este principio de equilibrio. La certeza de este fenómeno es que el sistema pierde algo, pero también gana algo, aunque el sistema desplazado no retenga sus características que tenía en el equilibrio estable anterior.

Derechos civiles

El autor cita el siguiente artículo publicado en wikipedia.org/ wiki que dice lo siguiente.

"Derechos incluidos.- Los derechos civiles incluyen la garantía de la integridad física (derecho a la vida) y moral (derecho al honor) y de la seguridad de las personas, los domicilios y las comunicaciones; el derecho a la igualdad y la protección contra la discriminación originada en cualquier condición personal o social (edad, orientación sexual, discapacidad física o mental, marginación económica o social, creencias religiosas o de otro tipo, condición étnica -designada como «raza» o de cualquier otra forma-) y los derechos individuales, entre los que están la propiedad y una numerosa lista de derechos y libertades: libertad de pensamiento, expresión, prensa e imprenta, libertad de culto, libertad de circulación y residencia; junto con los derechos de participación en la vida civil y política, como el derecho de sufragio, el derecho de petición, el derecho de reunión y manifestación, el derecho de asociación, etc. Los derechos políticos incluyen la justicia natural o equidad procesal, expresada en los derechos de las partes y de los reos o acusados y en el derecho a un juicio justo con garantías procesales (debido proceso), incluidas las garantías contra una detención ilegal, el derecho a conocer la acusación y al acusador, el derecho a rebatir las acusaciones, el derecho a asistencia, representación y defensa jurídica, a no declarar, la ausencia de tortura, el habeas corpus, la presunción de inocencia, la irretroactividad de las leyes sancionadoras, la proporcionalidad de las penas, el derecho al recurso procesal, a obtener una reparación, etc..." [87]

---

[87] https://es.wikipedia.org/wiki/Derechos_civiles_y_políticos

Derechos políticos [88]

En realidad, la reglamentación legal de estos derechos no es necesaria porque se entiende que son derechos innatos de los individuaos en una relación social. Pero el gobierno debe entender las políticas de la relación pare ejecutar la intención del acuerdo a lo sancionado en la carta magna de la relación, así como los límites de su autoridad y poder de ejecución. El pueblo derecho de participación en la gestión administrativa ya que el gobierno es del pueblo, para el pueblo y por el pueblo (a través de sus representantes).

El Capitalismo

¿Qué es el capitalismo? Diferentes personas tienen diferentes versiones en sus mentes, pero todas son similares. en realidad, no amerita discutir la filosofía de sus diferencias. El autor reconoce que hay otros sistemas económicos y o sociales, pero no hace comparaciones de ellos con el capitalismo. La naturaleza e idiosincrasia de la gente de los Estados Unidos —de hecho, la gente del mundo— tiene sus apegos a las actividades libres, independientes y naturales, come es escoger la forma de vivir. Esa actitud incluye la manera de relacionarse con otras personas en actividades conjuntas de beneficios mutuo y recíprocos en su entorno. Todo esto está dentro de su derecho natural e inalienable a la Vida. El socialismo, por ejemplo, es la idea social, política y económica que considera los medios de producción son propiedad colectiva y por tanto su administración es responsabilidad de un gobierno central del pueblo.

Socialismo

Este sistems asume que dicha administración crea el balance igualitario de la riqueza. Obviamente, este concepto viola el derecho inalienable de la libre escogencia que la Naturaleza y el Dios de la Naturaleza da al hombre. En tal caso el gobierno que administra la

---

[88] https://conceptodefinicion.de/derechos-politicos

riqueza y la distribución de la misma consecuentemente maneja la forma de vivir del hombre. El socialismo asociado con la corrupción de los gobernantes conlleva, de hecho, impone, una sociedad injusta.

Comunismo

Este sistema, por otro lado, es un sistema social, político y económico que concibe un estado de igualdad de las clases sociales. Y basa en la eliminación los medios de producción, la tierra y la industria, como propiedad privada. Su planteamiento considera que los medios de producción son propiedad común y su administración esta centralizado por el gobierno. Este concepto, como el socialismo, viola igualmente el derecho inalienable de la libre escogencia que la Naturaleza y el Dios de la Naturaleza da al hombre.

El autor sostiene que el orden natural de la creación es armónico, equilibrado y permanentemente autorregulado, o

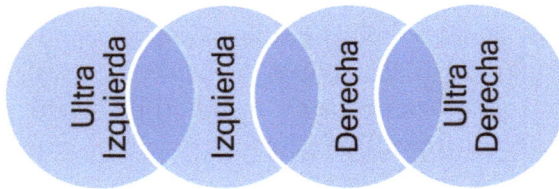

no existe. Considera que la categorización del espectro de las tendencias sociales, políticas y económicas no representa la Vida, como fue diseñada para las especies, especialmente la humana. La Naturaleza y el Dios de la Naturaleza creó y dispuso en el universo la igualdad uniforme; todo sistema existe en equilibrio sostenido. El Dios de la Naturaleza creo un estado de tranquilidad, satisfacción y gratitud, particular y único, para todas las especies. Cualquier sistema que directa o indirectamente constriñe o restringe este estado no es natural, no es deseable, no es aceptable.

Tal vez debemos aclarar que desde el principio el hombre necesita satisfacer sus necesidades. El hombre se esfuerza por vivir tranquilo, satisfecho, y quizás agradeciendo las bondades de la naturaleza. El Creador da vida al hombre ofreciéndole todo en su entorno todo para mantener la Vida, pero no lo da en la forma que el hombre desea —listo para su uso o consumo—. Por esto desde el tiempo de los cavernícolas el hombre tiene noción de dar y recibir cosas y o ayuda a cambio de sus cosas y ayuda que tengan igual beneficio y conveniencia para los otros —este es el Intercambio natural y recíproco que nace con el hombre—. Esta la forma natural de vivir en relación benéfica social con los otros hombres. Esa es la forma natural de vivir como una condición evidentemente natural de la existencia, considerando que los recursos del entorno y el entorno mismo no pertenecen o son propiedad de ningún hombre en particular —pertenecen al entorno y destinados por el Creador para el beneficio y usufructo de todos los hombres—. Y el respeto al derecho del hombre a vivir la Vida a su manera trae la noción de la igualdad social del intercambio.

El autor usa dos referencias de la definición de capitalismo; una de Wikipedia y otra de Economipedia. [89] Y enfoca su discurso la definición de capitalismo con el análisis de esa definición y luego enfoca la historia del capitalismo. Él sigue esta secuencia por el impacto que el capitalismo causa en la constitución, gobierno y democracia de un pueblo.

Según la cita 89 el capitalismo es un sistema económico libre basado en la propiedad privada de los medios de producción. El concepto parte la definición en (1) medios de producción, y (2) mercado y capital. Sin embargo, el concepto de propiedad privada no es exclusivo para el intercambio de productos y servicios al consumidor. El pueblo tiene propiedad común, que es de todo el pueblo, manejada por su gobierno. Por ejemplo, los recursos naturales son de todo el pueblo; recursos que la empresa puede usar no como un derecho sino como una concesión del gobierno y por lo cual la expresa privada debe pagar el precio de tales recursos. En este precio debe incluirse el daño que la empresa privada causa al ambiente debido a la extracción y proceso de los recursos naturales

---

[89] https://economipedia.com/definiciones/capitalismo.html

(la materia prima), incluyendo la restauración del ambiente a la condición segura sostenida. Así mismo, no existe ley que restrinja la capacidad del gobierno a convertirse en proveedor de productos y servicios que el pueblo pueda comprar. De hecho, hay antecedentes que prueba tal posibilidad; por ejemplo, el servicio de correo (USPS por las siglas en ingles).

El capitalismo es también un sistema social, además de ser económico, porque pertenece a la forma de vivir del hombre social. Pero no es social desde el punto de vista de compartir los beneficios de su libertad con el resto el pueblo consumidor. Es por esa naturaleza que el capitalismo es una actitud individual, una propiedad privada relativa con respecto a los procesos de servir y producir. Pero el sistema es público en cuanto esa metodología está disponible al uso de todo el pueblo. Ciertos recursos como la materia prima que se extrae de la naturaleza no es propiedad privada, sino que le pertenece a la nación en representación del pueblo, la materia prima, como elemento natural, no es elemento resultante de la Producción. La Producción lo adquiere e integra al medio productivo como elemento necesario para producir un servicio o producto acabado. Así mismo el capital humano es propiedad de cada individuo que existe afuera del capitalismo, acarreado por el individuo en la forma de conocimiento, experiencia y habilidades del hombre aun si no existiese el capitalismo. El capital humano, tiene características de recurso primo, en su forma acabada. Es decir, el capital humano y la materia prima existe independientemente del capitalismo antes que apareciera cualquier sistema productivo. Entonces podemos definir que los medios de producción como intrínsecos y extrínsecos. Y la materia prima y el capital humano son medios, extrínsecos.

Los demás elementos son específicos o intrínsecos de un proceso de producción, procesos y recursos, o sean los elementos necesarios de producción integrados para crear productos y o servicios.

La falla del capitalismo

Los sistemas que el hombre hace, tienen imperfecciones debido a la imperfección de su conocimiento, fallas de pensamiento y razonamiento lógico. Además, la vida de los hombres es limitada y el pensamiento, razonamiento lógico es diferente entre los hombres en diferentes tiempos. Los sistemas del hombre casi siempre tienen fallas que muchas veces son por imprevistos. El sistema capitalista en los Estados Unidos no se escapa de las fallas del hombre. Los fundadores sabían eso y así expresan el fin de *"... hacer una Unión más perfecta..."*. Benjamín Franklin anticipó la naturaleza del hombre y mencionó la posible influencia de la corrupción en el gobierno y la necesidad de una revolución cada doscientos años para curar la nación.

El capitalismo inició con el "precio justo" basado en la utilidad (su uso efectivo) de los productos o servicios en el tiempo de la ilustración de Europa en el siglo XV a XVII. Ese concepto cambió rápidamente al concepto de "máximo-provecho" para maximizar sus ganancias con el auge o prosperidad y productividad de la gente en las Américas. De hecho, nosotros, el pueblo, vivimos en un "capitalismo autócrata". El autor define este capitalismo como un sistema político económico, egoísta y codicioso, donde unos pocos individuos han acaparado y disfrutan la riqueza por centurias.

Es decir, el pensamiento del capitalismo orinal basado en la libertad e igualdad fue una quimera pasajera y la realidad es que *"el rico se vuelve más rico y el pobre se vuelve más pobre"*, pero no por escogencia del pueblo sino por el egoísmo y codicia de esos pocos antes mencionado. El gobernó fallo y sigue fallando por permitir esta forma de explotación del hombre por el hombre. Además, el gobierno es cómplice y coautor de las diferencias económicas que crean las brechas sociales, la pobreza que incluyen los desplazados (sin hogar) sociales que viven en las calles o debajo de un puente.

El modelo del capitalismo autocrático es lineal no es circular que abre y cierra en el mismo punto. Por ejemplo, el capitalista invierte en la adquisición de capital humano y materia prima, invierte en la producción de servicios y productos, en mercadeo y venta, recupera el capital invertido cuando llega el punto de equilibrio y comienza a acumular la ganancia sobre (el riesgo de) la inversión de acuerdo al plan de negocios. El plan de negocio es calculado de manera que la probabilidad de perder es mínima, asegurando la inversión.

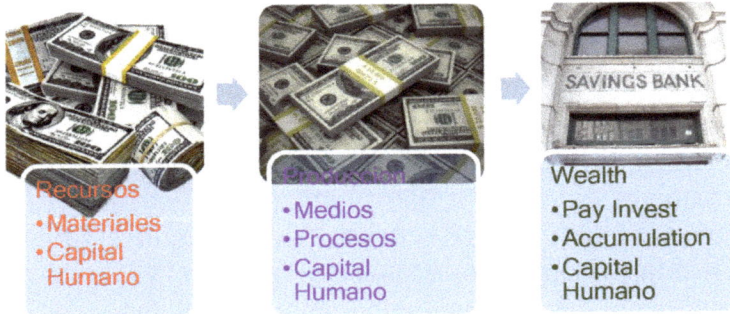

El capital humano está presente en todos los detalles de producción y fases de producción. El capital humano como el capital dinero no es un medio de producción, estos capitales son generadores de riqueza no considerados de igual importancia. Es claro que el capitalismo no considera el capital humano como generador de riqueza sino como un simple recurso de producción. Este es el punto y razón por lo cual el capital humano es desvalorado y el sueldo, salario es considerado como un beneficio, regalía, o un privilegio y o bendición de recibir el trabajo. En este sentido y por la idea de que el negocio es negocio, el capitalismo es despótico y autocrático. La empresa privada conspira para mantener el capital humano a un por debajo del valor real y el gobierno se resiste a ver la realidad.

Pero estudiando el modelo lineal del capitalismo vemos que el capital-dinero y el capital humano se invierten al inicio del proceso de producción, pasan por la fase de producción y al final solo el dueño del capital-dinero recibe el beneficio de la riqueza. Desde el punto del bienestar general el capital humano debe ser socio del capital-monetario en el consorcio de generación de productos y servicios. La visión del autor esta en el futuro cuando la gente despierte y entienda que pueden formar bancos de capital humano para prestar, dar en arriendo, facilitar conocimiento, habilidades y experiencia para generar riqueza igual que cualquier banco de ahorro y préstamo corriente. El dueño del capital humano tiene el derecho de agregar a su precio el costo de adquisición del capital humano y un su porcentaje (interés) por facilitar dicho capital. Hay precedentes de esta alternativa; eran las compañías de Job-Shop.

Es decir que el capital humano necesita tener retorno de la inversión. El capitalista piensa que la compensación del capital humano está bien remunerado con la compensación, sueldo o salario, que el individuo recibe por su trabajo; es considerado un privilegio en vez de ser un derecho. En realidad, este pensamiento no es justo, no es igualitario, no promueve el bienestar general, es una forma solapada de explotar al trabajador, disminuyendo la igualdad constitucional.

> *Capitalismo autócrata: Es el sistema económico privado y exclusivo, una extensión del capitalismo básico, que controla y monopoliza los recursos, el capital-dinero, los medios de producción y servicios; tiende a desaparecer y donde la propiedad privada en endeudamiento; el capital se acumula en un extremo del espectro de propiedad. Este sistema hunde a la mayoría en pobreza mientras una pequeña minoría acumula la riqueza. La acumulación de riqueza es progresiva, elimina la competencia honesta por cualquier medio que justifique este fin, y disminuye las oportunidades para la mayoría. Este sistema rechaza cualquier regulación que tienda a controlar su operación.*

El Capital-dinero

Siempre ronda la pregunta sobre la mente de los filósofos, ¿es el dinero el motor de las sociedades mundiales o la destrucción del mundo? Depende de las perspectivas con que se analiza el tema del símbolo y el objeto simbolizado. Y en cuanto a productos y servicios en relación al concepto valor, la apreciación llega con la necesidad que debe satisfacerse en función de tiempo. Lo anterior es tan cierto que el símbolo dinero debe estar respaldado con algo tangible, de valor equivalente, además debe ser convertible y adquirible, como son el oro y plata que el estado mantiene en sus arcas. Sin ese respaldo el dinero no representa ningún valor. El respaldo del dólar de los

Estados Unidos es el oro. Una onza de oro respalda aproximadamente 1542.09 dólares. Así es que, si te dieran esa cantidad en billetes y monedas, debes pensar que el banco federal lo respalda con una onza de oro que tiene guardada en Fort Knox, Kentucky, o en West Point, o en Denver, Colorado. Se estima que los Estados Unidos tiene 8133.5 toneladas de oro físico.

Capital Humano

> *Capital humano es una propiedad privada, o capacidad físico-mental, creada por tres factores valorables, el conocimiento acumulado, las habilidades efectivas, las experiencias colectadas, siempre estimado a tiempo actual. El valor total del capital humano aumenta de valor conforme al aumento del valor de sus tres factores. Este capital es individual, pero también puede ser colectivo. El valor del capital humano es intrínseco y no depende del valor que agregue o aumente al valor de cualquier producto o servicio, al cual el capital humano se aplique.*

En resumen, este capital humano es el conocimiento, las habilidades, y la experiencia que cada persona acumula a través de estudios académicos y empíricos. El capital humano tiene un costo de adquisición. La sumatoria del capital humano de los individuos de una sociedad es el conocimiento general y valor total de las sociedades del mundo. De este conocimiento general y valor total de una sociedad se deriva el valor cultural e intelectual de la sociedad. La evolución del mundo depende del capital humano. Es decir, nada se mueve, en realidad, sin capital humano. La más clara evidencia fue la pandemia del COVID-19 del año 2020. Los estados ordenaron que la gente quedara en casa, la empresa privada cerró la económica y la producción de productos y servicios. El capital-monetario no puede generar productos ni servicios, tampoco el capital-real estate, o el capital equipo y maquinaria, y otros, sin la presencia del capital humano. El desempleo subió a niveles de los años de la depresión de los Estados Unidos, el intercambio de la banca, y la economía tuvo un colapso total. Es decir, sin capital humanos no hay empresa privada ni mercado libre.

El gobierno ha fallado y está fallando en establecer el capital humano como producto y servicio intercambiable en el mercado libre para consumo de la empresa privada. Las sociedades deben establecer bancos de préstamo del capital humano y negociable en el mercado libre. El derecho a la Vida, igualdad, bienestar general y búsqueda de la felicidad incluye el derecho de escoger la manera de vivir su vida. En eso el derecho incluye la libertad de los individuos a incorporar empresas libres de capital humano.

La reforma a la constitución debe sancionar en una enmienda la libre educación universitaria y comercialización del capital humano eliminando el problema de salario mínimos, salarios y sueldos igualitarios, argumentos reclamos y procesos legales de las uniones laborales. Los bancos de préstamos de capital humano regularían las diferencias sociales y económicas y el auge sería mayor que bajo el capitalismo autocrático.

Capitalismo, su historia [90]

El Dios de la Naturaleza permite el nacimiento del hombre en igualdad de condiciones, pero eso no significa que los hombres sean iguales. Hay diferencias, mentales y físicas, que los hacen diferentes. La Naturaleza claramente demuestra que todo pertenece a todos por igual, sin especificar quién puede obtener más de su parte. Igualmente, la Naturaleza establece, al mismo tiempo, que los seres vivientes obtendrán lo que buscan con sus propios esfuerzos —el esfuerzo es un valor agregado al valor intrínseco al recurso que se obtiene—.

Este es un principio de existencia, con un significado e intención, que no puede entenderse de otra manera que el amor por la vida. Por

---

[90] https://es.wikipedia.org/wiki/Historia_del_capitalismo

lo tanto, todo, y la realidad total, tangible e intangible, es igualmente para toda criatura viviente. Debe entenderse que la historia del hombre demuestra una clara trayectoria que va de la ignorancia hacia la sabiduría general, va del individualismo hacia el colectivismo, va del egoísmo hacia el altruismo. La evidencia demuestra que las formas de gobierno viajan de monarquías despóticas y absolutas, hacia democracias perfectas. El hombre salió de la edad media, a través de largos periodos de la ilustración y del renacimiento y en los siglos XIV al XVII. El hombre reconoce su identidad y comienza a realizar el propósito de la existencia. Y a medida que la población del mundo aumenta, el consumo de los recursos de la naturaleza disminuye, por tanto, estos recursos tienden a la extinción y escases. La evidencia se encuentra en las actitudes de las monarquías europeas en aquellos siglos, manifestadas por las guerras que se desatan en esos siglos impulsadas por la intención de acumular riquezas, tierra, oro, plata, y recursos de valores reconocidos. Esos monarcas veían claro que la acumulación de riquezas trae el poder que necesitaban para controlar su imperio y manipular las naciones vecinas. Por eso cuando Christopher Columbus descubre el continente americano, y la explotación de América comienza, Europa sale de su largo impasse económico en que está sumergido. Entonces, el capitalismo nació de la necesidad de agilizar la relación comercial, con valores equitativos, entre los hombres.

La situación de vivir con el pago de sueldo o salario, –de semana a semana– impide el crecimiento de la sociedad y promueve brechas económicas en la sociedad, creando posibles disgustos, resentimientos, ira, y posibles guerras en el mundo.

El perfil de los fundadores

No tenemos una lista explicita de nombres de todos quienes pudieran ser los padres de esta nación americana —Los Estados Unidos de América—. Pero el autor está seguro que hay más personas que merecen recibir ese honroso crédito y titulo. El resultado es lo más grande que puede esperarse, como en verdad el éxito de esta nación lo demuestra —no solo en su grandeza económica, sino, también por la grandeza de su carácter moral basado en principios solidos de igualdad.

El éxito de la independencia dependió del conjunto de conocimiento, experiencia y habilidad -un capital humano- suficiente para formular una nueva nación con un nuevo orden de los líderes de las colonias. Ese capital humano de las colonias en general incluía conocimiento, experiencia y habilidades en sistemas de gubernatura; los lideres eran juristas, abogados, políticos, periodistas, gobernantes, educadores, expertos en asuntos comunales, de auto gobernación, ecónomos, estadistas financistas, comercio, expertos en banca, militares y demás similares. Y fue, en verdad, el valor del capital humano lo que hizo la diferencia para transformar las colonias subyugadas a estados libres independientes, consolidados en la Unión de los Estados Unidos de América.

No cabe duda que el resultado plasmado en la declaración de independencia y luego la constitución nacional fuere preparada con legitimidad y precisión. Entre esos líderes aparecen siete personajes -principalmente- que son considerados padres fundadores. Nunca se puede juzgar la intención de una persona por las palabras que expresa; la intención se define automáticamente por la acción que sigue a sus palabras. Por eso debemos escuchar las frases de los padres fundadores y comparar sus acciones en la realidad de la vida.

John Adams. – [según cita] (abogado constitucionalista) de pensar puritano; quienes *creen en la vida según la biblia.* Desde su adolescencia John Adams muestra su forma de pensar humanista, libre pensador, y rebelde, a esa temprana edad se opuso a los deseos de su padre, -un agricultor, fanático religioso que deseaba que John fuera un clérigo-, La mente de John, no era lo eclesiástico, el veía su futuro en la política y en las leyes. Era un escritor natural y por este don, John trabajo como colaborador de varios diarios nacionales, abriendo así una amplia perspectiva del escenario político

y social de esos tiempos. Un amante de la justicia y la verdad; que en sus primeras publicaciones escribe su denuncia contra las leyes de la estampilla y del timbre que atentaban contra el bienestar económico de los colonos en Norteamérica. Ya en su carrera, Adams redacta un escrito que llega a convertirse en la constitución de Massachusetts, que sirve de base la constitución de los Estados Unidos de América.

John consideraba a los puritanos como *"portadores de la libertad, una causa que todavía tenía una sagrada urgencia". Para los dogmas puritanos eran un sistema de valores en los que creía, y un modelo heroico en el que querían estar a la altura].* [91] John Adams fue otro de los tres personajes que firmó el Tratado de Paris de 1783. He aquí algunas de las frases de John Adams.

"Hay dos formas de conquistar y esclavizar a una nación. Una es a través de la espada y otra es a través de la deuda." En verdad es cierto el pueblo, tal vez de la mitad de la clase media hacia abajo, lo que es la gran mayoría de la gente, esta endeudada. La facilidad de adquirir crédito a través de tarjetas de crédito les facilita ponerse la cuerda al cuello para su propio suicidio económico. Esta gente vive con sus sueldos y salarios vendidos a largo plazo. Consecuentemente, pierden la posibilidad de ahorrar y lograr su independencia económica. Es un plan macabro, orquestado o no, que da el resultado de la imposibilidad de competir con los que acumulan la riqueza.

"El poder siempre cree que tiene una gran alma y que está actuando al servicio de Dios cuando está violando todas sus leyes."

El autor considera que no es que crean, sino que piensan que hacen creer a la gente que son generosos, bondadosos, siempre pensando por el bien del pueblo, cuando en verdad es el dulce que le sirven para poder explotarlo.

"Siempre párate sobre tus principios aun si estás solo".

"(Un) gobierno se instituye por el bien común: para la protección, la seguridad, la prosperidad y la felicidad del pueblo; y no por el beneficio, el honor o el interés privado de ningún hombre, familia o clase de hombres: Por lo tanto, solo el pueblo tiene un derecho incontestable,

---

[91] https://es.wikipedia.org/wiki/John_Adams

inalienable e inviable a reformar, alterar o cambiar totalmente lo mismo cuando su protección, seguridad, prosperidad y felicidad lo requieran".

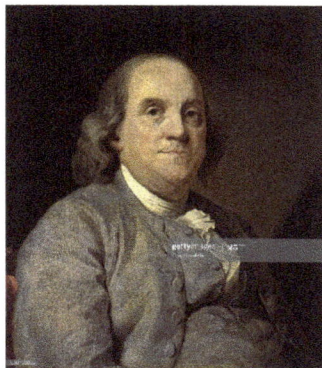

Franklin esta en lo cierto. El pueblo de tener la facultad de ejercer el derecho su soberanía para alterar, modificar, e inclusive, cambiar el gobierno que no cumpla con su juramente o no trabaje por el bienestar general, la Vida y la Felicidad del pueblo.

Benjamín Franklin. - [según cita] era un político, polímita, científico, e inventor… editor de periódicos; su pensar sobre valores prácticos incluían trabajo duro, educación, espíritu comunitario, instituciones autogobernadas, oposición al autoritarismo político y religioso, con inclinación científica. [92] Benjamín Franklin fue otro personaje que firmó el tratado de Paris de 1783. Entre sus frases célebres que muestran su solidaridad con el sentimiento humano estas estas.

"Después de que en una constitución queda reflejada la libertad, no hay manera de cambiarla. La libertad, una vez que se pierde, no regresa nunca más. Por ello, es imperativo preservarla, defenderla". Carta de John Adams a su esposa Abigail Adams.

Así es que si se pierde la forma de gobierno y democracia que los fundadores sancionaron para el pueblo de los Estados Unidos una monarquía, o una dictadura o una autocracia tomara el poder y eliminara la Libertad y los derechos de los ciudadanos del pueblo.

"Necesitamos una revolución cada 200 años debido a que todos los gobiernos se vuelven obsoletos y corruptos después de ese tiempo."

El tiempo de esa revolución esta sobre nosotros, las evidencias están a la vista pública, en el actuar despótico del presidente Trump y en la complicidad del senado y del partido republicano. Lo historia registra y contara los hechos y la verdad nos alumbrara el camino de regreso al sueño americano.

---

[92] https://es.wikipedia.org/wiki/Benjamin_Franklin

"No cambies la salud por riqueza, ni la libertad por el poder".

Esas son palabras de Franklin; y vemos al presidente y otros tratando de vender nuestros sistemas de salud y de correos al sector privado, entregando solapadamente nuestra soberanía nacional. Nuestras vidas no significan nada en manos de oficiales corruptos.

"Guerra es cuando el gobierno te indica quien es el malo. La revolución es cuando vos lo decidís por vos mismo."

"La seguridad sin libertad se llama prisión."

"Los trucos y la traición son la práctica de los tontos, que no tienen inteligencia suficiente para ser honestos."

"El que es bueno para dar excusas rara vez es bueno para cualquier cosa más."

"Que pocos son los que tienen el valor suficiente para ser dueños de sus propias faltas, o resolución suficiente para enmendarlas.

Alexander Hamilton. – A través de una vida pobre y de lucha, amparado por ciertos benefactores Alexander logra su triunfo, estudia leyes y llega a ser abogado, establece una oficina de abogacía y entra al servicio público. En 1786 Alexander representa a su estado en la Asamblea de Annapolis donde recomienda una Asamblea Constitucional. [93] [cita] economista, estadista, político, escritor abogado… fundador del sistema financiero de la nación… Su visión incluía un fuerte gobierno central liderado por una vigorosa rama ejecutiva, una fuerte economía comercial, con un banco nacional y apoyo a las manufacturas, más un ejército potente… autor principal de las políticas económicas de la administración de George Washington… [94]

Escuchemos el pensamiento de Hamilton leyendo sus palabras y deduzcamos de ellas el aporte intelectual y moral que le dio a

---

[93] https://www.archives.gov/espanol/dia-de-la-constitucion/alexander-hamilton
[94] https://es.wikipedia.org/wiki/Alexander_Hamilton

la intención de la declaración de la independencia de los Estados Unidos.

"Los gobiernos de los estados poseen ventajas inherentes, que alguna vez les darán una influencia y ascendencia sobre el Gobierno Nacional, e impedirán para siempre la posibilidad de invasiones federales. Que sus libertades, de hecho, pueden ser subvertidas por el jefe federal, es repugnante a todas las reglas de cálculo político".

Esta frase significa que los estados de la Unión tienen superioridad jerárquica sobre el gobierno central. El gobierno central no puede realizar invasiones federales en ningún estado. También, se deduce de esta frase, según Hamilton, que el gobierno federal no debe subvertir la libertad de acción de los estados, con ninguna esquema o plan político. La intención del presidente Trump de enviar tropas federales a un estado es un violación crasa y abuso de poder en contra la soberanía popular del pueblo. Hamilton sigue diciendo.

"Teniendo en cuenta la naturaleza humana, ejercer el poder sobre el sustento de un hombre equivale a ejercer el poder sobre su voluntad."

Ningún gobierno y menos aún un representante del pueblo en su gobierno tiene autoridad y poder de especular, manipular, o dominar las necesidades elementales y básicas de la vida del pueblo, como salud, alimentación, agua, y todo ese elemento que suportan y mantienen sus vidas.

"¿Por qué ha sido instituido el gobierno? Porque las pasiones de los hombres no se ajustan a los dictados de la razón y la justicia sin una fuerza coercitiva."

La necesidad de instituir un gobierno no es para explotar o subyugar al pueblo bajo un régimen déspota, sino para que maneje sus asuntos sociales, políticos y económicos mientras el pueblo se concentra en manejar sus vidas de la mejor que puede. El gobierno tiene la responsabilidad de velar, proteger, y mejorar el bienestar general del pueblo.

"Los documentos federalistas (1787-1788), Contexto: No hay ninguna posición que dependa de principios más claros, que un acto de una autoridad delegada; contrario al tenor de la comisión en virtud de la cual se ejerce, es nulo. Por lo tanto, ningún acto legislativo, contrario

a la constitución, puede ser válido. Negar esto, sería afirmar, que el diputado está más alto que su director; que los Representantes del Pueblo están arriba del propio Pueblo; que los hombres que actúan en virtud de sus poderes, pueden hacer no sólo lo que estos poderes autorizan, sino lo que prohíben. Si se dice que el órgano legislativo es en sí mismo los jueces constitucionales de sus propios poderes; y que la construcción que los hace es concluyente para los demás departamentos, se puede responder, que ese juicio no puede ser la presunción natural, donde no debe ser tomada de ninguna disposición particular de la Constitución. No hay manera, que la Constitución pueda tener la intención de permitir a los Representantes del Pueblo sustituir su voluntad por la de sus electores. Es mucho más racional suponer que los Tribunales fueron concebidos para ser un órgano intermedio entre el Pueblo y la Legislatura, con el fin, entre otras cosas, de mantener esta última dentro de los límites asignados a su autoridad. La interpretación de las leyes es la idoneidad propia y peculiar de los Tribunales. Una Constitución es, de hecho, y debe ser considerada por los Jueces, como la ley fundamental. Por lo tanto, les compete determinar su significado, así como el significado de cualquier acto particular que proceda del cuerpo legislativo. Si se produce una variación irreconciliable entre los dos, la que tenga la obligación y validez superior debería, por supuesto, ser la preferida; o, en otras palabras, la Constitución debe ser preferida a la ley, la intención del pueblo, a la intención de sus agentes. Esta conclusión tampoco supone en modo alguno una superioridad del Poder Judicial sobre el Poder Legislativo. Sólo supone que el poder del Pueblo es superior a ambos; y que cuando la voluntad de la Legislatura, declarada en sus estatutos, se oponga a la del pueblo, declarada en la Constitución, los Jueces deben regirse por el segundo en lugar de optar por el primero. Deben regular sus decisiones por las leyes fundamentales, y no por aquellas que no son fundamentales. [...] cada vez que un estatuto particular contravenga la Constitución, será deber de los tribunales judiciales adherirse a la segunda e ignorar la primera.

Esa declaración es contundente y precisa; la voluntad del pueblo está por encima de lo demás según este plasmado en la constitución -como ley fundamental y expresión de su intención legal. Ningún poder, de los tres poderes constitucionales, es superlativo al poder del pueblo declarado en la constitución. En verdad ningún interés personal, al igual que nadie está por encima de la ley, ningún funcionario público al servicio del pueblo está por encima del pueblo, porque el estado es el pueblo y la constitución es la voluntad del pueblo, plasmada en las leyes derivadas de la ley fundamental que da paso al establecimiento del gobierno. Cualquier acción de cualquier funcionario público, elegido por el pueblo o no, está sujeta a la soberanía popular. De modo que cualquier atentado de subvertir este orden es un atendado contra la soberanía popular, la voluntad del pueblo y su constitución —y debe considerarse como un alto crimen para efecto de un proceso de destitución política del cargo que ostenta el funcionario.

John Jay. – Hijo de un comerciante rico, creció bajo la tutela de su madre hasta que ella lo envió a estudiar bajo Pierre Rochelle, un sacerdote anglicano. Después de estudiar en el colegio del Rey, siguió una carrera en derecho, terminando sus estudios en 1768. [95] Fue un político, abogado, hombre de estado y diplomático, jurista, proponente de un gobierno centralizado, abolicionista, quien negocio el tratado de Paris de 1783. [96] Este tratado sello el fin de la guerra entre la Gran Bretaña y Los Estados Unidos de América, en tiempos de Jorge III. Uno de los firmantes de este tratado fue John Jay. Fue el primer presidente de la Corte Suprema de Los Estados Unidos. Leamos lo que John Jay pensaba y decía.

www.shutterstock.com · 1339888730

"La desconfianza crea naturalmente desconfianza, y la buena voluntad y la conducta amable cambian, más rápidamente, por nada (mas) que, por los celos envidiosos y las imputaciones deshonestas, ya sean expresas o implícitas."

Cualquier presidente, no solamente el presidente Donald Trump, puede tratar de usar poder para sus intereses y

---

[95] https://www.lhistoria.com/biografias/john-jay
[96] https://es.wikipedia.org/wiki/Tratado_de_París_(1783)

beneficios personales. Y en este afán, abusa del poder conferido por el pueblo con esos fines. En el proceso, no le importar dividir al pueblo para conseguir su propósito. Esa es el significado de *"el medio justifica el fin"*.

"1770, a Lindley Murray (1774), Contexto [97]: *Entre las cosas extrañas de este mundo, nada parece [mas] que los hombres que persiguen la felicidad deben a sabiendas dejar la derecha y tomar un camino equivocado, y con frecuencia hacer lo que sus juicios ni aprueban ni prefieren. Sin embargo, también lo es el hecho; y este hecho apunta fuertemente a la necesidad de que seamos sanados, o restaurados, o regenerados por un poder más enérgico que cualquiera de los que pertenecen adecuadamente a la mente humana. Percibimos que se ha hecho una gran violación en los sistemas moral y físico mediante la introducción del mal moral y físico; cómo o por qué, no lo sabemos; por lo que, sin embargo, lo es, y ciertamente parece apropiado que esta violación debe ser cerrada y el orden restaurado. Para ello, sólo ha aparecido un plan adecuado en el mundo, y esa es la dispensación cristiana. En este plan tengo plena fe. El hombre, en su estado actual, parece ser una criatura degradada; su mejor oro se mezcla con escoria, y sus mejores motivos están muy lejos de ser puro y libre de la tierra y la impureza."* [98]

A que se refirió John en realidad no tiene importancia; el punto es que *"una violación del sistema moral y físico por la introducción del mal moral y física… debe ser cerrada y el orden restaurado"*. Este pensamiento se aplica a situaciones que el pueblo está pasando en la presidencia de Donal Trump. Y la solución según John Jay es restaurar el orden. Jay continúa hablando.

"Este país y este pueblo parecen haber sido hechos el uno para el otro, y parece como si fuera el diseño de la Providencia, que una herencia tan apropiada y conveniente para una banda de hermanos, unidos entre sí por los lazos más fuertes, nunca debe dividirse en una serie de soberanías antisociales, celosas y extranjeras."

---

[97] https://citas.in/autores/john-jay/?o=new

[98] Carta (22 de agosto de 1774), publicado en La vida de John Jay (1833) por William Jay, Vol. 2, p. 345."

"Ningún poder sobre la tierra tiene el derecho de quitarnos nuestra propiedad sin nuestro consentimiento."

No hay declaración mas fuerte ni determinada que la frase anterior, expresando que las consecuencias serian ultimas si alguien intentara arrebatarles ese derecho.

"Con el mismo placer he tomado nota, que la Providencia ha tenido el placer de dar a este país conectado, a un pueblo unido; un pueblo descendiente de los mismos antepasados, hablando el mismo idioma, profesando la misma religión, apegado a los mismos principios de gobierno, muy similares en sus costumbres y costumbres, y que, por sus consejos conjuntos, armas y esfuerzos, luchando codo con codo a lo largo de una larga y sangrienta guerra, han establecido noblemente su libertad general y la independencia." [99]

"Los estadounidenses son el primer pueblo que el cielo ha favorecido con la oportunidad de deliberar y elegir formas de gobierno bajo las cuales deben vivir".

Aparentemente, se refiere a vivir bajos los preceptos de la constitución.

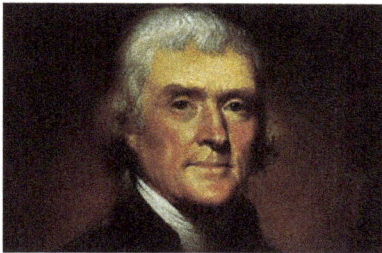

Thomas Jefferson. – autor de la declaración de independía de 1776… conocido por su promoción de los ideales del republicanismo en los Estados Unidos. Anticipó la visión de Estados Unidos de América como el respaldo de un gran «imperio de la libertad» que promoviera la democracia y la lucha contra el imperialismo británico… filósofo político… Idealizaba al pequeño agricultor propietario independiente como ejemplo de virtudes republicanas, desconfiaba de las ciudades y los financieros, favoreció los derechos de los Estados y un gobierno federal estrictamente limitado… apoyó la separación de Iglesia y Estado… Jefferson ofreció la idea radical de que los colonos tenían el derecho natural a

---

[99] *John Jay, Documentos Federalistas de 1780, Los documentos Federalistas, Federalistas No. 2 (1787).*

gobernarse por sí mismos [este es el concepto de soberanía popular discutida adelante]... sostuvo que el Parlamento era el legislador de la Gran Bretaña solamente y no tenía autoridad legislativa en las colonias. [100] Es obvio que Thomas Jefferson consideró seriamente en la distribución de poder entre los estados y un gobierno central; Jefferson opinaba que el gobierno central debía tener un poder limitado mientras que los estados debían tener mayores poderes que el gobierno central.

Jefferson estaba en lo cierto, y la evidencia de que el poder de un gobierno central se deriva de la voluntad de un pueblo unido que redacta el límite del poder para su gobierno central en la constitución. Y aunque se entienda que las libertades y derechos no escritas en esa constitución pertenecen a los estados o a sus pueblos, se hace necesario tener una aclaración en la constitución para detener a personas que tengan esas intenciones antes que actúen y destruyan el gobierno, la constitución misma y su democracia. Jefferson agrega a sus pensamientos.

"Creo que las entidades bancarias son más peligrosas para nuestras libertades que todos los ejércitos permanentes. Si el pueblo americano permite un día que los bancos privados controlen su moneda, los bancos privados y todas las entidades que florecen en torno a ellos, privarían a los ciudadanos de lo que les pertenece, primero con la inflación y más tarde con la recesión, hasta que sus hijos despierten, sin casa y sin techo, en la tierra que sus padres conquistaron."

La situación que Jefferson alude en esta cita ya está dada. La empresa privada, el mercado libre, y el control del capital está en manos de unos cuantos pocos que controlan y manipulan el destino del pueblo, su vida y escogencias. El pueblo vive endeudado por diseño del gran capital, los salarios se reducen al mínimo, las oportunidades de lograr la independencia económica individual son escasas o simplemente no existen. Los ricos, poderosos y famosos, tienen todas las oportunidades, la mejor educación y el poder de eliminar la competencia. Así como Jefferson dijo, la gran mayoría del pueblo esta privados de lo que les pertenece, con la inflación, la

---

[100] https://es.wikipedia.org/wiki/Thomas_Jefferson

incompatibilidad de ingresos en función del costo de la vida, inflación y recesión, con la gran dificultad de adquirir un techo. Las palabras sabias de Jefferson aún resuenan en el eco moderno como si las dijese hoy mismo en sus expresiones públicas. Leamos.

"Un poco de rebelión de vez en cuando es buena cosa."

"No es riqueza ni esplendor; pero la tranquilidad y la ocupación te dan felicidad."

"El curso de la historia muestra que cuando un gobierno crece, las libertades disminuyen."

"Solo quienes están en situaciones de confrontar los hechos que conocen con las mentiras del día pueden saber hasta dónde llega ese estado de desinformación."

"Cuando la injusticia se convierte en ley la rebelión se convierte en un deber."

Con estas frases parece que Jefferson pinta el rostro del ser interno de políticos que ha jugado con las leyes y la dignidad del pueblo. Los legisladores están en la obligación de legislar para formar una Unión más perfecta, tal y como los fundadores lo dispusieron.

James Madison. - teórico político… Al principio creía que lo mejor sería un gobierno central fuerte mientras que al final llegó a apoyar la idea de que los estados deberían tener más poder que el gobierno central. Al final de su vida llegó a aceptar una idea equilibrada en la cual los estados y el gobierno federal comparten poder igual… escritor de las primeras 10 enmiendas de la constitución de los Estados Unidos, las cuales se conocen como la carta de derechos. Oigamos los principales pensamientos de Madison que dicen.

"La acumulación de todos los poderes legislativo, ejecutivo y judicial en las mismas manos, sean de una persona, de unas pocas o de muchas, y sea de modo hereditario, autoproclamado o electivo, puede presentarse con toda justicia como la propia definición de la tiranía."

La actuación del presidente Trump indica que su intención es de ser un monarca o un autócrata dictador en los Estados Unidos de Norteamérica. En la actualidad el comportamiento evidente del poder ejecutivo encubierto por parte del poder legislativo, el senado para ser exacto, tienen en sus manos el poder ejecutivo y legislativo. Hemos visto como el senado republicano cerro sus líneas detrás del presidente Trump, también del partido republicano, y en un juicio relámpago y amañado para encontrar culpable en el juicio de destitución política. Esto es lo que anticipo de lo que predijo Madison en la frase anterior. Madison sigue hablando.

"La libertad puede correr peligro de extinción por el abuso de la libertad, pero también por el abuso del poder.

"Es una verdad universal que la perdida de libertad en casa debe cargarse a las disposiciones contra el peligro, real o supuesto, del extranjero."

"En las repúblicas, el gran peligro es que la mayoría no respeta suficientemente los derechos de la minoría."

"La esencia del gobierno es poder; y el poder, presentado como debe ser en manos del hombre, volverá a ser susceptible de uso indebido."

Todas estas frases de Madison señalan con exactitud la situación del gobierno y calamidades del pueblo que gestan desde 2016, cobrando intensidad en el año 2020.

George Washington. – Gran estratega y comandante militar… es considerado el padre de la patria. Y su carrera militar llevó a las colonias a su independencia… empezó a ganar condecoraciones armando tropas de la colonia de Virginia para apoyar al Imperio británico durante la guerra franco-indígena (1754-1763), un conflicto que él inadvertidamente ayudó a iniciar. Y sus victorias en varias batallas fueron necesarias para independizar las colonias y ponerlas en el paso de la unión de los 13 estados.

Si estos celebres hombres honestos existieran y nosotros oyéramos por primera vez todas esas frases en un solo discurso, obviamente, diríamos que están dirigidas a los gobiernos de las ultimas presidencias, en particular la presidencia de Donald J. Trump. En las mentes de estos siete eruditos estaba todo lo necesario para resolver la situación de las colonias y la formación de una nueva nación. Pero también, en sus mentes también está la solución para formar una Unión más perfecta —en este tiempo. La filosofía general europea brillaba en ese tiempo, especialmente en Francia. Los anhelos de libertad económica donde el trabajador —el pueblo— pudiera trabajar y comerciar sus productos sin que el gobierno interviniera en sus operaciones productivas y mercantiles. De estos sale el concepto de "laissez faire, [101] libre empresa, [102] y libre mercado. [103] Y en esos conceptos volando alrededor dibujaban el futuro de una gran nación. Pero es necesario estudiar otros aspectos de filosofía y conceptos que sirvieron de base para la formulación de la gran nación. Leamos otras frases de los fundadores.

"Si se quita la libertad de expresión, entonces mudos y silenciosos podemos ser guiados, como ovejas al matadero".

"La libertad, cuando empieza a echar raíces, es una planta de rápido crecimiento."

"El gobierno no es una razón, tampoco es elocuencia, es fuerza. Opera como el fuego: es un sirviente peligroso y un amo temible; en ningún momento se debe permitir que manos irresponsables lo controlen."

"Las leyes dictadas por consentimiento común no deben ser pisoteadas por individuos."

"Guardate contra las imposturas del supuesto patriotismo."

"La forma eficaz para preservar la paz es estar preparado para la guerra."

Benjamín Franklin dijo que cada doscientos años se hace necesario una revolución porque los gobiernos se vuelven corruptos.

El pensamiento, intangible, de cada uno de los fundadores de la patria fue claro, preciso y el resultando tangible consistente con sus acciones. La intención del autor es sentar sólidas bases que apoyan el concepto del cambio, el cual más bien es un compromiso de restaurar los preceptos de la constitución y la democracia original, incluyendo, por supuesto, la reforma necesaria para perfeccionar el marco legal bajo esa ley fundamental. Para este fin o propósito, debemos estudiar

---

[101] https://en.wikipedia.org/wiki/Laissez-faire
[102] https://es.wikipedia.org/wiki/Libre_empresa
[103] https://es.wikipedia.org/wiki/Mercado_libre

los conceptos que sirvieron de base la declaración de la independencia y la estructuración de la constitución y forma de gobierno. En verdad, es necesario seguir los pasos de los colonos para legitimar las reformas a la constitución de la Unión.

CAPÍTULO 5

Genesis de la Unión de los Estados Unidos

> ... adoptar *"entre los poderes de la Tierra la Posición igual y separada a la que las Leyes de la Naturaleza y de la Naturaleza Divina le dan derecho". Thomas Jefferson*

Antes de la de la declaración de independencia

Las colonias inglesas adoptaron formas de gobiernos similares. Eran gobiernos compuesto por un poder ejecutivo asignado a un gobernador de la colonia, un consejo colonial actuando como la cámara alta del poder legislativo, una asamblea legislativa, con sus variantes. El gobernador era nombrado por la corona inglesa y representaba al rey. Estos gobiernos tenían ciertas diferencias interesantes; por ejemplo, El poder legislativo era elegido en las colonias de Rhode Island, y Connecticut -dos colonias contiguas al noreste de Los Estados Unidos-. Convocaba y disolvía la asamblea pública.

El sueño americano

Vos, lector(a) no necesitas haber cursado un doctorado enfilosofía en ciencias política, filosofía, sociología para interpretar el pensamiento, el propósito y logros alcanzados por la gente de las trece colonias inglesas en América. Los fundadores, en realidad, describieron el resumen del sueño americano en solo dos documentos. Son la declaración de independencia y la constitución de los Estados Unidos esos dos documentos que incluyen la definición del sueño americano. Un sueño que se puede contar en forma simple de lenguaje corriente.

Hubo una vez en una nación lejana un monarca despótico y absoluto que perseguía y eliminaba a todos quienes se le opusieran o rechazaran sus mandatos arbitrarios y la iglesia de su reinado; él demandaba absoluta lealtad a su corona. La gente desesperada no sabía a donde ir. Un buen día un grupo escapo de ese reinado y se embarcaron hacia tierras lejanas para nunca volver, pero la sombra del poder del soberano los perseguía, como un fantasma cruel, sin piedad y continuaba controlando sus vidas. El Dios de la Naturaleza apareció en sus mentes y los puso a dormir a todos, en esas nuevas tierras, al mismo tiempo. Y todos soñaron el mismo sueño, al mismo tiempo. Ellos soñaron deshacerse de esa situación precaria y del rey absoluto, despóticos, que los perseguía. Pero el rey controlaba todos sus pensamientos, y acciones, escogencia de religión, producción y comercio. Entonces el Dios de la Naturaleza apareció, y los iluminó y les enseñó el camino de la verdad; y los hombres, todos, entendieron que Dios los creaba iguales; y Dios les dio derechos inalienables como la vida, la libertad; y su Dios les dijo, ved buscad la Felicidad a la cual os doy absoluto derecho de poseer. Estos derechos son inalienables y nadie, absolutamente, nadie te los puede quitar. Y Dios les dijo, únanse, *"e pluribus unum (todos en uno)"* porque los acontecimientos humanos en contra de ustedes todos, mi gente, en tiempo presente, hace necesario que desaten las cuerdas que los ata a fuerzas nocivas. Asuman los poderes que les he dado en un escenario separado bajo mis leyes, las leyes naturales, que los protegen; y expresen las justas razones para reclamar y recuperar la forma de su destino y sepárense de las causas de sus aflicciones y tribulaciones. Y con esos derechos que les he dado, instituyan su gobierno —un gobierno de ustedes, para ustedes— solo con su consentimiento —y ningún otro— que asegure la tranquilidad que les ofrezco y entonces "annuit coeptis (aprobar las decisiones y acciones ya iniciadas). Y ese gobierno será un Novus Ordo Seclorum (un Nuevo Orden de los Siglos). Os digo que no hay poder sobre la tierra en nación alguna, que el poder que les he dado a ustedes (mi pueblo), también les doy el derecho de cambiar los representantes que elijan a los puestos de su gobierno cuando este gobierno, cualquiera que sea, así, como cualquiera de sus representantes, se vuelve destructivo y actúe en contra de la voluntad de todos ustedes (mi pueblo) o quiebre las fundaciones de los principios que soportan o atente contra su Seguridad y Felicidad. No olviden, ni ignoren, que el poder de cualquier gobierno que instituyan se deriva del poder que os he dado a vosotros (mi pueblo); entonces, vosotros tenéis el derecho, es su deber, desechar a ese gobierno, y proporcionar nuevos guardias para vuestra seguridad futura —cuando en el curso de los acontecimientos humanos, se hace necesario que ustedes, mi pueblo, disuelva ese gobierno autócrata y lo reponga por otro que cumpla con la voluntad de ustedes—. Usen esos derechos inalienables que les doy para hacer cosas buenas como estás de acuerdo con la Prudencia. Y todos los hombres se despertaron llenos de energía, decididos a realizar ese sueño con la determinación de un simple plan de acción.

1 – formar una unión y perfeccionarla con el tiempo
2 – establecer la justicia para todos
3 – garantizar la tranquilidad nacional (de toda la gente por igual)
4 – tender la defensa común
5 – fomentar el bienestar el bienestar general
6 – asegurar la libertad para nosotros y nuestra posteridad
7 – implantar y respetar el derecho natural, tener la libertad de declarar las causas para optar por separar o disolver que los conecta con aquella monarquía despótica.

Y así fue, la gente de los pueblos se contaron sus sueños los unos a los otros, pero era el mismo sueño. Y mas entusiasmados que asustados, contentos que el Dios de la Naturaleza había abierto sus mentes mientras dormían y los despertó a un nuevo día, el principio de la lucha para ejecutar lo que en el sueño habían visto. Entonces, la gente salió a las calles, hacer demostraciones y por de cinco meses contra el abuso de poder del rey, el monarca Irrumpió en furia y mando sus tropas contra los trece pueblos. Pero el pueblo alertado se levantó en armas, lucharon a muerte y vencieron a las fuerzas del tirano monarca.

Declaración de la Independencia de USA

La Ley de causa y efecto ordena que no hay eventos (o efectos) si no hay una (o más) causas que lo generen. Pero las causas son las condiciones y circunstancias que fermentan con el tiempo —no necesariamente instantáneas— y se dan como fundamento del evento esperado. Y el carácter o naturaleza del evento resultante está definido por esas condiciones y circunstancias. La situación económica del reino unido creo las condiciones —restrictivas y despóticas— para las colonias. Los colonos listaron sus razones, como causas justificantes de su acción definitiva —la declaración de independencia—. A criterio del autor, es apropiado repetir estas justificantes en este libro.

Causas justificantes

Unos de los sólidos argumentos de la declaración de la independencia es el concepto de *"ley natural"*, bajo el cual, cualquier gobierno solo puede existir por y con consentimiento del pueblo. Es la respuesta a la famosa pregunta, ¿quién viene primero, el pueblo o el gobierno que representa al pueblo? Y el pueblo no tiene deber de inclinarse u obedecer órdenes de un gobernador autócrata, un dictador, o un monarca. La relación de los hombres en las sociedades debe basarse en principios fundamentales de igualdad y autodeterminación. Las bases legales deben apegarse a las "verdades evidentes" para la cuales no se requiere aportar evidencias. La misma declaración de independencia de las colonias inglesas en América resume o sintetiza los argumentos sobre los cuales basaron su independencia. El precedente está escrito en la declaración de derechos, actos considerados justos y legales para destronar a Jaime II. La declaración de independencia así mismo lo dice. [104]

****

En el Congreso, 4 de julio de 1776.

La Declaración unánime de los trece Estados Unidos de América,

Cuando en el curso de los acontecimientos humanos, se hace necesario que un pueblo disuelva las bandas políticas que las han conectado con otra, y asuma entre los poderes de la tierra, la estación separada e igualitaria a la que las Leyes de la Naturaleza y del Dios de la Naturaleza les da derecho, un respeto decente a las opiniones de la humanidad requiere que declaren las causas que los impulsan a la separación.

Consideramos que estas verdades son evidentes, que todos los hombres son creados iguales, que son dotados por su Creador con ciertos derechos inalienables, que entre ellos están la Vida, la Libertad y la búsqueda de la Felicidad.--Que para asegurar estos derechos, se instituye a los gobiernos entre los hombres, derivando sus poderes justos del consentimiento de los gobernados, --Que cada vez que cualquier forma de gobierno se vuelve destructiva de estos fines, es el derecho del pueblo a alterarlo o abolirlo, e instituir un nuevo Gobierno, sentando sus cimientos sobre principios y la organización de sus poderes en tal forma, en cuanto a ellos parecerá más probable que efectivamente su Seguridad y Felicidad. La prudencia, de hecho, dictará que los gobiernos establecidos desde hace mucho tiempo no deben cambiarse por causas ligeras y transitorias; y, en

----

[104] https://es.wikipedia.org/wiki/Declaración_de_Independencia_de_los_
Estados_Unidos

consecuencia, toda experiencia ha sembrado, que la humanidad está más dispuesta a sufrir, mientras que los males son sufribles, que para enderezarse a sí mismos mediante la abolición de las formas a las que están acostumbrados. Pero cuando un largo tren de abusos y usurpaciones, persiguiendo invariablemente el mismo Objeto evidencia un diseño para reducirlos bajo el despotismo absoluto, es su derecho, es su deber, desechar a ese gobierno, y proporcionar nuevos guardias para su seguridad futura. --Tales ha sido el sufrimiento paciente de estas colonias; y tal es ahora la necesidad que les obliga a alterar sus antiguos Sistemas de Gobierno...

****

Es un mandato de la soberanía popular de *"alterarlo o abolirlo, e instituir un nuevo Gobierno, sentando sus cimientos sobre principios y la organización de sus poderes en tal forma, en cuanto a ellos parecerá más probable que efectivamente su Seguridad y Felicidad… cada vez que cualquier forma de gobierno se vuelve destructiva., para asegurar estos derechos…"* La violación a este mandato, y derechos implicados en el son crímenes mayores que deben tipificarse como tal en los cargos contra cualquier funcionario representante del pueblo —Nadie, absolutamente nadie, está por encima de la constitución (aprobada o ratificada por el pueblo).

Un artículo del Internet [105] presenta una lista de causas que el autor repite en este libro. La causa primordial de la declaración de la independencia de las colonias inglesas norteamericanas incluye sin estar limitadas a lo siguiente.

1. —El trato injusto por parte de la Gran Bretaña para con las colonias. Tales injusticias llevo a los colonos al punto de no retorno -la declaración de su independencia- sin importar las consecuencias.

2. —La interferencia del Parlamento de Inglaterra crea severos malestares en la vida de los colonos.

---

[105] https://www.aboutespanol.com/las-causas-de-la-independencia-de-estados-unidos-1772391

2.1. —la anulación de leyes promulgadas por las colonias de Carolina del Sur y Virginia.

2.2. —Aumento del control sobre las cortes de justicia y autorización judicial a la autoridad aduanera para entrar en almacenes y domicilios sospechosos de contrabando.

2.3. —Establecimiento militar en las cordilleras de los Apalaches con el fin de eliminar el comercio entre los colonos y los nativos americanos.

3. —el establecimiento arbitrario de la Ley del Azúcar, con la intención de obligar a las colonias a contribuir en los gastos de la burocracia imperial. Los colonos resistían pagar impuestos sin tener representación en el gobierno de Inglaterra. Esta ley era extensiva al comercio de vinos, café, potasio, seda, hierro además del azúcar.

4. —La imposición de impuestos a toda clase de material impreso, acción conocida como la Ley de la Estampilla, con la cual tasaban anuncios en periódicos, contratos legales, etc.

5. —La imposición de otra ley aprobada en 1766 con la que confirmaba la autoridad del reino y a la cual las colonias estaban obligadas a subordinarse a la Gran Bretaña —Ley conocida como ley declaratoria—.

6. —Otra ley de recaudación fiscal sobre el papel, el cristal, el plomo, las pinturas y el té emitida por el Parlamento. Inglaterra simultáneamente creo unas cortes de aduanas para obligar a las colonias a cumplir esta ley.

El resentimiento de los colonos por todos estos atropellos y abusos se rebelaron públicamente contra los ingleses el 5 de marzo de 1770 donde los ingleses dispararon y mataron a unos cinco colonos. El incidente fue llamado la *Masacre de Boston*. Inglaterra no levanto ninguna ley impuesto decretadas, aunque autorizo a la compañía British East India vender te directamente en las colonias. La estrategia inglesa no resulto para los ingleses, porque los colonos calcularon inconveniente a largo plazo. Y en diciembre de diciembre abordaron unas embarcaciones inglesas y tiraron al mar la carga de té que encontraron en ellas. Este evento fue llamado el motín del te ("*tea party*" en inglés). Este el punto de no retorno, la suerte estaba echada y ya no había marcha atrás. Luego en 1774 con el Congreso Continental la revolución comenzó y siguió sin pausa hasta llegar a la creación de los Estados Unidos en 1776.

En este año 2020 después del asesinato de George Floyd el pueblo de todas las razas, colores y condiciones sociales salieron a las calles a protestar contra el racismo, la injusticia, y la igualdad del hombre. Después de cinco meses la gente todavía ocupa las calles en expresión de repudio contra el sistema político y justicia. Es interesante, los colonos marcharon en las calles protestando como por cinco meses.

La Constitución de Los Estados Unidos [vi]

La guerra de independencia [106]

El reino unido desata su furia contra las colonias y la guerra estalla y pasa entre 1775 y 1783 -trece años de enfrentamientos entre fuerzas desiguales.

---

[106] https://es.wikipedia.org/wiki/Guerra_de_Independencia_de_los_Estados_ Unidos

Francia apoyó y ayudó a las colonias con tropas de infantería al mando de Rochambeau y Marques de la Fayette, y de marinos la mando de Guichen, deGrasse y e'Estaing. España a través de Bernardo de Galves en forma clandestina ayuda a las colonias al inicio y de forma abierta desde la batalla de Saratoga, aportaba armas suministros llevados en navíos del comerciante Diego de Gardoqui, al frente sur. Claro que tanto España como Francia ayudaba a los colonos porque veían la oportunidad de sacarle ventajas a Inglaterra. Y aunque el final llega con la batalla de Yorktown y la paz y reconocimiento se obtiene en las negociaciones del Tratado de Paris, no termina en un final feliz. La repartición de territorios no trajo la felicidad completa para todos, pero trajo el final de un largo conflicto bélico y la paz en América. En el tratado de Paris de 1873 Inglaterra reconoce la independencia de las colonias y deslinda el territorio de las trece colonias. En este tratado el pastel territorial se repartió generosamente, y todos salieron ganando. El final de la guerra concluye con la migración de alrededor de setenta mil lealistas, probritánicos, de las colonias que se fincaron en territorio canadiense.

La Constitución

Las controversias de filosofía política de como configurar un gobierno central eran asuntos de diarias discusiones. No todos estaban de acuerdo en todo; era una situación complicada, pero la buena voluntad y el saber que eran libres y deseando formar una nación fuerte y seria mantenía a los fundadores forjando la mejor idea. Algunos representantes alrededor de cincuenta y cinco representantes reunieron en Filadelfia, en 1787 y comenzaron su labor. Ellos crearon un gobierno federal con un presidente, una cámara de representantes y una cámara senatorial. La constitución fue inspirada por los ilustrados franceses basado en el principio de igualdad y libertad. La carta magna acogía los principios del liberalismo político, estableciendo un regime republicano y democrático.

Unos años más tarde la gente unida todos en uno o una sola voz, acordaron adoptar su forma de gobierno del pueblo, para el pueblo, y por el pueblo. Y vivieron felices por muchos años. Interesante es notar que la tercera parte, "por el pueblo" se descifra una gobernación delegada a través de representantes elegidos de personas del mismo pueblo.

Causas justificantes

Tal vez las leyes del hombre —particularmente cuando el poder de un monarca, de un dictador, tiene el poder— se restrinjan el derecho natural del hombre a su libre escogencia (o libre albedrio), derecho de su vida y del manejo de esta como mejor le convenga, y el derecho Natural a la Libertad. La existencia otorga a todos los hombres (del mundo) estos derechos —Vida, Libertad, y búsqueda de Felicidad—, por igual. La vida es para vivirla con amor. La Libertad es para escoger (el libre albedrio) lo que más convenga: libertad de acción y movilización. Y la búsqueda de la felicidad es para encontrar el estado sostenido de tranquilidad, satisfacción y gratitud para con la Creador que nos doto esos derechos naturales inalienables. Ese estado es equivalente a Nirvana. Por esto, la declaración de independencia es naturalmente legal y necesaria —y siempre será para todos los pueblos, en todas las naciones, del mundo.

Pero en una monarquía, donde, incluyendo la vida de sus súbditos, pertenece al monarca, una declaración de independencia es una rebelión contra la voluntad y poder, absoluto del monarca. Muchos eruditos en leyes han discutido el concepto de ilegalidad o legalidad de la independencia. Obviamente, en una monarquía, —o en un gobierno autocrático o dictatorial—, la soberanía popular es una traición al monarca o al gobernante. Y fue sobre este tema que, en el verano de 1776, los miembros del segundo congreso continental en América del Norte, se reunieron en Filadelfia. [107] El asunto principalmente casualmente era el poder absoluto de la soberanía británica. Ahí se aprobó un documento presentado por Thomas Jefferson, listando los agravios sufridos y por lo cual la independencia era justa y necesaria. Y como lo dice el artículo en cita 8, era *"un llamado a la guerra, a la libertad y a la fundación de un nuevo imperio".* Y según los abogados ahí reunidos *"era totalmente ilegítimo e ilegal".* Al final del debate y habiendo analizado las bases legales para destronar a Jaime II, según el relato de esta cita. La cita sigue exponiendo que *la declaración de independencia es sin lugar a dudas 'legal'* Y agrega que *"bajo los principios básicos de la ley natural, un gobierno solo puede existir con el consentimiento del pueblo y llega un momento que no se necesita lealtad frente a la tiranía".* Este es el punto clave —la ley natural que otorga la igualdad y el derecho inalienable de autodeterminación—.

Lo que ha sucedido en los Estados Unidos entre 2016 al 2020, parece ser una duplicación, —en similar forma, aunque en otra escala—, de lo que sucedió hace unos doscientos cuarenta y cuatro años. En aquel tiempo el poder déspota era la monarquía de Jaime II. Los próceres de la independencia presentaron una lista de causas justificantes para probar la legalidad de la declaración de su independencia. Esta lista contiene puntos aplicables a la situación de décadas recientes, especialmente en los últimos cuatro años —durante la presidencia de Donald —. Los puntos aludidos son, por ejemplo. La ironía de la vida es que un monarca déspota y autocrático no presenta pruebas de sus derechos sobre la vida, producción, comercio y economía de todos, el pueblo.

1. —El gobierno falla en hacer que prevalezca la igualdad de los ciudadanos del pueblo. Su actuación desatiende la verdad

---

[107] https://www.bbc.com/mundo/noticias/2011/10/111021_independencia_estados_unidos_legal_il

evidente que todos los hombres son creados igual con derechos inalienables dotados por el Creador como son la Vida, la Libertad, y la búsqueda de la Felicidad. El racismo es un tratamiento injusto para con los ciudadanos, especialmente los hombres de piel oscura, café y negra. Y la pretensión de hacer América blanca nuevamente es un golpe de estado, un atentado contra la constitución, el gobierno republicano y la democracia de los Estados Unidos de Norteamérica. Este es un alto crimen suficiente para una destitución política.

2. —La complicidad del Senado en manos de los republicanos encubriendo el comportamiento autoritario, arbitrario, autócrata y dictatorial del presidente republicano de Donald Trump quien asume ser un monarca con poderes absolutos por encima de la constitución y sus leyes derivadas. De hecho, se salieron con la suya manipulando el proceso de destitución política al cargo de presidente levantado por la cámara de representantes en poder de los demócratas. El senado formuló sus reglas de juicio en forma que limitó y aceleró el proceso evitando que se presentaran evidencias y testigos materiales e idóneos en este juicio. El resultado que salió de una votación amañada fue que el presidente Donald Trump no se encontró (no se exoneró) culpable de los delitos imputados. Estos cargos están asentados en el documento acusatorio presentado por la cámara de representantes. Hay otros delitos dudosos resultantes de la investigación (mayo 2017 a marzo 2019) documentada por un consejero especial, Robert Mueller. Personas en posiciones en la administración del presidente Trump fueron formalmente acusadas, enjuiciadas, encontradas culpable y sentenciados a varios años de cárcel, pero no al presidente. Y la pregunta popular es, ¿y porque no enjuician al presidente? El departamento de justicia tiene la política que un presidente en ejercicio de su cargo no puede ser enjuiciado(a). Esta política obviamente pone al presidente por encima de la ley.

3. —Abuso de autoridad y poder –

Ninguna persona está por encima de la ley, y por esto toda persona debe responder en las cortes por sus desmanes, delitos y crímenes. Es prudente, no procesar a un presidente en cargo por desmanes, delitos y o crímenes mientras desempeña sus funciones. Pero, es la opinión del autor, que las investigaciones y procesos de destitución política deben seguir sus cursos sin ningún impedimento o subterfugio legal. En el caso del presidente Richard Nixon el abuso de autoridad y de poder fue evidente. En el caso del presidente Donal J. Trump, el abuso de poder fue y sigue siendo evidente y público. El presidente reta la separación de poderes del estado asumiendo que él tiene poder absoluto de hacer lo que a su criterio tiene a bien hacer. Y por lo tanto rechazó y descartó la responsabilidad constitucional otorgada a la cámara de representantes para investigar e interrogar, bajo citatorios, al presidente. La cámara de representantes no pudo ejercer esa función constitucional por tanto las investigaciones del caso de destitución política del presidente Trump no llegó al fondo. Esto obviamente es un abuso de poder y autoridad no sancionados en la constitución. El abuso de autoridad y poder se complica rápidamente con el comportamiento autoritario y despótico de un funcionario, no solo del presidente. Por ejemplo.

4. —Posición por encima de la ley

No hay ley más alta que la ley suprema, la constitución, representado la voluntad de la soberanía popular constituida en soberanía nacional. Y el poder y autoridad de los tres poderes está limitado como la sanciona el espíritu y letra de la constitución. Cualquier poder y o autoridad no incluida o descrita en la constitución permanece como poder y o autoridad de cada estado o de su pueblo. Cualquier acción de cualquier funcionario, electo o no, que vaya más allá, o intente alcanzar mayor control, de lo que la constitución incluye esta fuera de la ley; por tanto, se coloca, sin o con intención, por encima de la ley. En este contexto, cuando la acción es intencional, el funcionario atenta contra la constitución y la soberanía nacional y popular —comete un alto crimen contra el estado.

5. —Obstrucción de la justicia

Una simple definición de la obstrucción de la justicia está basada en obstáculos interpuestos a fiscales e investigadores, u otros funcionarios del gobierno para encontrar o descubrir la verdad. La consecuencia es que hacer o impartir la Justicia debido a los vacíos que crean tales obstrucciones; y el daño es obviamente claro y eso es el punto; la justicia obvia el daño cuando no encuentra o puede probar la intención. La realidad es que, si el delito es cometido con o sin intención y hay consecuencias, la defensa reclama que no hubo intención corrupta. Pero intención, corrupta o no, funda la consecuencia que siempre deja agravios. Alegar ignorancia de la ley y por tanto no hubo intención no es, o no debe ser, justificación a los hechos. La experiencia de los asesores de la defensa tiene muchas herramientas para confundir la intención y la justicia ciega termina por cerrar el caso. Así trabaja la justicia del hombre; y muchos culpables camina inocentes con experiencia para cometer otros delitos similares. No se puede acusar formalmente, ni procesar sin evidencias, ni testigos presenciales a nadie. Aparentemente, y al entender del autor es una gran falla de la justicia, especialmente cuando agrega otro requisito a las pruebas y evidencias. Es decir que además de lo anterior, los fiscales e investigadores deben probar más allá de las dudas que la obstrucción de la Justicia tiene o viene de una intención corrupta. La jurisprudencia falla, pero el argumento también porque quien comete el delito no puede apelar a ignorancia de la ley en el momento de realizar una acción que puede no ser legal. Es decir, esa persona está obligada a entender la ley y saber que la acción que está a punto de realizar es ilegal.

Toda acción que obstaculiza, previene, esconde evidencias, amenaza e intimida testigos prestos a declarar, la investigación, impide el servicio de la justicia. Tergiversar la verdad en comunicación al público, verbal o escrita en cualquier forma que confunde el entendimiento de la gente. Así mismo sobornar a posibles testigos pertinentes en el caso directa o indirectamente, destruir evidencias, mentir para confundir a los investigadores. Todo eso es obstrucción de la justicia —en menor o mayor grado—.

6. —Uso del poder para beneficio personales.

El uso del poder y o autoridad conferida a funcionarios, electos o no, a puestos públicos en la administración del gobierno y o de sus instituciones autónomas es un factor de la Corrupción. La corrupción política incluye, pero no está limitada a los actos delictivos, influencias sobre otras personas, fueren intencional o no, para malversar los recursos monetarios y o humanos del estado; para lograr de forma ilegitima, satisfacer agendas escondidas e intereses personales, con fines de lucro. El pueblo tiene experiencias reales con su gobierno en las últimas décadas. Las más graves y peligrosas las hemos visto en la presidencia de Donald Trump. Por ejemplo, después de varios intentos, encontró, nomino y fue aprobado un fiscal general que sirve al presidente como su abogado personal y no como el cargo que ostenta exige servir al pueblo en la aplicación de la justicia. [108]

El concepto general es que la corrupción política se aplica solo a los funcionarios públicos, sin embargo, el estado de corrupción es esparcido en todas las áreas, públicas y privadas, como una red o tela de araña tendida sobre el gobierno, la empresa privada, el mercado libre entes autónomos y el pueblo general. En verdad, Benjamín Franklin enuncio que la corrupción podía alcanzar el límite de tolerancia cada dos cientos anos, pero desde aquel tiempo han pasado doscientos cuarenta y cuatro años. La revolución de la que Franklin hablaba entonces es necesariamente. Pero no un alzamiento armado, sino un reconocimiento de dicho estado y la aplicación de una nueva ilustración que apoye la decisión de reformar y reforzar la constitución y sus leyes derivadas de ella.

7. —Mal manejo del erario público.

Esta la desviación de fondos fuera de la asignación de gastos. Según la constitución, los fondos públicos son asignados a cuentas y destinos específicos que el ejecutivo no puede manejar o cambiar

---

[108] https://es.wikipedia.org/wiki/Corrupción_política

a su antojo, caprichos y propósitos sin la autorización del congreso. Tal acción es ignorar las funciones separadas de los tres poderes del estado, que, por ser mandatos constitucionales, la acción atenta modificarlos es un ataque o atentado contra la constitución. También esto debe considerarse como alto crimen, atentar contra el orden constitucional. El presidente no debe tomar de una cuenta para cubrir responsabilidades de otra u otras cuentas.

8. –Gobiernos Propios.

Desde el inicio y antes de la declaración de independencia las colonias formaron sus propios gobiernos —muy similares entre ellos— que incluían los tres poderes de estados que hoy en día conocemos.

CAPÍTULO 6

La Constitución [109],[110]

Por la Providencia de la existencia y sus leyes y las bondades de la naturaleza (el universo) todos los hombres nacen libres con derecho a la vida. Y dentro de esta libertad esta su escogencia de moverse a su gusto a través del planeta y de escoger su forma de vivir, creer en lo que quiera, vivir solo o en grupo, y la libertad de buscar la mejor manera de sobrevivir. El trabajo es un derecho de la vida. Esta es la soberanía popular. Sus libertades, o derechos, son inalienables y vienen con la vida que nos da la Providencia. Estas libertades y derechos naturales existían desde antes que el hombre apareciera, son así de ciertas e inalienables.

La naturaleza clasifica y agrupa cada cosa y especies por sus características, naturaleza o e idiosincrasias. Así que el hombre pertenece a una de esas clases pre establecidas —la raza humana—. El hombre aprende que la asociación con otros hombres tiene beneficios que son inexistentes en su vida solitaria. La asociación facilita la vida del hombre compartiendo pensamientos y acciones; y el producto de estas las ideas y acciones conjuntas mejoran su forma de vivir. Pero la asociación trae como consecuencia la limitación de las libertades naturales individuales, aceptando que la asociación tiene su forma y perspectivas de la realidad. Toda asociación requiere de reglas,

---

[109] https://es.wikipedia.org/wiki/Preámbulo_de_la_Constitución_de_los_Estados_Unidos

[110] https://en.wikipedia.org/wiki/Constitution_of_the_United_States

deberes y derechos de cada individuo unidos voluntariamente en el grupo; grupos de cualquier número hasta llegar a ser un pueblo o nación. La asociación de los humanos no es un derecho natural; es una escogencia que se derivada de la libertad de unirse a un grupo o sociedad. La asociación nace del ejercicio de su voluntad. Las reglas de comportamiento y propósitos comunes de los asociados representan la voluntad del grupo. La autoridad suprema del pueblo deriva de la voluntad de cada individuo; y cada individuo deriva su voluntad de los derechos naturales que la existencia otorga a cada ciudadano del pueblo.

De conformidad con lo anterior, las reglas de comportamiento general de una sociedad, no restringen, ni niegan o eliminan las libertades de los individuos no afiliados a la asociación. Tampoco impide a los miembros de la unión realizar actos o acciones que no están reguladas por el acuerdo de la sociedad siempre y cuando tales actos o acciones no afecten el comportamiento funcional y operativo de la asociación.

La estructura de libertades deja claro que la soberanía de la Unión se deriva de la soberanía de los estados, y la soberanía de los estados se deriva de la soberanía popular que depende de la voluntad de los individuos que se deriva de sus derechos inalienables que su Creador les concede. Entonces, las reglas que unen a los hombres en un pueblo, una nación, o una unión de naciones es la voluntad soberana popular convertida en la soberanía nacional; y la soberanía nacional no está por encima de la soberanía popular. Por tanto, la soberanía popular está por encima de la soberanía nacional y sobre la constitución y su reglamento de leyes. Por qué, así como el pueblo creo su constitución y sus leyes, también puede perfeccionar con enmiendas periódicas. Las enmiendas a la constitución son necesarias a medida que las condiciones cambian con el pasar del tiempo. Son necesarias y justa; no son extravagancias.

La constitución no podía ser real ni vigente sin la aprobación y ratificación del contenido de esta constitución por cada uno de los estados. Cuatro estados argumentaban que la constitución no era clara y exigían enmiendas para mejorar la Unión. Finalmente, Rhode Island ratifico la carta de derechos humanos de los Estados

Unidos en doce enmiendas de las cuales se adjuntaron solamente diez a la constitución original. La evidencia histórica demuestra que la ratificación total se dio cuando el noveno estado ratificó los artículos de la Confederación —y entro en vigor—. Y la constitución quedo ratificada totalmente con estas diez enmiendas el 29 de mayo de 1790. Ese fue el trabajo de la voluntad (soberanía) popular, de donde se deriva la constitución. El pueblo demostró su soberanía al aceptar y aprobar la constitución de los Estados Unidos en septiembre de 1788. El gobierno republicano y la democracia de los Estados Unidos nació de la soberanía popular, de la voluntad y consentimiento de los ciudadanos de cada colonia o estado.

La última enmienda —la enmienda número 27— a la constitución fue propuesta el 25 de septiembre de 1789 y fue ratificada (doscientos y tres años después) en 1992. La constitución aun presenta oscuridades que provocan erradas interpretaciones, llevándola al borde de serias crisis. Como ha sido el caso de la presidencia de Donald J. Trump. El marco legal de los Estados Unidos ordena que nadie puede reclamar desconocimiento de la ley, incluyendo al presidente. El comportamiento administrativo del presidente Trump ha corrido y está corriendo al filo del riesgo de una crisis constitucional que el mismo provoca. Situaciones como estas no deben pasar porque la nación encara el riesgo de perder su gobierno, democracia, la Unión y los derechos y libertades obtenidos con su independencia.

Es tiempo de reformar la constitución y adoptar o bien rechazar totalmente las enmiendas pendientes, talvez modificar las existentes y agregar nuevas que hagan más perfecta esta Unión. Entonces estudiemos la constitución para interpretar y entender su contenido.

Está claro que la gente de las trece colonias consideró, aprobó el compromiso de, *"Annuit Cœptis"*, ser el pueblo de los Estados Unidos (hasta entonces conocidas como colonias inglesas en América), todos, integrados en un solo grupo, denominándose "Nosotros", —nunca más individuos separados, —el pueblo. Y ahora la voluntad popular se transfigura en la soberanía nacional de los Estados Unidos de América, —Novus Ordo Seclorum—, el nuevo orden en su tiempo.

Preámbulo

> *Nosotros, el pueblo de los Estados Unidos, a fin de formar una Unión más perfecta, establecer la justicia, garantizar la tranquilidad nacional, tender a la defensa común, fomentar el bienestar general y asegurar los beneficios de la libertad para nosotros y para nuestra posterioridad, por la presente promulgamos y establecemos esta Constitución para los Estados Unidos de América.*

Unidos todos, con un único fin "formar un Unión más perfecta" a través de los años. ¿Qué otra interpretación puede darse al contenido de esa frase que no sea la voluntad de trabajar continuamente buscando la perfección de la Unión? Está claro que después de tanto tiempo —siglos— bajo absolutismo despóticos de las monarquías europeas, no tenían otros deseos vehementes que establecer y garantizar una justicia permanente destinada a garantizar la tranquilidad del pueblo. Era el sueño, visto como imposible, de vivir en paz y libertad, siendo dueño de su propio destino. Ese es el sueño americano. Es decir, eliminar el miedo, el terror, de ser perseguidos por sus creencias religiosas, y vivir para manejar sus vidas, cuidando uno a los otros tras una unión perfecta. Esto no era posible bajo el poder absoluto de un rey o una reina despótica. Por eso decidieron unirse, *"E Pluribus Unum",* [muchos en uno], y establecer una defensa común, donde todos los ciudadanos, se resguardan o protejan mutuamente. Y en ese estado de tranquilidad y seguridad fomentar el bienestar general del pueblo, asegurando los beneficios de la libertad para *"Nosotros, el pueblo y nuestra posteridad".*

En realidad, ninguno de las personas que llegaron a Norteamérica tenían derecho a ser ciudadanos americanos. Y si los europeos tomaron esa categoría ciudadana también todas las demás personas tenían derecho a lo mismos, incluyendo las personas sometidas a la esclavitud–condición involuntaria. Es decir, que, al momento de la declaración de independencia, todos los europeos asumieron la categoría de ciudadanos americanos por solo el hecho de vivir en este continente. Consecuentemente y por la intención de la declaración de independencia, el preámbulo y texto de la constitución todas las personas residentes de las colonias pasan a ser, de hecho, también ciudadanos americanos, con todos los mismos derechos que cualquier otra persona. No hay nada en la constitución que sancione lo contrario. Además, toda persona nacida en el territorio (ahora americano) es por nacimiento ciudadano americano; por tanto, todos los hijos de esclavos fueron ciudadanos americanos, desde ese momento. Entonces la enmienda decima tercera no era necesaria. Y la enmienda decima cuarta no es más que una aclaración de un hecho evidente incluido en la constitución. En realidad, desde el momento de la declaración de la independencia se abolió la esclavitud y todos los esclavos y los hijos de ellos pasaron a ser ciudadanos de los Estados Unidos de América. La constitución debe reformarse para aclarar esta anomalía.

Para el autor "fomentar" implica la acción continua de promover y o animar el esfuerzo de establecer, mantener y mejorar el bienestar general para todos (el pueblo). El bienestar significa un estado de todos los ciudadanos cuyas condiciones físicas y mentales le proporcionan un sentimiento de satisfacción y tranquilidad. [111] Y el término "nosotros y nuestra posteridad" es una asociación o sociedad, que hicieron el acuerdo de fundar la Unión. Los beneficios de la libertad son para todos, es una función social. El autor señala que fomentar el bienestar (social: de todos) general no refleja aspectos socialistas. [112] Es decir, esta república democrática no ampara la idea de nacionalizar la propiedad y o el manejo de los medios de producción poniéndolas en manos de los trabajadores. La constitución promulga que todos los hombres son iguales por voluntad del creador, reconociendo la igualdad de derechos, deberes y oportunidades. Es la igualdad que en parte establece que nadie está por encima de la ley y todos son iguales ante la ley, como se sanciona en los derechos civiles promulgados

---

[111] Definición de bienestar:
[112] Definición de Socialismo

en las primeras enmiendas de la constitución —en particular la enmienda catorce: Derechos civiles—.

El autor sugiere que el pueblo reserva su derecho de estudiar, entender e interpretar el significado de las palabras incluidas en el texto de la constitución y esclarecer la intención del texto aludido. El autor entiende el término "*Nosotros*" como "el pueblo de los Estados Unidos" implica o considera la gente del estado y más allá de cada estado —más bien es la conglomeración o totalidad de la gente de todos los estados en la Unión americana—, incluyendo los futuros ciudadanos. Así mismo, el autor interpreta que el preámbulo no representa un estado en particular sino la totalidad de las trece colonias inglesas en Norteamérica, unidas por consentimiento unánime y voluntario, una Unión o nación denominada Los Estados Unidos de América.

La frase "… *a fin de formar una Unión más perfecta*," implica (1) que ya existía una unión de la gente de las trece colonias, y esa unión es de la gente que ahora debe perfeccionarla cada vez en algo más formal y permanente, implicando, además, que el perfeccionamiento de la Unión es un proceso continuo, definida por la frase" … *más perfecta* [pues aún no es perfecta]; siendo este el primer objetivo (propósito) establecido por su importancia jerárquica sobre los demás objetivos enumerados en este preámbulo. De modo que el nombre Estados Unidos representa, y de hecho lo hace e incluye legalmente, la gente de todas las trece colonias como si fuera cada una de ellas y todas al mismo tiempo, incluyendo a los esclavos a ese tiempo. Además, la Unión de colonias o la Nación que ahora las representa tiene la responsabilidad o deber de perfeccionar esta Unión, insinuando que la unión original aun no es perfecta y sigue un proceso de perfeccionamiento a través del tiempo. En realidad, "… *formar una Unión más perfecta…*" es más que un objetivo, es más bien un mandato inviolable, que cae dentro de las responsabilidades del poder legislativo [las dos cámaras]. Este propósito es explícito y se expande a incluir, y de hecho incluye perfeccionar los mandatos de, (1) *establecer la justicia,* (2) *garantizar la tranquilidad nacional,* (3) *tender la defensa común,* (4) *fomentar el bienestar general y* (5) *asegurar los beneficios de la libertad para nosotros,* —el pueblo de las colonias—, en donde estos objetivos son para la gente de todas las colonias, sin excluir a ninguno, de los ahora ciudadanos de los Estados Unidos; y extendiendo estos objetivos para sus descendientes, y los descendientes de sus descendientes sin límite de tiempo. Así, con este fin el preámbulo promulga y establece las bases para una constitución de esta unión de estados, Los Estados Unidos de América. Además, el término "*nosotros*" no especifica ninguna distinción —o discriminación de la gente por cualquier características físicas o mentales, color de piel, idioma o religión— de la gente de las colonias, y de hecho incluye a toda la gente que en estos estados residen al momento del establecimiento de la constitución y todos que por voluntad propia se adhieran y acepten acatar y trabajar en el perfeccionamiento de estos objetivos.

Por otro lado, el texto implica que los objetivos de Justicia, tranquilidad, defensa, bienestar, y libertad se ofrecen, y de hecho se dan, a todos los ciudadanos de los trece estados por igual e incondicionalmente. Así mismo, el fin de formar una Unión más perfecta, así como también establecer aquellos propósitos, es un objetivo o tarea no solo de la nación como unidad, sino de "Nosotros, el pueblo" y de cada uno de los ciudadanos de los trece estados. La extensión a "nuestra posteridad" no solo implica los descendientes inmediatos de la población original de las colonias sino a todas las nuevas personas que vengan a ser ciudadanos de los Estados Unidos de América.

El termino, *"fomentar el bienestar general"* implica una decisión y acción cuyo fin y resultado es crear, mantener y mejorar las condiciones físicas y mentales de la gente dentro de un estado de satisfacción y tranquilidad. Es decir que todo aquello que rompa, perturbe el balance de ese estado está en contra y ataca el objetivo en cuestión. Claro está que este principio es aplicable a las personas naturales las cuales tienen la capacidad de ese sentimiento de satisfacción y tranquilidad; de modo que no incluye ninguna persona jurídica o de carácter legal. Por otro lado, *"… asegurar los beneficios de la libertad para nosotros y para nuestra posterioridad" implica las personas naturales o físicas del pueblo"* y no menciona personas ficticias de ese tiempo o de ningún otro tiempo. Finalmente, la gente promulgó y estableció la Constitución para los Estados Unidos de América, aduciendo el pueblo, la gente presente y su posteridad.

El autor interpreta que esa fue la intención y el significado del texto; e invita al lector(a) a interpretar el texto a su manera y con este fin incluye el texto completo de la constitución de los Estados Unidos de América en la nota de final [vii]. El autor considera que todo ciudadano debe conocer el contenido de la constitución que une al estado en que reside. Y además sugiere que los colegios y universidades (división inferior y superior) incluyan clases sobre la constitución como requisitos generales de graduación. Entonces pasemos a estudiar su contenido.

Comentarios al Texto

El pueblo de todas las colonias, en unidad de pensamiento, redactaron la constitución basados en los propósitos implícitos y explícitos, y en las razones que dieron origen a la separación y declaración de independencia. Las bases legales de la declaración de independencia y el preámbulo de la constitución es el fundamento de La constitución. Ocho artículos, específicamente amplían y legislan los objetivos de ese preámbulo. El autor enfoca sus puntos sobresalientes. ¿En qué asuntos la constitución necesita reformas?

Artículo I –

Art. I, Sección 1.

Cámara de representantes: El pueblo elige sus miembros a un periodo de dos años. Pero cual es el verdadero motivo que los representantes son electos aun periodo de solo dos años, mientras los senadores son electos a un periodo de seis. En verdad cada nuevo representante pierde cuando menos un tercio de su periodo aprendiendo el sistema protocolario de esta cámara antes de contribuir en algo positivo. Siendo que esta cámara la más numerosa, cabe pensar, que la elección también en grupos alternados como para los senadores.

Art. I, Sección 2.

Cámara de representantes: Tiene la absoluta facultad de presentar cargos en juicios políticos. La constitución no especifica claramente las propiedades de Juicios políticos, tampoco tipifica los cargos posibles que origina dichos juicios políticos, a pesar que menciona vagamente traición, altos crimenes y delitos menores. La falta de tipificación de cargos deja abierta la ley a interpretaciones diversas que diluyen la intención y aplicación efectiva de los procedimientos.

Entendemos como "juicios políticos" [113] "… un proceso judicial… para determinar la responsabilidad de funcionarios públicos en diferentes hechos o situaciones". El proceso resulta en una "sentencia (política y arbitraria) … limitada a ordenar la destitución del inculpado. Pero no exonera al inculpado de posible "responsabilidad civil o penal" y deja abierta la posibilidad de juzgar [al inculpado] en juicios posteriores "por un tribunal ordinario".

---

[113] https://definition.de/juicio-politico

Art. I, Sección 3.

Cámara del Senado: ... (miembros elegidos por el pueblo) será el único (cuerpo) facultado para juzgar Juicios Políticos. El alcance de la sentencia en Juicios Políticos no irá más allá de la destitución del cargo y la inhabilitación para ocupar y disfrutar cualquier cargo honorífico, de confianza o remunerado, que dependa de los Estados Unidos; pero la parte condenada quedará sujeta, no obstante, a que se le acuse, enjuicie, juzgue y castigue de acuerdo con la Ley.

Esta sección 3 establece el alcance de la sentencia. Y aunque establece que la parte condenada queda sujeta a procesos judiciales conforme a la ley, la constitución no menciona nada con respecto a la exoneración de la parte acusada. La sentencia solo exonera al acusado de la posibilidad de ser destituido de su cargo y no lo exonera de la culpabilidad civil o criminal del acto cometido. La exoneración de actos civiles y criminales solo las cortes pueden sentenciar. Tampoco menciona las responsabilidades civil o penal que puede enfrentar el funcionario hallado no-culpable. Por tanto, la parte condenada o la parte no condenada "quedara sujeta a que se le acuse, enjuicie, juzgue y castigue de acuerdo a la ley".

El Articulo I, sección 3 muestra otra situación que expone al gobierno, la constitución y la democracia a la corrupción política y al deterioro de la separación de poderes. Facultar al vicepresidente del poder ejecutivo como presidente del Senado, aunque sea en ciertas ocasiones, y al mismo tiempo otorgarle poder de votar para resolver un empate de votos en el senado, cualquiera que sea esa situación y o necesidad, es una anomalía y apertura a la posible corrupción política, porque el poder ejecutivo, en este caso, preside dos poderes al mismo tiempo. La posibilidad de legislar a favor de los intereses del ejecutivo es inminente. Es preferible dejar que el presidente de la corte suprema de la Corte Suprema asuma ese cargo y presida el senado con derecho al voto de desempate, así como lo hace para presidir los juicios políticos en el senado.

En esta misma sección 3, la constitución faculta al senado para juzgar Juicios Políticos. Ni la constitución ni las enmiendas a la constitución especifican un método standard para el proceso de destitución político y en dicho caso el senado queda libre de crear sus propias reglas del proceso que pueda exonerar al acusado por conveniencia partidarista.

El Articulo I, sección 5 promulga que "Cada Cámara puede [o está facultada para] elaborar su reglamento interno, castigar a sus miembros por comportamiento inapropiado y expulsarlos de su seno con el consentimiento de las dos terceras partes. Esta sección, no define o específica, mucho menos tipifica, el comportamiento inapropiado y las consecuencias y castigos de tal comportamiento. El efecto de definir dichos comportamientos inapropiados y sus correspondientes castigos es, y debe ser, clara con la intención de mantener la ética y transparencia, así como la separación de poderes, evitando la mezcla de intereses de los poderes. Un caso que no llegó a ventilarse es el caso de Devin Gerald Nunes representante del distrito veintidós de California y líder del comité de inteligencia de la Cámara de Representantes, que actuó como miembro del equipo de transición del presidente Donald Trump. La investigación del comité de éticas de esta cámara cerró el caso sin tomar ninguna acción contra Nunes. Estaba relacionado con presuntos esfuerzos de detener la investigación para proteger al presidente Trump de cualquier alegato comprometedor en contra del presidente. La constitución debe aclarar precisamente en detalles los límites de la separación de los tres poderes de acuerdo con la intención del gobierno republicano.

La función de los magistrados de la corte suprema de justicia debe ser por tiempo específico determinado no mayor de un periodo presidencial ni mayor de dos periodos, pero los magistrados podrán postularse para reelección por otros periodos de ocho años, pero no debe participar en otra elección después de su quinta reelección. El peligro de los puestos vitalicios es la corrupción que anticipo Benjamín Franklin hace 244 años.

Articulo I, Sección 8.

La constitución sanciona en esta sección 8, la administración de la Reserva Militar, —proveer, organizar, armar y disciplinar a la Reserva Militar—, cumpliendo de esta manera el deber de la

Defensa Común. Pero guarda silencio sobre la milicia. Siendo que la constitución promulga la facultad del congreso para "Crear tribunales inferiores *a la* Corte Suprema de Justicia". Estos de primera instancia y están dentro del sistema judicial federal de los Estados Unidos.

La elección de los candidatos al cargo de magistrado de la corte suprema le corresponde al pueblo. Los candidatos no deben ser nominados por ningún partido político, por tanto, se faculta al poder judicial proponer no más de tres candidatos que llenen los requisitos establecidos, incluyendo ética y experiencia, por la Cámara de Representantes. La elección al cargo de magistrado de la corte suprema debe ser en la misma fecha establecida para la elección del presidente y vicepresidente. La fecha en que entre en vigencia esta enmienda, el presidente quedara absuelto de la responsabilidad de nominar candidatos a la corte suprema y a los distritos o tribunales superiores.

Articulo II, Sección 2.

El presidente tendrá facultad, con el consejo y consentimiento del Senado, Nombrará Magistrados de la Corte Suprema de Justicia.

Esta facultad es otro punto vulnerable de la constitución y la democracia, es serio y afecta la separación de los poderes del estado porque se presta a posible corrupción del gobierno. Es decir, cuando la presidencia (poder ejecutivo) y el senado (la cámara alta) del poder legislativo, pertenecen al mismo partico político, el presidente nómina y el senado aprueba la nominación de un candidato que favorezca los intereses de ese partido político —dos ejemplos de esta fueron los procesos de aprobación en el senado de dos candidatos para magistrados de la corte suprema de Neil M. Gorsuch, Brett M. Kavanaugh por Donald Trump. La separación de los poderes del estado desaparece cuando un poder nomina los representantes de otro poder. Es decir, este proceso destruye la democracia junto con el derecho y deber democrático del pueblo de elegir a sus representantes. Es el pueblo quien, por su soberanía popular, tiene el derecho absoluto de escoger a sus representantes en los tres poderes. Si el pueblo no tiene ese derecho, entonces, se destruye la república, y no hay ni democracia ni separación de poderes. La corrupción se establece en el gobierno, y los poderes se vuelven autocráticos, actuando bajo intereses particulares. La constitución merece una enmienda para devolver al pueblo el poder soberano y derecho de elegir sus representantes a los diferentes poderes.

Articulo III, Sección 1. Sin comentarios

Articulo IV. Sin. comentarios.

Articulo V

Enmiendas. La responsabilidad de proponer enmiendas a la constitución es de ambas Cámaras del Congreso, cuando estas lo consideren necesarias. También los distintos Estados en un número igual o mayor a las dos terceras partes están facultados para convocar una Convención para proponer Enmiendas a la constitución. La pregunta si el poder del gobierno central está por encima del poder del estado tiene una respuesta en la jerarquía de autoridad. Entendemos que todo lo que no está sancionado en la constitución pertenece al poder de cada estado o de los ciudadanos de cada estado. Es decir, el poder del gobierno está limitado a la autoridad y poder que el pueblo le otorga en el espíritu y letra de la constitución federal.

Enmiendas a la constitución

Las enmiendas a la constitución de los Estados Unidos se hacen en cumplimiento con el fin constitucional de hacer una Unión más perfecta. [114] Por eso no deber ser raro, extraordinario, ni innecesario de enmendar los artículos de la constitución para adaptarla a las condiciones socio, político y económicos de la actualidad. Hasta hoy se han promulgado veintisiete enmiendas de las cuales la última revisión

---

[114] https://es.wikipedia.org/wiki/Anexo:Enmiendas_a_la_Constitución_de_los_Estados_Unidos

fue sancionada el siete de mayo de 1992, hace aproximadamente veintiocho años.

Enmienda 1. La libertad de culto, de expresión, de prensa, petición y de reunión sin intervención del gobierno. Fue propuesta el 25 de septiembre de 1789. Es decir que cualquier intento acción o coacción de cualquier gobernante, público o clandestino, para callar, reducir o eliminar, tales derechos, debe considerarse un alto crimen en contra la constitución, y contra la soberanía popular.

Enmienda 2. El derecho a portar armas no es un derecho natural, sino que es derecho creado en aquel entonces para legalizar la defensa popular en contra de las fuerzas de la monarquía inglesa. Al decretar este derecho quitaba al rey la autoridad de arrestar a los ciudadanos de las colonias por poseer y portar armas. Fue un argumento de defensa necesario que también creo las milicias. En realidad, la finalidad de tener y portar armas es controversial, y no se aclara el propósito en estos tiempos. Se ha dicho anteriormente que los Estados Unidos tiene las fuerzas armadas más poderosas del mundo, además también tiene una reserva militar ambas altamente organizadas, entrenadas y disciplinadas. Mientras que las posibles milicias de estos tiempos, no está organizada ni entrenada para defender supuestamente al pueblo como se pretende. El autor considera que las milicias deben organizarse y entrenarse para que cumplan con la función que se les atañe.

Quinta enmienda. Sin comentarios

Para un ciudadano neófito en la interpretación de la ley esta enmienda no es del todo claro, de modo que este mismo ciudadano recurre a la interpretación de los eruditos en leyes. Sin embargo, el laico entiende que la quinta enmienda extiende derechos relevantes para los procedimientos civiles y criminales. Esta enmienda garantiza el derecho de un gran jurado, protección de auto incriminación y recibir un justo proceso legal como parte de esos procesos. Pero el autor nota que esta enmienda no hace mención o referencia a juicios políticos, como es un proceso de destitución de funcionarios electos a cargos públicos —casos que no están tipificados como criminales ni civiles—. Los juicios políticos están explícitamente delegados al poder legislativo con poder de presentar cargos y recomendación de destitución (en la cámara de representantes) y juicio correspondiente (en la cámara del senado). Esta enmienda explícitamente declara que en casos criminales el derecho a un gran jurado y la protección contra la auto incriminación.

Enmienda duodécima. Esta enmienda reemplazó el Articulo II, Sección 1, clausula 2 de la constitución. Esta sección sancionaba un procedimiento que resulto ser poco eficiente en su forma original en referencia al funcionamiento del colegio electoral en las elecciones presidenciales. Hubo dos elecciones la de 1796 y la de 1800 que comprobaron ciertas ineficacias de ese procedimiento electoral. Ahora en las elecciones presidenciales de 2016 en la que resultó electo Donald Trump, se observa que Hilary Clinton obtuvo la mayoría de los votos por un claro porcentaje y sin embargo el colegio electoral eligió a Trump. Tal vez no sea una anomalía, pero deja evidencia que la democracia no funciona y que quien recibe la mayoría de los votos del pueblo pierde la elección al cargo de presidente. Este caso es algo que el poder legislativo debe estudiar a fondo con dos alternativas, (1) mejor el procedimiento del colegio electoral, o (2) eliminarlo por completo y establecer un método eficaz y seguro para garantizar la elección de un presidente merecedor de la voluntad del pueblo.

Enmienda vigesimoquinta. Legisla sobre el caso de que el presidente fallezca, o renuncie al cargo, el vicepresidente asume el cargo de presidente. La constitución y esta enmienda no cubre más que esas dos condiciones lo cual deja abiertas las puertas a que otras situaciones de incapacidad para gobernar del presidente. Situaciones como dificultades, mentales, intelectuales, morales y de escaso conocimiento para dirigir la nación en cumplimiento con lo que establece la constitución en su artículo único, su preámbulo. La constitución debe aclarar el comportamiento, y capacidad intelectual y moral que se espera del candidato a, y de hecho del, presidente. La calificación cuidadosa de los requisitos al cargo de presidente debe ser clara y precisa constitucionalmente.

El Gobierno

En cuanto al gobierno en general se refiere, la constitución en una enmienda debe establecer el comportamiento de un presidente que lo hace un monarca, autócrata o dictador. El presidente no tiene poder total sobre los estados, no es un monarca, ni un dictador, solo es un presidente. La actuación del presidente D. Trump deja mucho que desear, y criterio del autor el señor Trump no es apto para gobernar esta gran nación; nosotros, el pueblo, corremos un gran riesgo de dañar irreparablemente nuestro gobierno republicano, nuestra constitución y nuestra democracia.

División de poderes

Los colonos bien pudieron escoger cualquier división de poderes —claro que hay varias—; sin embargo, adoptaron la tricotomía del poder ya conocido en Europa, pensando que así podían evitar cualquier forma de absolutismo. Pero, aunque la intensión es moralmente buena, todo sistema siempre tiene una debilidad intrínseca o innata; es el punto de falla en la efectividad de su operación: el factor humano y la intención del mismo. En otras palabras, —cuando el operador, u operadores, de cualquier forma, ignora (o ignoran) los procedimientos implantados para la operación y mantenimiento efectivos del sistema—, el operador u operadores, sin intención o intencionalmente, alteran el objetivo, comportamiento y efectividad del sistema entero. Es decir, un gobierno monárquico, autócrata o dictador puede, si se deja, destruir la democracia del pueblo. Los padres fundadores sabían todo lo anterior y lo expresaron, —de hecho, incluyeron en la declaración de independencia—, una frase precisa que dice, *"... las Leyes de la Naturaleza y del Dios de la Naturaleza les da derecho* [al pueblo], [y] *un respeto decente a las opiniones de la humanidad requiere que declaren las causas que los impulsan a la separación* [enmendar la falla para restaurar la democracia]". Esta es la válvula de control que previene, reduce y corta la arbitrariedad de dichos gobiernos despóticos.

El autor encuentra en el árbol de fallas del sistema democrático de la republica que la definición del marco legal (El reglamento de Leyes) definiendo la delegación de los tres poderes no es lo suficientemente claro y específico para evitar el posible abuso de autoridad y poder de un gobernante despótico. Y expone que la posible falla son las debilidades o vulnerabilidades del sistema escogido, aunque los fundadores hayan incluido en la republica el respeto de las libertades civiles de los colonos —ahora ciudadanos de los Estados Unidos de América—, son los valores democráticos, intrínsecos de una república democrática que dependen de la honestidad de los funcionarios electos y no electos en el gobierno.

Los fundadores pensaron que dividiendo el poder del gobierno central en Legislativo, judicial y ejecutivo y aclarando la operación del sistema en su carta magna protegerían o garantizarían la existencia de la república democrática. Pero en aras de la definición de "democracia y el respeto a esta idea"; quizás fue el impulso de la libertad de escogencia. ¿Acaso dejaron cortas las especificaciones operativas del sistema?

El autor no piensa que fue así, por el contrario, observa que ellos pensaron en este tema, de hecho, incluyeron el remedio de esta posibilidad, en el texto de la declaración de independencia que dice, *"Pero cuando un largo tren de abusos y usurpaciones, persiguiendo invariablemente el mismo Objeto evidencia un diseño para reducirlos bajo el despotismo absoluto, es su derecho, es su deber, desechar a ese gobierno, y proporcionar nuevos guardias para su seguridad futura"*. Este es el mecanismo político para salvaguardar la integridad de la república democrática que aún no está totalmente legislado. Aunque el procedimiento de restauración no esté claramente definido en la constitución, *"el contrato social"*. Esta frase, sin embargo, define, sin lugar a dudas, la soberanía popular, aclarando que ningún representante del pueblo, electo o no, con el poder y autoridad otorgada por el pueblo no está, o puede estar, por encima de la voluntad, del poder del pueblo, —su soberanía—.

En realidad, el deber de mantener la integridad de la constitución y su reglamento de leyes es del pueblo y de los represes que actúan en nombre del pueblo. La frase con que los padres fundadores inician la constitución dice, *"NOSOTROS, el Pueblo de los Estados Unidos, a fin de formar una Unión más perfecta… establecemos y sancionamos esta Constitución para los Estados Unidos de América".* El autor entiende que la intención expresada en esta frase es una acción sostenida durante la existencia de la unión; no es una acción ocasional, aislada, de un y para un solo momento; la frase implica una secuencia de acciones a través del tiempo necesaria para hacer, cada vez, la unión más perfecta. Siendo así, la frase implica la responsabilidad de todos los ciudadanos y del gobierno representante del pueblo a continuar buscando formas, métodos y procedimientos que perfeccionen dicha unión. Donde el término *"unión"* representa la voluntad y soberanía del pueblo, conllevando el innato deseo de mejorar su república democrática; y también considera que todo aquello —estándares aplicables a los estados con igualdad y una misma efectividad—, que tenga que ver con los intereses nacionales comunes, como la defensa, seguridad, la salud, relación diplomática, intercambio internacional y comercio (exportación e importación), inmigración, y todo lo compatible con los intereses comunes de todos los estados son responsabilidades de un gobierno federal.

Los estados y el gobierno central

El principio de soberanía popular es superlativo a la soberanía nacional, siendo que la segunda deriva de la primera toda su autoridad y poderes que se limitan a lo explícitamente estipulado en el espíritu y letra de la constitución, el contrato social.

"Los gobiernos patrimoniales poseen ventajas inherentes, que alguna vez les darán una influencia y ascendencia sobre el Gobierno Nacional, e impedirán para siempre la posibilidad de invasiones federales. Que sus libertades, de hecho, pueden ser subvertidas por el jefe federal, es repugnante a todas las reglas de cálculo político".

De modo que siendo esta la relación política entre el gobierno central y los estados de la Unión, no cabe la idea de que el componente ejecutivo de un gobierno electo por el pueblo pueda asumir, o de hecho asuma, un posición autocrática, dictatorial o monárquica con poderes absolutos sobre los estados o el pueblo. Esta posición es lo que el presidente Donald Trump ha, insinuado, o de hecho a intentado, o intenta asumir. La oscuridad de la intención del texto, o la deficiencia, de la constitución da posibilidades de una mal interpretación a su intención. Es por esto que para formar una *unión más perfecta* y reducir o eliminar la corrupción que Benjamín Franklin anticipo, es necesario hacer reformas a la constitución con la frecuencia requerida por la evolución de la forma de vivir del pueblo. Estas reformas deben establecer claramente el ámbito de autoridad y poder que el pueblo confiere a los tres poderes de su gobierno, principalmente al poder ejecutivo. Así mismo esas reformas deben garantizar totalmente la separación de los tres poderes, eliminando toda posibilidad de injerencias o influencias políticas, para beneficios partidaristas o personales, de un poder sobre los otros dos. Nadie está por encima de la ley.

Tamaño del gobierno

En realidad, el tamaño del gobierno central debe estar claramente definido en lo que respecta a la distribución de poderes. No es suficiente con estipular que lo que no está sancionado en la constitución es asunto y responsabilidad de los estados o el pueblo. El preámbulo establece un propósito el *fin de formar una unión más perfecta, establecer la justicia, garantizar la tranquilidad nacional, tender a la defensa común, fomentar el bienestar general y asegurar los beneficios de la libertad para nosotros*, el pueblo. Estos son los términos sobre los cuales se funda la constitución. La responsabilidad se funda en establecer, los principios y bases políticas o legales superiores para el ejercicio de dichos objetivos, en términos generales. Y las leyes de los estados debe seguir dichos principios y bases cubriendo los detalles de situaciones y circunstancias locales. De modo que el gobierno central actúa como control de que las leyes se apliquen igualitariamente satisfaciendo tales principios y bases. La distribución del poder de la nación es jerárquica siguiendo la resolución de problemas y circunstancias de abajo hacia arriba. En este contexto la responsabilidad el manejo y control administrativo de los asuntos sociales, políticos y económicos recae sobre los estados y cada estado por sus características ambientales, disponibilidad de recursos, e idiosincrasias de su población, además de estar más cerca de la fuente de la problemática, deben ser responsables de aplicar los detalles de la gestión gobernativa. Entonces, y en esta situación planteada, el gobierno central puede reducirse a administrar las pautas generales de la aplicación de la constitución aplicable comúnmente a todos los estados. Mientras que las particularidades propias de cada estado quedan bajo la responsabilidad estatal; por ejemplo, los sectores de salud, educación, empleo y desempleo, control ambiental, entre otros. En resumen, las reglas generalidades las maneja el gobierno central, mientras que las reglas locales supeditadas las manejan los estados que están más cerca de las fuentes de las situaciones. El poder legislativo con asistencia del poder ejecutivo debe estudiar la forma de agilizar la gobernatura balanceando la distribución de autoridad y deberes de los gobiernos, central y estatal. Otro ejemplo, el gobierno federal decreta estipulando las bases legales y sus consecuencias penales, que la discriminación por asuntos de raza, religión, tendencias sexuales, estado social, y similares, en cualquiera de sus formas, cubierto o descubierto, es intolerable y totalmente prohibido en los Estados Unidos. Los estados asumen la autoridad y deber de crear sus propias leyes, reglamentos, y aplicación igualitaria para cumplir con esas finalidades federales. Así mismo la función de resolver impactos ambientales son de naturaleza local y los estados son responsables de actuar como primeros socorristas asistidos por el gobierno central en lo que el estado necesite. Este proceso debe quedar bien establecido para accionar automáticamente cuando un desastre pase, por ejemplo, pandemias, huracanes, terremotos, etc. En otras palabras, la autoridad y poder debe ser jerárquico y esa jerarquía es lo que la constitución y sus leyes derivadas deben claramente sancionar.

Derechos civiles y políticos [115]

Con respecto a los derechos civiles y políticos en relación con la constitución, el autor encuentra que el gobierno federal y otros estatales no protege las libertades individuales y rompen la intención y mandato de la constitución. Existen represiones, abiertas y encubiertas. Unos de los asesinatos de los últimos tiempos fue el de George Floyd, captado en cámara celular por testigos presenciales, a plena luz del día. Mas tarde, durante las manifestaciones de protesta y peticiones públicas, se nota una represión solapada, abuso de autoridad y poder de parte del ejecutivo en contra de los manifestantes. En otras palabras, el gobierno federal (poder ejecutivo no garantiza la capacidad de los ciudadanos para participar en la vida civil y política de la nación en forma igualitaria, sin racismo ni discriminación.

Derechos Civiles

Estos son los derechos concedidos dentro de un estado adquiridos por el hecho de nacer, de acuerdo a conceptos naturalistas, o por la idiosincrasia de la constitución de cada estado. Es interesante notar que John Locke propuso *"que los derechos naturales a la vida, la libertad, y la propiedad debían ser convertidos en derechos civiles y protegerse por el Estado soberano como aspecto del contrato social (derechos constitucionales)"*. El autor está de acuerdo con Locke en cuanto a la ausencia de cualquier forma de leyes, la vida, libertad la otorga la Naturaleza y el Creador de la naturaleza junto con los recursos del ambiente donde el hombre vive, y la propiedad que por esfuerzos propios del hombre obtiene de su entorno —esto sucede sin naturalmente sin la presencia de grupos, sociedades y o comunidades—. La constitución debe aclarar el derecho a la Vida y Libertad, pero mantiene silencio con respecto a la definición de Propiedad. Una reforma constitucional debe sancionar la extensión de esos derechos inalienables del hombre. Considerando la propiedad fundamental y necesaria para proteger y mantener la vida y la propiedad económica

---

[115] https://es.wikipedia.org/wiki/Derechos_civiles_y_políticos

como función de enriquecimiento personal que no agrega nada más a la vida del ser humano, fuera de conveniencias y placeres adicionales. En este sentido el agua y el aire siendo necesarios para el apoyo y mantenimiento de la Vida no debe estar en manos de las empresas privadas, sino de la propiedad común de los ciudadanos, manejados por el gobierno, como articulo vital y salud. En manos de la empresa privada cuyo objetivo es especulativamente obtener la mayor ganancia ellos pueden suprimir el abastecimiento, encarecer el artículo, haciendo imposible la vida del hombre.

Observemos como nota de pruebas, *El Pacto Internacional de Derechos Civiles y Políticos de 1962 incluye el "derecho de libre determinación" de "todos los pueblos". Los llamados "derechos colectivos", por oposición a los "derechos individuales", están entre los "derechos de generación" según la teoría de las tres generaciones de derechos.*

Derechos humanos

Además del derecho a la Vida y la Libertad vienen otros derechos necesarios para vivir la Vida de la mejor manera posible solo y o en relación con uno o más individuos –sin estos derechos complementarios la vida no es posible–. Es decir que todos estos derechos complementarios para proteger y mantener la vida individual también deben ser parte del derecho inalienable del derecho de la Vida.

Derechos políticos

En lo que respecta a la relación entre individuos existen ciertos derechos que incluyen la expresión y participación de los individuos en agrupaciones y sociedades democráticas y por tanto la vida social y publica. Es decir, estos derechos dan paso a influir en las gestiones políticas en sociedades democráticas participativas. En los Estados unidos la participación ciudadana en el acontecer y gestión política es lo mejor del mundo, aunque no es perfecta, tiene sus fallas. Por ejemplo, se han observado fallas del proceso de los colegios electorales en la selección de presidentes. Una vez sucedió en 1776 y resulto en cambio drástico de ese proceso. En los tiempos modernos se registró que el colegio electoral escogió a Donald Trump como presidente cuando la candidata opositora obtuvo la mayoría de la votación popular, en las elecciones de 2016. Es decir, el colegio electoral se sobrepuso a la soberanía de la voluntad popular. En este caso fue una violación al derecho político del pueblo, a los principios fundamentales de la democracia –la selección de los representantes del pueblo en el gobierno por la mayoría de votos.

Derechos naturales

¿Que son los derechos naturales? Viendo este tema desde el punto de la creación del universo y la intención de la existencia, encontramos que el hombre existe por condiciones humanas explicitas e implícitas. Estas condiciones físicas y mentales no se pueden revocar, ignorar, negar, y en ninguna forma regular o restringir. Son condiciones innatas que ningún hombre haya escrito en ningún reglamento de leyes. Existen por voluntad de la Naturaleza y del Creador de la naturaleza. Son condiciones humanas que están regidas por las leyes de la existencia superlativas a leyes escritas por el hombre y que se rigen por los conceptos universales de bien o mal. Ningún ordenamiento jurídico positivo puede contravenir o contrariar este ordenamiento, moral, jurídico de la existencia. Dentro de estos derechos encontramos no solo el derecho a la Vida, sino el derecho natural de aprender, conocer, estudiar, y aplicar el conocimiento en la medida y extensión que la formad y vivir del individuo lo requiera.

Estados vs Gobierno Central

Fue en la convención de 1787, un año después de termina la guerra de independencia, los fundadores establecieron una República Federal y Democrática. Es decir, Los Estados Unidos de América, la nueva nación en el nuevo continente, libre y soberana, era un republica compuestas de trece estados y con características democráticas. Es justo y apropiado analizar el significado de ese amplio título, Republica… democrática. Una república federal define su significado por su contenido y naturaleza; en este caso es una organización de un gobierno central que representa y maneja la pluralidad de treces gobiernos locales, los estados, los cuales a su vez tienen sus propias organizaciones administrativas —sus gobiernos—. El gobierno central asume un poder delegado por los trece estados y derivado de los poderes de esos mismos estados. Un gobierno federal tiene una soberanía que nace de la soberanía propia de los estados, consolidando dicha soberanía en un criterio estándar aplicable a los estados. Causalmente, —de causa a efecto—, esos criterios de por sí, establecen las responsabilidades de los gobiernos locales y del gobierno central en función del origen y proximidad de asuntos y problemas particulares y generales. Los estados tienen realidades distintas y realidades comunes, —es decir particulares y generales—; por tanto, hay asuntos que es preferible y más eficiente dejar que los estados los manejen y hay asuntos que es preferible dejar que el gobierno central maneje. La república federal, entonces, asume la responsabilidad de administrar o manejar las necesidades y problemas que afectan a las autonomías de forma general. Por ejemplo, para mantener el balance de la asignación igualitaria de recursos, la recaudación de impuestos es una función dividida entre los gobiernos locales y el gobierno central.

República Democrática

En cuanto al termino República Democrática es una forma de gobierno —muy distinta a una monarquía, una autocracia o una dictadura—que configura su estructura del gobierno (administrativo) central para recibir y manejar el poder que el pueblo confía y delega a su responsabilidad, basándose en el respeto del marco legal, –el contrato social–.

Origen de los Partidos Políticos

La razón por la cual emergen y existen los partidos políticos es porque, de hecho, existen diferentes perspectivas de la vida y de la forma de vivir. La gente se apega a otra de pensamientos políticos similares y se forma grupos basados en un pensamiento un ideal. En el curso de la vida, también, con la experiencia y a medida que el conocimiento crece esas perspectivas e ideales pueden cambiar y el hombre cambia de posición mental, aferrándose a otros grupos. La libertad de pensamiento y de expresión se manifiesta con el avance del conocimiento. Y aunque algunos llamen traición a quienes cambian de grupo, no es —en realidad—,traición sino el resultado de la evolución intelectual que cambia las viejas perspectivas. Esta forma de pensar esta imbuida en el preámbulo de la constitución política de los Estados Unidos de América escondida en la frase *"... un respeto decente a las opiniones de la humanidad requiere que declaren las causas que los impulsan a la separación".* El respeto que se pide es implícito en el reconocimiento de las opiniones nuevas —como las perspectivas de la vida cambian con el avance de conocimientos y el crecimiento de la experiencia—que se adquiere.

El autor reconoce, partiendo de lo que ha expuesto en este libro a este punto, que los colonos tenían, en ese entonces, diferentes opiniones. Algunos pensaban que tal vez era mejor quedarse bajo el mandato de la corona inglesa, mientras otros más, firmes en su propósito, anhelaban libertad total bajo un gobierno propio, estructurado a su gusto. El resultado de declaración y posteriormente la redacción e implantación de la constitución es un hecho evidente de sus perspectivas. Después de la declaración de independencia, y más tarde, después de la guerra, el momento llego para ejercer su autoridad y manejar su propio destino. Los partidos políticos de los Estados unidos tienen un origen común. [116] Y aunque todos pensaban en una unión federal tenía sus diferencias en como distribuir el poder. De modo que la idea federalista del partido federalista se partió por esa controversia. Hubo quienes pensaban que el control total del gobierno quedara en manos de un gobierno central y otro pensaban que los estados mantuvieran su autonomía política. Y así surgió en partido demócrata republicano por un lado y por el otro el partido federalista. Para 1816 el partido federalista se esfuma y en

---

[116] https://www.aboutespanol.com/origen-de-los-partidos-politicos-en-eeuu-1772313

medio del tema controversial de la esclavitud el partido democrático republicano se parte; unos que rechazaban la esclavitud detrás de las ideas de Abraham Lincoln, el partido de Peluca (por su nombre Whig, en inglés) y otros que querían mantener la esclavitud formaron el partido demócrata de Andrew Jackson, alrededor de la elección de John Quincy Adams en 1828. [117] El pensar político se refina o se pule con mejores perspectivas y la posición intelectual cambia de rumbo. Así es que progresa el pensamiento filosófico en un proceso natural que sigue el aumento del conocimiento. Entonces aquellos que querían abolir la esclavitud marchaban detrás de altos conceptos de *"territorio libre, trabajo libre, libertad de palabra, hombres libres"*; era y fue el partido republicano.

Hoy en día los republicanos alzan el banderín de *"Haz América grandiosa de nuevo"*, sin aclarar el verdadero significado de dicho concepto. Hay quien dice que *"no sigas lo que dicen, sino observa lo que hacen"* -de Rachel Madow, CNN-; así veras la intención de lo que dicen. El autor observa el patrón de acción y hechos del gobierno de Donald Trump esa frase puede implicar una supremacía blanca en el poder y la opresión de clases minoritarias (gente con piel de color).

Propósitos de la unión

Son solo seis propósitos de la Unión declarados en el preámbulo de la constitución, su Artículo único. En la siguiente gráfica de hexágonos, la igualdad social es el hexágono 1 en el centro arriba. La igualdad humana es el primer objetivo o propósito de la Unión. Hemos visto, con respecto a la igualdad social que se distorsiona la intencional original desde el principio. Mucho antes de la independencia las colonias estaban envueltas en el tráfico de esclavos. Colonias como Rhode Island, por ejemplo, los colonos capturaban y vendían a los nativos americanos como esclavos, además del tráfico y uso de esclavos de gente africana. El comercio de esclavos africanos en la colonia de Nueva York uno de sus principales comercios. No

---

[117] https://norbertobarreto.blog/2012/05/17/breve-historia-de-los-partidos-politico-en-los-estados-unidos/

hay igualdad si hay diferencias sociales en la Unión, menos aun si hay esclavitud en los Estados Unidos. Fue la esclavitud casualmente la causa de la guerra civil y como consecuencia la abolición de la

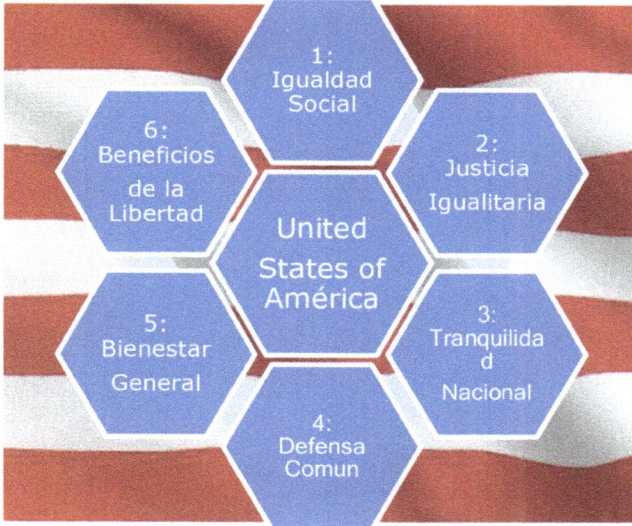

esclavitud en este país. La esclavitud existió desde el principio de las colonias inglesas en Norteamérica. Y el colmo fue que a pesar que la declaración de la independencia dice *"consideramos que estas verdades son evidentes, que todos los hombres (mujeres y varones) son creados iguales",* la esclavitud fue firmemente establecida cuando se firmó la Declaración de Independencia de los Estados Unidos. [118] La nueva república se dividió en estados esclavista y estados libres a los dos lados del a línea Mason-Dixon. Esta línea separaba a Maryland (esclavista) y Pensilvania (libre).

Las diferencias son evidentes; la minoría tiene grandes dificultades de lograr una adecuada educación y salud que le permita competir con los que acaparan el capital. La mayoría de la clase media para abajo (el noventainueve por ciento de la población) están por debajo de la línea que separa la clase pudiente y la clase pobre. Esa línea de

---

[118] https://es.wikipedia.org/wiki/Esclavitud_en_los_Estados_Unidos

separación de clase sigue subiendo, de manera que la población en pobreza aumenta. La clase pobre no puede gozar de *los beneficios de la libertad* ni mucho menos considerar gozar del *bienestar general o buscar la Felicidad.* No hay *tranquilidad nacional* (social y o económica) para ellos. Esas diferencias son parte del espejismo de la democracia. El costo de vida ha llegado al punto que la clase pobre solo ve de largo los beneficios mencionados. Una persona de salario mínimo no puede costear un boleto a su deporte favorito. No pueden pensar enviar a sus hijos a las universidades, y es un milagro que estos hijos logren becas a una universidad de clase baja. ¿Es esto igualdad? No, no lo es. ¿Es esto igualdad de oportunidades? Obviamente tampoco lo es. La tierra de las oportunidades no es para todos sus ciudadanos, cuando solo unos cuantos gozan de *los beneficios de la libertad.*

La igualdad social es otra parte del espejismo de la Unión. Aún existen profundo resentimientos raciales y discriminación, odio, de ciertos miembros de la raza blanca contra gente de piel de color. Las manifestaciones en protesta por el asesinato de George Floyd son claras evidencias que nosotros, el pueblo de hecho, debemos, reclamar una reforma general de la constitución y las leyes que de esta se derivan para hacer que el concepto que los hombres son creado igual sea realidad no solamente el sueño inicial.

La constitución necesita reformas para volver al propósito de *formar una Unión más perfecta, para restablecer la Justicia, garantizar la Tranquilidad, y fomentar el bienestar general para nosotros, el pueblo, y nuestra posteridad.* Tal vez nosotros, el pueblo de los Estados Unidos, necesitamos varios años para estudiar las lecciones de actos delictivos en contra de la constitución y su reglamento de leyes que ciertos funcionarios del gobierno han cometido. Pero es necesario comenzar los pasos que se requieran para restaurar el curso del gobierno de la Unión, su constitución y su democracia al concepto original de los hombres *"… Que son dotados por su Creador con ciertos derechos inalienables, que entre ellos están la Vida, La libertad y la búsqueda de la Felicidad…"*

La democracia no debe ser efectiva solo en los días de elecciones, cuando el pueblo ejerce su soberanía popular y observa y elige a sus representantes que manejan los asuntos del pueblo, supuestamente, sino una democracia participativa para todos los días de la existencia de esta Unión y su democracia. Es un hecho que cuando autorizamos a un representante de un poder a elegir a otro representante de otro poder, la democracia termina, pues no es el pueblo quien elige a sus representantes en los diferentes (supuestamente) poderes separados. La separación de poderes termina y la corrupción nace entre las agendas escondidas de políticos corruptos y no trabajan más para el pueblo, irrespetando el concepto fundamental de la constitución que dice.

> —"... promover el bienestar general y asegurar para nosotros y para nuestra prosperidad los beneficios de la Libertad"—.

Es una anomalía legal que debe cerrarse lo más pronto posible. La intención de los fundadores fue clara y franca. Ellos vieron la posibilidad de que uno o muchos actúen por su cuenta para subvertir el espíritu casto de la Unión. El intento de subversión la hemos visto de cerca, como en la administración del cuarentaicincoavo presidente de los Estados Unidos de América. Este presidente ha demostrado que es factible y posible instalar una dictadura —incluso una monarquía— despótica y autocrática tome posesión del gobierno del pueblo, para el pueblo, y del pueblo, olvidando o de facto ignorando el mandato constitucional sancionado.

> "... promover el bienestar general y asegurar para nosotros y para nuestra prosperidad los beneficios de la Libertad..."

Es necesario admitir que la demagogia retorica no representa la realidad del compromiso; solo la acción posterior revela la verdadera intención detrás de la demagogia —para ese tiempo puede ser demasiado tarde— cuando el daño ese hecho. Después de las elecciones hay peligro eminente que los representantes sigan políticas partidaristas que tal vez sean incompatibles con la voluntad del pueblo. La república depende de la integridad ética de sus tres poderes; y la corrupción del poder ejecutivo solo necesita una parte del poder legislativo para cambiar la historia de la democracia americana en un corto tiempo. Lo que paso en el enjuiciamiento político al presidente Trump entre el dieciocho de diciembre de 2019 y el cinco de febrero de 2020 evidencia lo que se dijo anteriormente.

Las brechas sociales definidas por el nivel de riqueza y poder que cada cual tiene, marca el estado socio—económico—. Y la dinámica política, económica y social crece en favor de unos cuantos ricos. Tal vez no debería ser así, pero es el resultado de la situación dentro del espejismo flotando sobre la arena caliente y seca, del desierto, de nuestras vidas. La ley natural señala que la riqueza de esta nación le pertenece al pueblo, pero el gobierno —responsable de proteger al pueblo— ha hipotecado este gran patrimonio popular a manos de un sistema *capitalismo-autócrata*. Todo sistema es bueno si el sistema trabaja para el beneficio de todos sus componentes. Pero el sistema es nocivo si algunos de sus componentes trabajan para beneficio de unos cuantos elementos. La fantasía del pobre de lograr una independencia económica es solo eso; porque los rico y poderosos con sus agendas escondidas convierten todo lo que tocan en sus propias riquezas. No hay igualdad —social, política o económica—a pesar que la constitución así lo diga; solo existe en el espejismo del gran sistema creado. Es decir, la libre empresa y el libre mercado —que unos pocos controlan—se tomó el gobierno que fue creado como del pueblo, para el pueblo y por el pueblo; el *capitalismo-autócrata* se lo tomo para el beneficio de esos pocos ricos egoístas —ellos manipulan el capital-dinero—. El poder absoluto de la monarquía inglesa de aquel tiempo —la misma que dio lugar a la independencia de las trece colonias— es ahora la monarquía del capitalismo del tiempo actual. Aquí no estamos hablando comparativamente de socialismo, comunismo, y capitalismo; estamos emplazando el egoísmo de unos pocos que corrompen el buen sistema capitalista. Este es el punto, gobiernos pasados culminando con el actual han permitido —o mejor dicho cayeron en la esfera de influencia de los grandes capitales—. Pero no es el capitalismo la causa de las diferencias socio-económicas, sino la ambición egoísta, —la acumulación sin límites del capital en un extremo de la balanza económica y de la riqueza— permitido por un gobierno cómplice y también corrupto, atentando contra el poder del pueblo.

La hora ha llegado, pero no para hacer otra guerra civil reclamando la restauración de los principios de la constitución —siendo en realidad un derecho y deber de la soberanía popular—, sino para iniciar cambios críticos al curso de nuestra democracia igualitaria en este siglo veinte y uno. Este es el tema de este libro; es el objetivo del tema y la esencia de su objetivo. Es el punto de vista del autor que, apremiado por la situación presente —económica, social y política— ve una necesidad de reformar nuestra forma de vida en Los Estados Unidos de América. Leamos lo siguiente, por ejemplo.

Bienestar General

El gobierno debe establecer el bienestar general en los aspectos de salud, educación, seguridad y protección individual.

Aspectos económicos

El gobierno debe crear el balance económico levantado los niveles de sueldos y salarios de los ciudadanos y eliminando el estrangulamiento económico de la clase media-alta hace bajo.

Aspectos educacionales

Liberar la educación a una educación igualitaria, libre y jerárquica con el fin de crear individuos productivos desde el final de su educación media (colegios secundarios) hasta el primer nivel universitario (primeros cuatro años).

Aspectos Sociales

El gobierno federal debe sentar las bases, métodos y procedimientos para evitar situaciones que paralizan la nación como la economía y las funciones comerciales y sociales.

Aspectos de Salud

Así mismo, el gobierno debe instaurar o reinstaurar un sistema de prevención endémica y o pandémica que pueda paralizar la operación económica, educativa, comercial, etc.

Crisis del cuidado de la salud

La pandemia del Coronavirus COVID-19 abrió la intimidad de la distribución de poderes ente gobiernos de los estados y el gobierno central. La clásica controversia de quien ostentá el poder de decir que hacer con respecto a la pandemia está clara. El presidente decidió no hacer nada al inicio diciendo que eso era una decisión de cada estado. Pero ahora dice que es la autoridad máxima para ordenar la apertura de los negocios, escuelas, servicios, etc. Mientras tanto los estados del oeste, California, Oregón, y Washington firmaron un pacto estatal acordando reabrir sus economías basados en ciertas condiciones de salud, con un sistema de pruebas, monitoreo y aislamiento del virus.

"Si quieren cambiar el modelo, pueden cambiar el modelo. Es el presidente de los Estados Unidos", dijo Andrew Cuomo, agregando, *"Pero luego cambie el modelo y explíquelo. ¿Qué significa eso que el gobierno federal está a cargo de la apertura?"*

Eso significa que es responsabilidad del gobierno central establecer un plan de acción para enfrentar desastres, en este caso la pandemia del Covid-19, y luego dejar que los estados implanten métodos para resolver las crisis de acuerdo con la situación local real.

Aspectos Políticos

El presidente Trump piensa que es la suprema autoridad y los estados deben obedecer sus mandatos. Esto es con relación al proceso de apertura de la economía cuando el Coronavirus Covid-19, esta aparentemente, controlado. Los gobernadores de California, Oregón, and Washington en la costa del oeste y New York, Connecticut, Massachusetts, Rhode Island, New Jersey. Pennsylvania, Delaware,

Los gobernadores de la costa oeste y este anunciaron al comienzo de la pandemia lo que aparentemente fue un esfuerzo para adelantarse a los pronunciamientos provenientes del presidente, quien había dicho que probablemente presentaría su grupo de trabajo económico "Apertura del país" durante su informe en esos días siguientes. Los gobernadores de ambas costas martillaron la idea de que sus decisiones serán impulsadas por los hechos, la ciencia y los profesionales de la salud pública, no por la política. La acción del presidente deja clara su intención de que su agenda no es servir al pueblo sin beneficiarse políticamente y económicamente, porque no, con la situación pandémica de la nación.

CAPÍTULO 7

Lecciones aprendidas

Lo que ha sucedido durante los años desde 1776, lo que está sucediendo en las semanas posteriores al Día de los Caídos de 2020, y otras situaciones similares de injusticias, diferencias económicas raciales y sociales, lo que el senado hizo al principio de 2020 en el juicio político para destituir al presidente Trump, lo que el presidente Donald Trump ha hecho contra la constitución y el reglamento de leyes y sigue haciendo apoyado por el senado republicano, todo estos sucesos son evidencias del fracaso del gobierno, violando los principios fundamentales de la declaración de independencia y la constitución de la Unión. El gobierno de la Unión camina a la orilla del peligro de perder su propia existencia e identidad y nosotros, el pueblo, no podemos menos que enunciar las lecciones que hemos aprendido y señalan el camino para restaurar el objetivo de la independencia de América. La situación actual (2020) es causada por la incapacidad para gobernar de Donald Trump. Sin embargo, la actuación egoísta del presidente a descubierto muchas áreas donde su gobierno y gobiernos pasados ha fallado.

Primera lección: Discriminación y Racismo

No se puede negar que la discriminación y el racismo existe en los Estados Unidos. Si existe y va creciendo desde hace mucho tiempo atrás. La discriminación racial es contante y no acaba. Por lo

menos así lo aseguran y publican ciertos centros de noticias. [119],[120].
Un artículo en Wikipedia en su encabezado dice lo siguiente. [121]

Después de su liberación durante la guerra civil por Abraham Lincoln, los estados del sur, resentidos por su derrota durante la guerra civil, sancionaron una variedad de leyes para discriminar a los ciudadanos negros. Este fenómeno se produjo durante el período de la "reconstrucción" ("reconstrucción" en inglés) posterior a la guerra civil. Con la elección de Rutherford B. Hayes como el decimonoveno presidente la discriminación se extendió a los estados del norte que inicialmente la tuvieron de forma más suave, a tal punto que a comienzos del siglo XX se podía ver la severidad de la discriminación y racismo en lugares como Nueva York, Boston, Detroit, Chicago y Los Ángeles. Según un estudio entre 1830 y 1950 se lincharon a 4.000 negros en los Estados Unidos. Que, según la fuente, muchas veces eran un espectáculo público y popular con a veces miles de testigos. Donde el 25% de las acusaciones era abuso contra blancas; donde ni se exigía reconocimiento de la víctima al agresor y que provocó la emigración o la pureza étnica de 6.000.000 de negros al Norte y al Oeste del país. Como los estados no podían eliminar los derechos de los negros, que son garantizados en la constitución, se usó en su reemplazo la "segregación" que fue legal por muchos años bajo la idea de… "Separados pero Iguales". La idea era que mientras las oportunidades que eran otorgadas fueran iguales para ambas razas, esto era legal. [122]

Hay más casos que en los registros públicos que se pueden obtener bajo el derecho de información que aún tenemos. Pero la discriminación no es solo con los ciudadanos de piel de color negra, sino contra todo el ciudadano que no tiene piel blanca. Estos individuos son considerados como ciudadanos de clases más bajas, o inferiores, que los de piel blanca. La discriminación no para en esos temas de color de piel; hay discriminación en contra el sexo femenino, por ejemplo, la regla de igual pago por igual trabajo no

---

[119] https://www.hispantv.com/noticias/ee-uu-/437191/racismo-discriminacion-salarios

[120] https://es.aleteia.org/2017/07/02/eeuu-discriminacion-racial-que-no-acaba/

[121] https://es.wikipedia.org/wiki/Racismo_en_Estados_Unidos

[122] https://es.wikipedia.org/wiki/Racismo_en_Estados_Unidos

se aplica en el caso de las mujeres, quienes reciben alrededor el 75 por ciento de lo que los hombres reciben haciendo el mismo trabajo. Todo esto a pesar que la constitución considera *"que todos los hombres son creados iguales, que son dotados por su Creador con ciertos derechos inalienables, que entre ellos están la Vida, la Libertad y la búsqueda de la Felicidad"*.

No podemos negar que hay discriminación y racismo en los Estados Unidos. No se puede cuando las abundantes evidencias así lo confirman. No se puede negar que el Klu Klux Klan todavía existe and forma operativa y se presenta al público en las últimas marchas en este año 2020. En realidad, no sabemos cuántos representantes del pueblo en el gobierno son miembros del clan. Si los presidentes de las últimas décadas son culpables de no haber hecho algo para reducir, eliminar y asegura que resurja la discriminación y el racismo en América. Es culpable también el poder legislativo por no pasar leyes severas tendientes a eliminar la discriminación y el racismo que existe abierto o encubierto. En este contexto hay una complicidad marcada por inacción y silencio.

Segunda lección: Desigualdad social

¿Hay igualdad en los Estados Unidos? No, no hay en la forma mencionada en la constitución. La desigualdad en los Estados Unidos nos enseña que el concepto fundamental de la igualdad de los hombres es parte del espejismo de la democracia que proyectamos al mundo. Y por causa de muchas arbitrariedades sociales, económicas y políticas, violamos el mandato supremo de la constitución de los Estados Unidos que claramente dice,

> ... *"Consideramos que estas verdades son evidentes, que todos los hombres son creados iguales...*

En verdad, las grandes brechas o diferencias sociales, económicas y políticas claramente demuestran que una minoría controla el poder y la riqueza de la nación. Esta minoría tienen secuestrados para ellos los beneficios de la libertad lograda en 1776. El noventa y nueve por ciento de la población controla solo el uno por ciento de la riqueza nacional; mientras el uno por ciento de la población controla el noventa y nueve por ciento de esa misma riqueza. No podemos decir que hay igualdad económica en esta gran nación.

Hay varias formas de medir la igualdad en una nación; entre estas está el coeficiente (porcentual) de Gini. El autor piensa que la desigualdad crece en forma y fondo a través del tiempo, y el resentimiento también aumenta en proporción distinta al crecimiento de aquella. Y este resentimiento carga la bomba de tiempo de la que Bernie Sanders tanto habla. Los Estados Unidos es uno de los países con más alto porcentaje de desigualdad.

La distribución de la riqueza de un país es un concepto mal entendido. El autor considera que no es necesario quitarles a los ricos para darle a los pobres no se trata de crear una nación-Robin Hood. La distribución se hace del presente para el futuro. Y el gobierno prepara a los ciudadanos de su pueblo para competir, estableciendo normas y formas igualitarias para que los ciudadanos participen en la competencia mientras normalizan el enriquecimiento, todo en aras de la igualdad de acuerdo al Artículo Único de la constitución –*formar una Unión más perfecta...* [y demás]–.

Tercera lección: Corrupción, abuso de poder y autoridad

La corrupción, el abuso de poder y autoridad es una endemia que no se debe tolerar. Decir que es una endemia es generosidad; en verdad debiera decirse es una pandemia que ocupa el mundo en todos sus ámbitos: social, político, y económico. Los tres términos, corrupción, abuso de poder y abuso de autoridad son actitudes que el hombre arrastra consigo desde su inicio tiempo. Es prácticamente el *modus vivendis* del hombre en las sociedades modernas, al punto que las sociedades la aceptan como norma estándar de comportamiento.

Corrupción

¿Qué es la corrupción en sí? [123] Para el autor es una actitud del hombre que rompe el orden del comportamiento esperado por la existencia. El hombre debate su comportamiento entre dos alternativas en cada pensamiento, decisión y acción que toma. Es una acción moral y de conciencia que el hombre asume al escoger entre el bien y el mal, lo justo e injusto, lo correcto e incorrecto. Y sin importar las influencias externas, las influencias internas son siempre responsabilidad del hombre, porque la decisión del mismo está basada en estas influencias internas. El paso deseable de la existencia es el comportamiento para y por el bien, lo justo y lo correcto.

Benjamín Franklin entendió bien el fenómeno de la corrupción y predijo la necesidad de actualizar la Unión a un estado más alto de perfección por motivos de la corrupción. La corrupción en el ámbito político alienta y predispone el abuso de poder y autoridad, que en la mayor parte de los casos es para lograr beneficios personales o de grupos específicos. Se puede decir que el abuso de poder y autoridad son descendientes de la madre corrupción. De modo que al eliminar la corrupción de hecho se eliminan los abusos de poder y autoridad. En verdad las reformas a la constitución deben enfocar como asuntos principales la reducción, eliminación y seguro de no permitir que ocurran en el futuro. Mientras el pueblo no exija y el gobierno no implemente estas medidas la Unión corre los riesgos de su auto exterminación, como ha sucedido con otros grandes imperios registrados en la historia. El imperio otomano, persa, griego o romano.

El autor encuentra en el Internet una definición que en parte dice, *"La corrupción suele estar relacionada en el imaginario popular con el mundo de la política y el enriquecimiento ilícito, es decir, con el dinero, pero no solo con eso. La corrupción aplica a muchas instancias. Por ello, existe corrupción política, corrupción económica, corrupción sexual, etc. Esto se debe a que los dos grandes factores de intercambio*

---

[123] https://www.significados.com/corrupcion/

que movilizan la corrupción suelen ser el dinero, el poder y el sexo". [124]
El autor mantiene que la corrupción nace del ego humano cuando
la conciencia pierde el control del comportamiento del ego. Es decir,
la corrupción se refleja en la acción, visible-tangible, del hombre,
pero es producto de su ego. La endemia de la corrupción es lo que
la constitución debe atacar con una reforma a la constitución con
carácter de urgencia.

Abuso de autoridad

¿Qué es el abuso de autoridad? El termino autoridad implica,
necesariamente diferencias jerárquicas en una estructura social,
política y o económica; donde una persona en un peldaño más alto está
a cargo o es responsable de otras personas en posiciones, o peldaños,
más bajos, que son sus subordinados. El abuso de autoridad, como
derivativa de la corrupción, se encuentra por los ámbitos o estructuras
mencionadas. Pero para el asunto que nos concierne, la política,
enfocamos el tema al sector gobierno. Es decir, el uso de la autoridad
conferida a un representante del pueblo para beneficios personales o
de un grupo de personas de su escogencia, sea esta actitud aplicada
al uso de los recursos y o al sometimiento de personas subordinadas
para realizar actos ilícitos para y de conveniencia propia. Hemos visto
el comportamiento de Donald Trump ordenado a sus subalternos
a alterar, destruir, o esconder información y o documentos.
Información y o documentos importantes en la investigación
perseguida por investigadores independientes o públicos. Así como
también fue abuso de autoridad obviar procedimientos necesarios
para la contratación de parientes cercanos a puestos bajo su cargo.

Abuso de Poder

El poder es la libertad y responsabilidad de decisión, acción y
jurisdicción otorgado a una persona, el apoderado, para ejecutar en
representación de otra, una o más personas o un pueblo, el otorgante,

---

[124] https://www.significados.com/corrupcion/

la voluntad, deberes y atribuciones, de conformidad con los intereses del otorgante. Las definiciones de abuso de poder son consistentes, tal vez con ciertas variantes, pero coinciden en que es el uso del poder conferido en la descripción de un cargo, en este caso en la gerencia pública, es el uso excesivo, incorrecto, injusto e indebido con respecto a la descripción del cargo y en violación a los derechos naturales y o positivos de los ciudadanos que representan, el otorgante. Hay ciertas acciones típicas que resaltan entre muchos que tienen el mismo fin u objetivo. Por ejemple estos.

(1) *Una autoridad hace uso del poder que detenta y obliga a un subordinado a hacer cosas que no les compete a sus tareas bajo amenaza de castigarlo o privarlo de algo.* (2) *una autoridad, superior o dirigente sobrepasa el ejercicio de sus funciones exigiéndole a un subordinado, a partir de amenazas como ser la pérdida del empleo o de cualquier otro beneficio, que realice determinadas acciones o actividades que no se encuentran entre las que debería desarrollar.* (3) *cuando una persona accede a un cargo de importancia que le permite tomar ciertas decisiones y disponer de otras, es común que utilice esa influencia y poder que le da su cargo para someter a sus subalternos y obligarlos a realizar determinadas actividades con la misión de satisfacer sus intereses personales y que nada tienen que ver con las funciones para las cuales fueron contratados.* [125]

En todo caso el abuso del poder conlleva una coacción obvia de un resultado esperado, y es casualmente ese resultado lo que pone en evidencia la intención de la coacción. También, puede considerarse abuso de poder, la búsqueda, selección y postulación de una persona a un cargo para que esa persona actúe en beneficio personal de la persona que la contrata, haciendo trabajos no especificados en la descripción del puesto. Así mismo, cuando la persona en un puesto, con autoridad y poder, usa los recursos incluidos para ese puesto para realizar trabajos con el fin de lograr beneficios personales y no de quien o quienes le otorgan el cargo.

La constitución debe reformarse con una enmienda de ética y transparencia nacional cubriendo el comportamiento de los funcionarios, elegidos o asignados a puestos en el gobierno y en

---

[125] https://www.definicionabc.com/derecho/abuso-de-poder.php

entes autónomos, incluyendo servicios públicos. Esta reforma debe estipular claramente y sin dudas en su propósito, tipificación de delitos y penas por violaciones encontradas ciertas.

El perfeccionamiento de la Unión como lo declara la constitución en su Artículo Único, no puede nunca alcanzar ese estado no se elimina la corrupción, aunque se realice una revolución cada doscientos años tal como lo anticipo Benjamín Franklin en el 1776. Ahora regresemos a la cuestión constitucional.

Cuarta lección: Separación de los poderes del estado

En cuanto a la separación de poderes, ya hemos mencionado algunas ideas anteriormente; sin embargo, cabe mencionar lo siguiente. (1) mientras un poder tenga injerencias directas en la estructuración o formación, incluyendo la nominación de entes a los otros poderes del estado, no estará completa, ni será efectiva la separación de los tres poderes. Este es el caso de la autoridad y poder otorgados al presidente de la república para escoger y nominar candidatos a la corte suprema de justicia y jueces de las cortes federales, siendo que el poder judicial es una rama independiente, autónoma o separada del y en la estructura del gobierno. Se debe recordar que el principio fundamental fue que la estructura de un gobierno con la separación de sus tres poderes tiene la intención de prevenir la corrupción o la posibilidad de este en la gestión del gobierno republicano.

La constitución necesita una reforma para, hacer en realidad una Unión más perfecta, separar totalmente los tres poderes del su estado. Mientras esto no suceda la manipulación política por parte del ejecutivo en turno tomara ventajas de esta anomalía constitucional, satisfaciendo sus intereses partidaristas como se vio en los casos de los nominados a la corte suprema, Neil Gorsuch, Brett Kavanaugh. En estos tiempos cuando la corrupción es alta y el *modus operandis es "yo te hago un favor y vos me lo pagas con otro más adelante", el poder de nominación de jueces federales y magistrados de la suprema se presta al juego político corrupto.* Es decir, que, desde el punto de vista partidarista, entre más jueces federales y magistrados de la corte suprema de justicia sean nombrado por presidentes de un partido político, más control tiene ese partido en la gestión de la justicia. Entonces también la entrega de la justicia se corrompe.

Quinta lección: Vigencia del Colegio Electoral

El principio fundamental de una democracia existe en la soberanía popular. Y en la opinión del autor entender los principios fundamentales de la democracia es esencial para ver la efectividad del colegio electoral. El departamento de Estado de los Estados Unidos nos da pautas a seguir en este tema. [126] Este articulo expone que es la gente del pueblo quien mantiene el poder soberano sobre su legislatura y gobierno. Es decir, el poder y la responsabilidad civil la ejercitan los ciudadanos directamente o a través de representantes electos. Según el artículo, la democracia es la institucionalización de la libertad, en la cual la regla de la mayoría rige el desenvolvimiento democrático, mancomunado con el individuo y los derechos de la minoría. Desde este punto de vista, la mayoría de los votos, en una elección popular, debe, de hecho, ser método democrático que elige un candidato a un puesto público como el presidente. El sistema de un colegio electoral coarta ese derecho del voto popular y directo para elegir a su presidente. El sistema ya ha fallado en ciertas ocasiones, es decir no pasa la prueba de inefabilidad, porque su resultado altera la voluntad del pueblo. Hay un caso en las elecciones de 1776 y otro en las elecciones de 2016, cuando el colegio electoral a un candidato que no obtiene la mayoría de los votos del pueblo. Es decir, el colegio electoral obvia el principio democrático de la regla de la mayoría. El concepto de elección por medio de la representación electoral del pueblo viola la constitución si el colegio electoral no acata la voluntad de la mayoría popular. La reforma a la constitución, tal vez, no deba ser la eliminación del proceso colegiado pero este proceso debe ajustarse a la regla de mayoría democrática. En todo caso el proceso procedural del colegio debe enfocarse en verificar y autenticar la legitimidad y el conteo de los votos y votar a favor de la mayoría. De otra manera no

---

[126] https://asmarino.com/articles/1442-principles-of-democracy

es el pueblo quien elige a su presidente sin los delegados al colegio electoral según el criterio personal de ellos. Y esto no es democracia.

Sexta lección: Fallas del sistema económico

El autor no encuentra anomalías intrínsecas en el concepto de la libre empresa. Es parte de la forma natural de vivir en la relación humana, y cae dentro del libre albedrío del hombre; o sea su derecho a escoger su relación comercial y económica con los demás hombres. Y la decisión de formar empresas en su ámbito de vida también es parte de su derecho natural de la Vida. EL autor no encuentra discrepancias con la forma de intercambiar bienes y servicios con los otros hombres en la (o las) sociedades que lo rodean; también es la forma natural de buscar su bienestar individual. Y de esta forma de vivir, nace la necesidad de producir y crear servicios para agilizar el intercambio interpersonal. De modo que las empresas y el mercado libre son partes intrínsecas de la forma de vivir del hombre. Y todo esto garantiza el bienestar general y se resume en la frase del párrafo segundo de la declaración de independencia que dice, *que todos los hombres son creados iguales, que son dotados por su Creador con ciertos derechos inalienables, que entre ellos están la Vida, la Libertad y la búsqueda de la Felicidad".*

Esta es la razón por lo que el gobierno no debe intervenir, o coartar esos derechos y libertades y tampoco manejar los asuntos individuales y privados de los ciudadanos.

En cuanto al concepto de capitalismo, muchos aseveran que el capitalismo es un orden social y económico que opera dentro del ámbito de una nación (la soberanía nacional) por escogencia y volición de la soberanía popular (el pueblo). En realidad, no es un sistema social, más bien es un sistema mercantilista bajo el concepto de la acumulación de riqueza u la comercialización de lo que pueda convertirse en productos o servicios. No es social porque no se preocupa ni le interesa el bienestar popular solo el afán, sin límites, de lucro. Es decir, el pueblo permite, y de hecho hace, que el gobierno tolere la operación privada de las empresas y el mercado libre. El capitalismo nace con el usufructo de la propiedad privada, y la propiedad privada es parte del derecho a la vida de los hombres. Hasta aquí, el autor no encuentra nada anómalo en el concepto capitalismo; más bien sostiene que el capitalismo es el instrumento que facilita la relación comercial natural libre entre los hombres. No es nada nuevo porque ha existido casi desde el principio de la humanidad en diferentes formas. El análisis del concepto obviamente parte con la revisión de los principios básicos del capitalismo. Estos principios pueden resumirse en unos cuantos suficiente para pintar la imagen del orden económico.

Tomamos de la referencia al pie de página algunos de esos principios. [127]

(1) El afán de lucro. −¿Qué es el afán de lucro? "Es el deseo de las personas de acumular la mayor cantidad de capital y recursos que puedan gastando la menor cantidad de esfuerzo o recursos… *incluye a los capitalistas que deciden invertir su capital y recursos con la esperanza de recibir una gran devolución, y… a los trabajadores que trabajan para otra persona con el deseo de ganar dinero para sí mismos".*

(2) La Competencia y la supervivencia del más apto. La verdadera competencia solo es entre las empresas privadas que disputen la escogencia del consumidor de los productos y servicios que el mercado libre ofrece. Los factores de esta competencia son la calidad, el precio, la durabilidad, la prontitud de entrega, la flexibilidad de la transacción, entre tantos otros. Dicen que la competencia es saludable; más solo lo es cuando dicha competencia es leal.

(3) La oferta y la demanda. Puede que la oferta y demanda sea una función natural de la relación comercial entre los hombres. Puede ser que esta cupla impulse la producción para satisfacer la demanda siempre y cuando la demanda sea espontánea y natural; el problema es que la oferta es manipulable al gusto y antojo de la empresa privada.

---

[127] https://www.ehowenespanol.com/cuales-son-principios-basicos-del-capitalismo-info_427737/

Los tres principios mencionados arriba representan el fundamento del concepto del capitalismo. Pero el autor nota ciertas incompatibilidades entre esos principios del capitalismo con el compromiso escrito en el contrato social que los representantes reciben del pueblo para administrar su gobierno central. Siendo además que ni la constitución ni sus enmiendas estipulan o legislan la forma de vida que los ciudadanos desean vivir; y que la escogencia de su sistema económico es parte de su vida privada; y siendo que la constitución es la ley máxima y nada ni nadie puede estar sobre la ley, considera que el compromiso de los gobernantes primeramente es con el mandato que le da la constitución; entonces, el gobierno no recibe autoridad ni poder de intervenir, de ninguna forma en la vida económica de los ciudadanos... y la escogencia del sistema económico es un asunto privada fuera de la constitución y por tanto es un derecho de los estados o del pueblo. El autor sostiene que la aplicación del capitalismo en la democracia de la Unión Americana tiene serios inconvenientes o incompatibilidades con el espíritu y letra de la constitución, o sean sus compromisos para con la soberanía del pueblo.

(1) Salvaguardar sus derechos. El gran compromiso del gobierno de los Estados Unidos es con el concepto de *"que todos los hombres son creados iguales... dotados por su Creador con ciertos derechos inalienables de los hombres, entre ellos están la Vida, la Libertad y la búsqueda de la Felicidad"*.

(2) Mantener y mejorar la Unión. La constitución ordena e instaura un gobierno por la voluntad del pueblo con el *"fin de formar una Unión más perfecta, establecer la justicia, garantizar la tranquilidad nacional, tender a la defensa común, fomentar el bienestar general y asegurar que los beneficios de la libertad para nosotros [el pueblo] y para nuestra posteridad..."*.

(3) Protección de la soberanía popular. Por lo tanto, y para cumplir con sus compromisos de gobernación quedan obligados a regular la formación y operación de la empresa y mercado libres para garantizar que ese sistema económico

no infrinja, coarte, estruja o de cualquier manera limite, prevenga, reduzca o elimine, los derechos naturales y positivos, el bienestar general, y o prevenir que los ciudadanos gocen los beneficios de su libertad. El autor considera que el afán de lucro puede mover a la empresa privada a crear e implantar métodos de competencia desleal y manipulación de la oferta bajo tendencias egoístas, de codicia y avaricia con el fin de enriquecimiento deshonesto. El gobierno no puede ni debe permitir la formación de grandes imperios económicos, como monopolios, que restrinjan la competencia en igualdad de condiciones. El gobierno debe fomentar la creación de pequeños comercios e industria con toda la libertad.

El capital humano. Hay varias definiciones del capital humano. El gobierno es responsable de mantener la unión de los estados norteamericanos de acuerdo con el espíritu y letra de la constitución que representa la soberanía popular —la voluntad del pueblo—. De acuerdo con el espíritu y letra, detallados en el texto de la declaración de independencia, el gobierno no tiene autoridad ni poder para cambiar la intención y propósito de la voluntad del pueblo; aunque sea un derecho privado individual escoger la forma de vivir y debe actuar de conformidad con Articulo Único (el preámbulo) que dice *"establecer la justicia, garantizar la tranquilidad... fomentar el bienestar general y asegurar los beneficios de la libertad para nosotros (el pueblo) ... "* Es por esto que el capital humano debe tratarse con justicia como parte intrínseca del bienestar general, porque es consecuencia directa de los beneficios logrados con la libertad de la opresión y explotación monárquica, en 1776. En otras palabras, el gobierno, debe evitar que la explotación de cualquier forma del hombre por el hombre continúe. El autor considera que el capital humano proviene de la inversión del trabajo del individuo para acumular conocimiento, construir habilidades y establecer experiencia. Por tanto, el capital humano es privado y con características de producto o servicio que se intercambia con capital-dinero, usualmente. Este capital tiene la capacidad de producir o servir, y crear riqueza tanto para el dueño del capital humano como para terceras personas de empresas privadas. En este contexto, cada individuo es una libre empresa privada que ofrece su capital humano en forma de conocimiento, habilidades y experiencias en el mercado libre a empresas privadas. Las mismas formas de protección y apoyo que el gobierno otorga a la empresa privada debe apoyar y proteger al pequeño propietario de la empresa de producto único, el capital privado, no solo por empresario privado en la economía, sino porque el gobierno tiene el deber primordial de proteger a cada individuo del pueblo. Pero leamos y comentemos un artículo referente al capital privado tomados del Internet; por ejemplo,

Primer artículo –*"El capital humano es el más importante dentro de una organización y se remite a la productividad de los trabajadores en función de su formación y experiencia laboral.*

El autor considera, como de hecho es, que el capital humano no es productividad acumulada de los trabajadores de una empresa. El capital humano tampoco es activo circulante o fijo de una empresa. El artículo sigue diciendo.

–En oportunidades, se usa el término capital humano para señalar los recursos que tiene una empresa, de sus competencias que derivan en una mejora general de la producción, esto viene dado al viejo concepto que colocaba al capital humano como factor de producción y no haciendo énfasis en la formación del mismo… Se trata de una medida para valorar económicamente las habilidades profesionales que posee una determinada persona. El capital humano es solo, y única, propiedad del individuo que ofrece a la empresa privada por un monto acordado en un contrato. El propietario de tal capital se reserva el derecho natural de retirarlo en cualquier momento, si es su deseo, porque el capital humano no es un factor de producción que queda enclaustrado en el producto o servicios de la empresa contratante. El capital humano no es recurso de una empresa privada que lo contrata, como no es propiedad de la empresa el servicio de transporte que contrata para sus fines. En realidad, el valor del capital humano individual está en su capacidad de contribuir en producir, productos y servicios, para cualquier empresa privada que lo contrate. El artículo sigue diciendo.

El factor de producción del trabajo también es tomado en cuenta en este capital, pues estas no son más que las horas que dedican las personas a la producción de servicios y bienes. El capital humano de un sujeto determinado se calcula de acuerdo al valor actual de todos los beneficios que espera recibir esa persona por las actividades laborales que realice hasta que, finalmente, decida dejar de laborar. Si se suma esto con el capital financiero, representa la riqueza total de una persona.[128] La definición de este artículo se aleja del significado intrínseco del capital humano. Ninguna empresa contratante valora el capital humano individual por la cantidad de horas laboradas sino por la calidad y cantidad de productos y servicios que el capital humano individual produce en esas horas. Claro que la empresa contratad contabiliza en sus libros, en la cuenta de labores, la cantidad pagada por horas trabajadas al precio por hora contratado con el dueño del capital humano. Vaya la casualidad que el capital humano no aparece en las cuentas de circulantes como créditos a las cuentas de banco, sino que aparecen como salidas en las cuentas de gastos. La empresa privada contratante del capital humano no le interesa, o no está interesada, en el beneficio financiero en cuanto al estado financiero del contratado se refiere. Nadie sabe la situación del dueño del capital humano ni mucho menos si lo que recibe por su esfuerzo le da suficiente para vivir. Pero el gobierno responsable del bienestar general y la búsqueda de la Felicidad debe preocuparse de que el capital humano obtenga el precio o valor justo de acuerdo al costo de vida, más la productividad en el medio de producción de productos y servicios que benefician económicamente a la empresa contratante. Por otro lado, el dueño del capital humano no está preocupado en calcular el beneficio económico al final de su vida productiva, solo vive preocupado porque no le falte el trabajo y esta actitud se debe a que los niveles de sueldos y salarios no son suficientemente justos o altos para generar ahorros significativos que contribuyan a su acumulación de riqueza individual. Es el gobierno responsable de la tranquilidad nacional, del bienestar general, y asegurar que los beneficios de la libertad lograda sean para el ciudadano y o el pueblo.

---

[128] https://conceptodefinicion.de/capital-humano/

Leamos otro artículo sobre este tema del capital humano.

Segundo artículo. – *El capital humano es una medida del valor económico de las habilidades profesionales de una persona. También se conoce… capital humano al factor de producción del trabajo, que son las horas que dedican las personas a la producción de bienes o servicios. El capital humano de una persona se calcula como el valor actual de todos los beneficios futuros que espera obtener esa persona con su trabajo hasta que deje de trabajar. Esto sumado al capital financiero representa la riqueza total de una persona. Al ser una cantidad futura, el capital humano es mayor cuanto más joven es una persona, ya que una persona mayor ya ha obtenido esas ganancias y las ha consumido o las ha ahorrado, formando ahora parte de su capital financiero. La cuantía de capital humano no es la misma durante toda la vida y se va reduciendo según van pasando los años, sino que puede aumentar mediante la inversión. La educación, la experiencia y las habilidades de un empleado tienen un valor económico.* [129]

La perspectiva de este segundo artículo es interesante pero no encaja con la naturaleza del capital humano. En primer lugar, el capital humano no es una métrica, o instrumento, para medir el valor económico del capital humano, por un lado y por otro el capital humano no es solo de los profesionales sino de todos los niveles laborales. Además, el capital humano no es factor de producción calculado en horas de servicio sino en la productividad que logra en las horas trabajadas. La empresa contratante no se preocupa tanto por horas laborales sino por las unidades de producto o servicios que el capital humano produce, porque la empresa contratante deduce el retorno de la inversión por unidad de las unidades producidas. Para el hombre dueño de su capital humano solo tiene en mente el valor presente del ingreso que obtiene de su contrato de trabajo; así que el concepto de valor actual en la definición es solamente un espejismo económico sin asiento en la realidad financiera del dueño del capital humano. Este articulo aduce que la riqueza del individuo dueño del capital humano es un capital financiero; este concepto es otro espejismo del capitalismo vista como posible capital monetario

---

[129] https://economipedia.com/definiciones/capital-financiero.html

que un individuo puede ganar en los años que le queda de su vida productiva. Ese capital financiero aludido es ficticio o irreal porque no existe; es hipotético, especulación, una ilusión o un engaño. En realidad, el capital es la capacidad que tiene un individuo para crear productos y servicios, con calidad y en cantidad, en un tiempo dado. Esta capacidad se funda en el conocimiento, habilidades y experiencia del individuo. Y el individuo invierte tiempo y capital-dinero para lograr y o actualizar su conocimiento, habilidades y experiencia en el tiempo adecuado. El valor del conocimiento, las habilidades y las experiencias integradas hacen un producto comerciable que garantiza la creación de productos y servicios para una empresa pública o privada. Este valor debe ser precisamente calculado por peritos en esta materia dándole el valor meritorio en el mercado libre. El gobierno es responsable de establecer una escala de valores del capital humano que deje margen de utilidad (como retorno de la inversión para acumular el capital humano). El capital humano debe ser libre propiedad de una empresa privada individual que da en arriendo su capital en forma de servicio. El gobierno tiene la responsabilidad de proteger estas pequeñas empresas libres individuales como parte de la búsqueda de la Felicidad y del bienestar general y tranquilidad nacional, legislando la forma de contratación justa que beneficie mutuamente al pequeño empresario contratado y al contratante. Entonces diremos que el capitalismo llegó a su etapa de máxima donde todas las empresas siguen su afán de lucro, incluyendo los pequeños empresarios.

El balance económico. La responsabilidad de los gobiernos central y locales (los estados) cubre el fomento del bienestar general; y dentro de este bienestar está el desenvolvimiento económico de los ciudadanos y del pueblo en general sin intervenir en operación de la industria y o comercio de la empresa privada en el mercado libre. Pero dentro del bienestar general y la búsqueda de la Felicidad, el gobierno es responsable de velar y defender la vida igualitaria, promoviendo la igualdad de oportunidades y la justa competencia lo que da la tranquilidad nacional. El gobierno no debe limitar ni la libertad acción ni la capacidad productiva de la empresa privada, incluyendo las empresas unitarias (individuales), pero debe prevenir el crecimiento de las empresas a niveles monopolistas o alcanzar niveles de influencias económicas que eliminen la justa competencia en el mercado libre.

Administración de pequeños negocios (SBA, siglas en inglés). Podemos representar el bienestar general económico en tres bandas. Una banda de la clase alta, una banda de la clase media y una banda de pobreza. Y podemos clasificar estas bandas jerárquicamente en sub bandas dentro de cada una de esas tres. Entonces la banda por encima de la banda de la clase media crece a un ritmo lento, es una banda de amplitud delgada. Ahí la población aumenta casi imperceptible o no crece, pero los ricos de esa banda se vuelven más ricos. Es la banda que acumula la mayor parte de la riqueza de la nación. Y por el principio del afán de lucro (muchas sin control, desmedido, ávaro y egoísta) la riqueza no se cuela como muchos piensan hacia abajo para las clases media y pobre. La fluctuación de la amplitud de estas bandas implica prosperidad y abundancia o miseria y pobreza. La banda de la clase media refleja la condición general de un país. Es decir, cuando esta banda es ancha sugiere que la gente pasa de la banda de pobreza a la banda de la clase media. La economía en tiempos de depresión o recesión causa la migración económica masiva está en la línea limítrofe entre la clase media-baja y la banda de pobreza. La gente pasa esa línea de acuerdo al vaivén de la económica nacional o estatal. El gobierno central que tiene que velar por *"el bienestar general, garantizar la tranquilidad nacional, establecer la justicia, y asegurar los beneficios de la libertad para nosotros (el pueblo)"* debe indicar las pautas económicas para que los estados y o el pueblo experimente con los derechos que fueron incluidos en la constitución, pero que el ejercicio sin medidas afecta los mandatos constitucionales.

Séptima lección: Deficiencia constitucional

La constitución tiene sus fallas, y fue por esto que los fundadores escribieron sabiamente manejar la nación *"a fin de formar una Unión más perfecta,"*); varias de estas fallas ya hemos mencionado en páginas anteriores. Solamente agregamos que es responsabilidad del gobierno perfeccionar la Unión a través de la constitución.

Octava lección: Proceso de destitución

Hay una gran falla, sin embargo, que debemos mencionar, por el peligro que corre la nación si no se aclara la razón, delitos, procedimientos, y sentencias del proceso de destitución política. En la situación presente, los delitos, proceso de cargos, proceso de juicios, incluyendo la tipificación de los delitos y sus consecuencias debe quedar claramente establecidos. De tal manera la intención de la constitución no queda sujeta a interpretaciones caprichosas que benefician a quienes cometieron el delito, quebrando el concepto que nadie está por encima de la ley.

Novena lección: Juicios Políticos

Articulo I, Sección 2, párrafo 5.). Dice, *"La Cámara de Representantes tendrá la absoluta facultad de presentar cargos en Juicios Políticos".* Pero la constitución no define o tipifica los delitos a que los juicios políticos se aplican. La falta de claridad abre puertas a interpretaciones de la acusación y de la defensa que impiden la aplicación de la ley con justicia. Consecuentemente, permite que cualquier funcionario puede cometer delitos punibles y esconderse detrás de esa penumbra de la constitución. Sabemos que no se puede acusar a nadie por lo que la ley no prescribe; es por eso es que el espíritu y letra de la constitución debe aclararse.

Sección 3, párrafo 6.: Dice, *"El Senado será el único facultado para juzgar Juicios Políticos".* De modo que la responsabilidad de acusar, y procesar juicios políticos con la única consecuencia de destituir un representante del cargo público al cual fue electo. Pero la constitución no define una metodología standard del senado para procesar al acusado por los cargos que se le imputan. La falla de esta disposición permite que el partido político con la mayoría en el senado redacte sus propias reglas del juicio, en todo caso, para seguir un proceso que favorezca al acusado —esto es lo que sucedió en el caso de destitución política de Donald Trump—.

La ética y transparencia en las gestiones administrativas en el gobierno promueven la Tranquilidad nacional y fomentan el bienestar general. Es necesario que la constitución liste y tipifique los delitos de todos los tipos y categorías para la presentación de cargos y acusación en la casa de representantes; es necesario que el congreso defina claramente el proceso legislativo que se seguirá en estos casos. Solo de esta manera el poder legislativo no podrá poner los acusados por encima de la ley, de la constitución y de la soberanía popular, por beneficios partidaristas.

Requisitos al puesto de presidente y vicepresidente

La sección 1 del Articulo II solo pone como requisitos, la ciudadanía, edad y residencia del candidato. Estos requisitos hacen posible que personas sin calificaciones, conocimiento, habilidad o experiencia, puedan ocupar cualquiera de estos dos cargos, críticos para la soberanía, seguridad nacional y bienestar general y o mantener la defensa común. El pueblo pone en manos del presidente su salud, seguridad, tranquilidad, paz, y bienestar general, además de las libertades del pueblo. La constitución falla en establecer los requisitos de los puestos a presidente y vicepresidentes; fomentando el riesgo de que un autócrata sea electo y se constituya en dictador. El cargo a la presidencia no es un juego a la ruleta rusa. Por eso la escogencia y elección del candidato debe ser estricto. Es decir, la democracia (el voto) cumple con su deber de elegir, pero la parte legislativa falla al no establecer los requisitos mínimos para optar el puesto de presidente o vice presidente. Además, siendo que el vicepresidente esta para llenar el puesto de presidente, cuando sea necesario, las credenciales del vicepresidente también deben satisfacer los requisitos del cargo para ser elegido por el pueblo. La constitución debe sancionar que todo candidato a puestos públicos, incluyendo al presidente y vicepresidente, debe presentar sus credenciales antes de postularse como candidato para un puesto público. Así también debe establecer que todo candidato al cualquier puesto público, incluyendo al presidente y vicepresidente deben someter su estado financiero y declaración de impuestos de los últimos diez años. Todos los candidatos a un cargo público, incluyendo al de presidente y vicepresidente, deben presentar sus credenciales al suscribir su nombre como candidato a un puesto público y la cámara de representantes debe revisar y aprobar esas credenciales de acuerdo a los requisitos del puesto para cada candidato antes comenzar su campaña y de ninguna otra manera puede ser candidato.

Poderes otorgados al presidente

La constitución sanciona en el Arto. II, sección 1 los poderes otorgados al presidente de la república. Sin embargo, hay sombras legales que el presidente Trump interpreta y aduce como poder y autoridad absoluta para hacer lo que él quiera hacer. Estos es una falla constitucional que debe estudiarse y enmendar a la mayor brevedad posible.

Hay otras fallas más que son evidentes y requieren debida atención. (1) Perdón: Esta falla es el poder otorgado al presidente de perdonar criminales culpables ante la ley por las cortes de justicia. Se dice que nadie está por encima de la ley, pero el hecho de perdonar a un culpable implica que el presidente (o gobernador) está por encima de la ley, de los jueces y de las cortes con poder de anular la decisión de una corte —una característica de los monarcas y dictadores—. Da la impresión que el presidente y los gobernadores aún tienen poderes absolutos de monarcas, tomando una position de juez sobre los jueces, y jugar con la justicia —que bien puede ser con fines mal intencionados—. Esta facultad trae la posibilidad de que la justicia se corrompa y se use con fines lucrativos. La acción de perdón de los gobernantes es una acción autócrata fuera de la Justicia y se presta a la corrupción, ignorando el dolor y el sentimiento de los damnificados por crimines del individuo que es perdonado.

Otros altos crímenes y delitos

Uno. Acciones que pueden juzgarse como actos criminales en cortes normales deben ser altos cargos políticos. La malversación de fondos del erario público con fines de lucro, que son comprobados deben ser altos delitos criminales; por tanto, deben tipificarse como serios cargos de una acusación y juicio de destitución política. Delitos como abuso sexual, asalto y o violación deben ser cargos criminales cuando son repetitivos con intención obvia y comprobada y también deben incluirse como alto crímenes en la lista de cargos en un juicio de destitución política. Hemos visto que altos funcionarios en los poderes del Estado cometieron delitos del tipo mencionados en este párrafo en los Estados Unidos.

Dos. El nivel del carácter moral de los líderes de la nación debe ser alto, manteniendo el carácter ético y transparente de la actuación del gobierno para servir de ejemplo a la ciudadanía. De otra manera América es un país más del tercer mundo donde las leyes no cuentan y la justicia no existe. Hemos visto como William P. Barr, el Procurador General de los Estados Unidos llega a ser el abogado personal del presidente D. Trump, y un Secretario de Estado, Mike Pompeo, se vuelve el consejero protector del presidente Trump. Esto es corrupción al aire libre. La corrupción no nació con Trump, viene creciendo desde hace tiempo, pero con el presidente Trump salió de la clandestinidad a la luz pública sin importar que piensa y dice el pueblo.

Lo anterior es parte del gran espejismo, la realidad virtual, en que el pueblo vive. De ese espejismo nace la desconfianza del pueblo, o sectores del mismo, con respecto a los tres poderes de su republica soberana y a su democracia. La desconfianza nace de la actuación del gobierno, de la calidad moral, ética y profesional de los funcionarios representantes del pueblo. Este es el punto de este libro, exponer el espejismo social, político y económico de la nación. Un espejismo distante al sueño de los fundadores de los Estados Unidos de América. Y es deber y derecho del pueblo restaurar la nación al curso deseado para *formar una Unión más perfecta*.

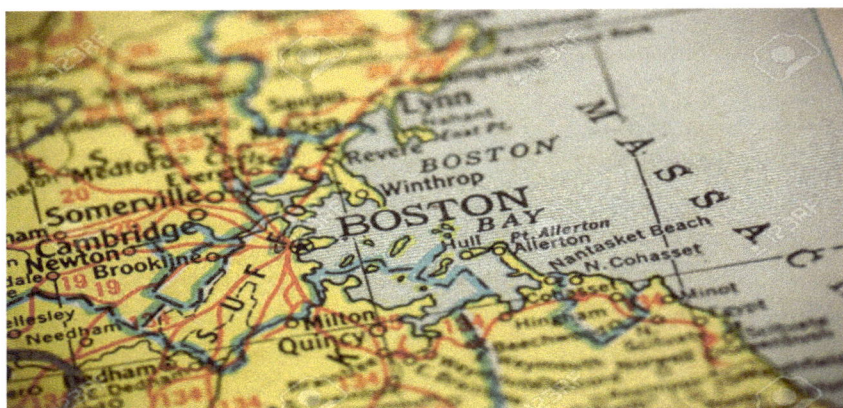

La petición de enmiendas es un derecho ciudadano.

EPÍLOGO

La existencia sigue una secuencia de cambios. Así vemos la vida entre cambio y cambio, imperceptibles. Y todos los sistemas, cerrados o abiertos, también siguen sus cambios. La mente cambia con nuevos conocimientos y las actitudes como las perspectivas de la vida no escapan ese proceso natural. La Unión de los Estados Unidos es un sistema bajo el mismo proceso, aunque más complicado por estar bajo el manejo y control de seres humanos. Y en su comportamiento depende del comportamiento de los hombres dentro de su ámbito.

La existencia otorga la vida a cada ser viviente al nacer —que no es una escogencia del individuo, sino el resultado de condiciones y circunstancias que la existencia maneja—. Y con el derecho a la vida, cada ser viviente, los humanos, por ejemplo, tiene el derecho nato de tomar del universo lo que necesita para vivir y mantener su vida material. La existencia no concede a nadie poder o autoridad para suprimir ese derecho natural, de vida, a ningún otro hombre, —o ser viviente—. Consecuentemente, ningún hombre recibe autoridad, —o supremacía sobre otro hombre—, para reducir, prevenir, o eliminar esos derechos naturales del hombre. Así mismo, la escogencia de formar grupos, comunidades, etc., por los propósitos que sean, es un derecho nato del hombre. Pero en esa escogencia, el hombre, voluntariamente, cede parte de aquellos derechos naturales a cambio del beneficio, o de los beneficios, que deriva de la asociación con otros hombres. Este es, verdaderamente, el contrato, político-social, que naturalmente nace con la creación del grupo, la sociedad, o un gobierno de la asociación. Y son los mismos hombres del grupo quienes definen, de común acuerdo y aceptan, los términos y condiciones de la agrupación. Son esos términos y condiciones de la agrupación lo que determina el reglamento del manejo o gobierno de dicha agrupación, —que, siendo formada y aceptada por voluntad de los miembros de la agrupación—, ese gobierno, no tiene mayor autoridad ni poder que la autoridad y poder que los miembros, unidos, confieren al gobierno. El gobierno es una extensión de poder limitado, no es generalísimo, derivado del derecho y poder de los miembros de la agrupación. De modo que, no hay mayor autoridad ni poder que el poder del pueblo. Consecuentemente, el poder de cualquier gobierno acordado queda siempre subordinado al poder supremo del pueblo que lo conforma y aprueba.

La declaración anterior, por supuesto, se aplica los principios de la ley natural y enfoca la soberanía popular y nacional anteriormente mencionada. También debemos notar que esta declaración claramente trasfiere el poder al pueblo, *"las bandas políticas que las han conectado con otra"* implica a otra persona que los represente, como son las personas elegidas por escogencia popular para cargos públicos en su gobierno. Así mismo establece, que el poder del pueblo ha sido otorgado por la Naturaleza y el Dios de la Naturaleza, por lo tanto, son inalienables. Es claro que los gobiernos derivan sus poderes del consentimiento del pueblo; y la declaración establece *"Que cada vez que cualquier forma de gobierno se vuelve destructiva de estos fines, es el derecho del pueblo a alterarlo o abolirlo, e instituir un nuevo Gobierno"*; lo cual establece que el pueblo reserva su absoluto deber y derecho de sustituir o cambiar ese gobierno que no cumple con las funciones conferidas por la voluntad del pueblo. También es su deber y derecho *"desechar a ese gobierno, y proporcionar nuevos guardias para su seguridad futura, cuando un largo tren de abusos y usurpaciones, persiguiendo invariablemente el mismo Objeto evidencia un diseño [patrón de comportamiento] para reducirlos bajo el despotismo absoluto"*, siguiendo la prudencia arriba mencionada. Queda claro que el pueblo tiene el deber y derecho de cambiar a su gobierno o miembros de este si no cumpliere con sus deberes y o juramentos de respeto y subordinación al poder del pueblo establecido en su contrato político-social —la constitución—. Esta declaración de independencia es la definición intrínseca de soberanía popular antes discutida.

La constitución delega parte del poder del pueblo a los representantes *"la absoluta facultad de presentar cargos en Juicios Políticos", Artículo 1, sección 2"*. Y los senadores están sancionados con el deber de juzgar al oficial acusado; *"El Senado será el único facultado para juzgar Juicios Políticos".* Sin embargo, ni los representantes ni los senadores tienen autoridad ni derecho de alterar el curso del juicio político, con intención o sin intención, por ventajas o agendas partidaristas. Todo juicio político debe sujetarse exclusivamente a la verdad y evidencias del caso —como sucedió en con la acusación y juicio del presidente número 45 de los Estados Unidos de América—.

En cuanto al comportamiento, eficacia y o eficiencia del gobierno, el autor ha expuesto evidencias de fallas que no se pueden esconder, aunque muchos políticos tratan de minimizar o suprimir las evidencias con subterfugios legalistas. Mas la verdad es única y con el tiempo sale a luz pública. No podemos negar que mucha corrupción en los procedimientos ejecutivos, legislativos y judiciales. Hay muchos intereses partidaristas y personales en la corriente política que arrastran al gobierno, la constitución y la democracia a su destrucción. Hay muchas injerencias de capitalistas poderosos que se infiltran en las tres ramas del gobierno y los hacen inclinarse a favor de ellos y para sus beneficios. Es decir, que el gobierno dejó de ser el gobierno del pueblo, para el pueblo, por el pueblo. El gobierno paso a ser el gobierno de los capitalistas, para los capitalistas, por los capitalistas. La justicia se partió, y hoy se observa una justicia que se aplica de conformidad con el espíritu y letra de la ley, pero solo para los pobres, clase meda hacia abajo, hay otra ley que se ajusta, se dobla, y se esconde a favor de los ricos, poderosos y o famosos. Y aun hay otra ley para los políticos en el poder. Esto no es la constitución, el gobierno, la democracia que los padres fundadores soñaron.

La unión, el gobierno y la democracia esta enferma, padece de una corrupción endémica crónica. Y el gobierno vive cada día mas débil, y llegara el día cuando ya no puede operar y caiga vencido por la enfermedad, partiéndose en cincuenta y dos pedazos, que también están enfermos.

Pero el pueblo aun esta a tiempo de salvar a su gobierno y curarlo de esa endemia. El remedio se llama ética y transparencia, que debemos inyectar en las arterias operativas de los tres poderes y en la sociedad misma porque la corrupción no solo a infectado al gobierno sino al pueblo entero. Debemos reactivar la honestidad y decencia en los jóvenes desde temprana edad a través de la educación y disciplina. Pero los tres poderes del gobierno, especialmente el poder legislativo debe tomar la iniciativa de reforma la constitución haciendo enmiendas efectivas para iniciar la recuperación de la Unión. Debemos mantener al gobierno en observación y control intensivos por un tiempo hasta lograr su total recuperación. Entonces, tal vez, hacemos que la visión de Benjamín Franklin solo sea eso, un visión.

NOTAS FINALES

[i] [https://es.wikipedia.org/wiki/Poblamiento_de_América]

La evidencia irrefutable que había habitantes en el continente americano antes que llegaron los europeos en el siglo XIV y siguientes, trae la pregunta de dónde vinieron. Según estudios arqueológicos construye la leyenda que los primeros habitantes de América llegaron de Asia a través del estrecho de Beringia asentándose en el territorio que hoy conocemos como Alaska, Canadá y los Estados Unidos de América. También es evidente que estos emigrantes asiáticos se extendieron y poblaron todo el continente, hoy conocido como, americano. Y estos inmigrantes fundaron grandes civilizaciones como los aztecas, mayas e incas, además de otras a lo largo de las Américas. El punto no es el origen de esta gente, sino el hecho que existían desde hace unos 20,000 años antes del descubrimiento de América por los europeos. Esta verdad les da el derecho (eminente) de considerar que las tierras de América les pertenecía.

[ii] Corrupción: (1) [www.siginificados.com/corrupción] *"Corrupción es la acción y efecto de corromper, es decir, es el proceso de quebrar deliberadamente el orden del sistema, tanto ética como funcionalmente, para beneficio personal. Además de que el corrupto comete una acción ilegal, también presiona u obliga a otros a cometer tales actos."* Debemos entender que la Unión de los Estados Unidos de América es un sistema de gobierno establecido con un fin especificado en la declaración, en el preámbulo y en el texto de la constitución de esta Unión. Cualquier acto de los representantes electos o no a cualquier puesto público en el gobierno de los Estados Unidos que quiebre el orden de la república y de la democracia es un acto de corrupción perpetrado en contra de la Unión, la constitución y la voluntad del pueblo. Es una traición al juramento tomado al optar el cargo público. *"La corrupción suele estar relacionada en el imaginario popular con el mundo de la política y el enriquecimiento ilícito, es decir, con el dinero, pero no solo con eso. La corrupción aplica a muchas instancias. Por ello, existe corrupción política, corrupción económica, corrupción sexual, etc. Esto se debe a que los dos grandes factores de intercambio que movilizan la corrupción suelen ser el dinero, el poder y el sexo."* El pueblo elige con su voto popular representantes de alto nivel moral y ético, responsables, que se comprometen mediante juramento a cuidar y proteger la constitución, el gobierno, la constitución y la democracia ética y profesionalmente. Por tanto, los factores dinero, poder y sexo deben ser criterios requeridos en las calificaciones de

los candidatos a cualquier puesto público del gobierno. *"En cada país, la ley tipifica claramente las formas de corrupción y establece penas específicas para cada una según el grado. Aun así, pueden existir otras formas de corrupción que no estén contempladas en ella, pero que sí son consideradas formas de corrupción de acuerdo al sistema ético de una determinada cosmovisión"*. La constitución no especifica la corrupción mencionada por Benjamín Franklin por tanto queda afuera del comportamiento de los representantes del pueblo en el gobierno. La inclusión de este concepto delictivo en el articulado de la constitución, principalmente en Articulo I y II es una necesidad legal para perfeccionar la Unión. Algunos de los actos típicos universalmente conocidos son los siguientes, *"(1) Soborno, (2) Desvió de recursos, (3) Enriquecimiento ilícito u oculto, (1) Abuso de poder, (1) Abuso de funciones, (4) Tráfico de influencias, (5) Colusión, (6) Conspiración para cometer delitos de corrupción, (1) Obstrucción de la Justicia, (1) Nepotismo, (1) Uso ilegal de información confidencial o falsa, (1) Evasión de impuestos, (1) Uso de bienes y recursos del gobierno para beneficio personal"*.

iii Abuso de autoridad [www.significados/abuso-de-poder] El abuso de poder (o autoridad) es un acto corrupto por parte de un representante, electo o no, a un puesto público en el gobierno que traiciona la confianza y voluntad del pueblo. Este delito o alto crimen debe incluirse en el articulado de la constitución. La fuente de información citada aquí en esta nota de final dice, *"Abuso de poder es aprovecharse de la autoridad que se tiene para extorsionar a otra persona o entidad con el fin de cumplir sus propios intereses. El abuso es un acto de violación de confianza y el poder es generalmente asociado a la autoridad, a pesar de que no es exclusivo. El poder es una ventaja que se tiene por encima de otra persona. Por ejemplo: el poder de la cercanía de un amigo o el poder de la complicidad de la pareja son poderes no autoritarios"*. El abuso de poder es un alto crimen político cometido en contra del juramento que se toma la asumir un cargo público y contra la confianza y voluntad del pueblo que elige a sus representantes o asignados por los representantes electos.

iv [https://www.significados.com/crimen-organizado]. *"El crimen organizado, también llamado delincuencia organizada, es toda aquella organización compuesta por un grupo de personas con determinadas jerarquías, roles y funciones, cuyo principal objetivo es la obtención de beneficios materiales o económicos mediante la comisión de delitos. Se habla de una delincuencia "organizada" por el hecho de que se trata precisamente de una sociedad o asociación creada específicamente con la finalidad de realizar, de forma concertada y dirigida, acciones de tipo delictual para alcanzar poder económico, político o social. El crimen organizado suele estar constituido por individuos vinculados o cercanos a grupos de poder, razón por la cual sus cabezas logran evitar caer en manos de la justicia"*.

v Grandes filosos y pensadores de los siglos XV, XVI y XVII. Rene Descartes (1596-1650)
https://www.biografiasyvidas.com/biografia/d/descartes.htm
Galileo Galilei (1564-1642)

https://www.biografiasyvidas.com/monografia/galileo/
Immanuel Kant (1724-1804)
https://www.biografiasyvidas.com/biografia/k/kant.htm
Benedict (Barruch) Spinoza (1632-1677)
https://www.biografiasyvidas.com/biografia/s/spinoza.htm
Gottfried Wilhelm Leibniz (1646-1716)
https://www.biografiasyvidas.com/biografia/l/leibniz.htm
Thomas Hobbes (1588-1679)
https://www.biografiasyvidas.com/biografia/h/hobbes.htm
Francis Bacon (1561-1626).
https://www.biografiasyvidas.com/biografia/b/bacon_filosofo.htm

vi Texto de la constitución política de los Estados Unidos de América.

LA CONSTITUCION OF THE UNITED STATES.
Preámbulo | Artículos | Enmiendas

NOSOTROS, el Pueblo de los Estados Unidos, a fin de formar una Unión más perfecta, establecer Justicia, asegurar la tranquilidad interior, proveer para la defensa común, promover el bienestar general y asegurar para nosotros y para nuestra prosperidad los beneficios de la Libertad, establecemos y sancionamos esta Constitución para los Estados Unidos de América.

ARTICULO I

SECCIÓN 1.

La Cámara de Representantes estará formada por miembros elegidos cada dos años por el pueblo de los diversos Estados, y los electores deberán poseer en cada Estado las condiciones requeridas para los electores de la rama más numerosa de la legislatura del Estado.

SECCIÓN 2.

La Cámara de Representantes estará formada por miembros elegidos cada dos años por el pueblo de los diversos Estados, y los electores deberán poseer en cada Estado las condiciones requeridas para los electores de la rama más numerosa de la legislatura del Estado.

No será Representante ninguna persona que no haya cumplido 25 años de edad y no haya sido ciudadano de los Estados Unidos durante siete años, y que no sea habitante del Estado en el cual se le designe, al tiempo de la elección.

[Los Representantes y los impuestos directos se prorratearán entre los distintos Estados que formen parte de esta Unión, de acuerdo con sus respectivos números, los cuales se determinarán sumando al número total de personas libres, incluyendo las obligadas a prestar servicios durante cierto término de años y excluyendo a los indios no sujetos al pago de impuestos, las tres quintas partes de todas las personas restantes] [1] La enumeración en sí deberá efectuarse dentro de los tres años siguientes a la primera sesión del Congreso de los Estados Unidos y en lo sucesivo cada diez años, en la forma establecida por la ley. El número de Representantes no excederá uno por cada treinta mil habitantes con tal que cada Estado cuente con un Representante cuando menos; y hasta que se efectúe dicha enumeración, el Estado de Nueva Hampshire tendrá derecho a elegir tres; Massachussets, ocho; Rhode Island y las Plantaciones de Providencia, uno; Connecticut, cinco; Nueva York, seis; Nueva Jersey, cuatro; Pensilvania, ocho; Delaware, uno; Maryland seis; Virginia, diez; Carolina del Norte, cinco; Carolina del Sur, cinco; y Georgia, tres.

Cuando ocurran vacantes en la representación de cualquier Estado, la autoridad Ejecutiva del mismo expedirá un decreto convocando a elecciones con el objeto de llenarlas.

La Cámara de Representantes elegirá su presidente y demás funcionarios y tendrá la absoluta facultad de presentar cargos en Juicios Políticos.

[Los Representantes y los impuestos directos se prorratearán entre los distintos Estados que formen parte de esta Unión, de acuerdo con sus respectivos números, los cuales se determinarán sumando al número total de personas libres, incluyendo las obligadas a prestar servicios durante cierto término de años y excluyendo a los indios no sujetos al pago de impuestos, las tres quintas partes de todas las personas restantes] [1] La enumeración en sí deberá efectuarse dentro de los tres años siguientes a la primera sesión del Congreso de los Estados Unidos y en lo sucesivo cada diez años, en la forma establecida por la ley. El número de Representantes no excederá uno por cada treinta mil habitantes con tal que cada Estado cuente con un Representante cuando menos; y hasta que se efectúe dicha enumeración, el Estado de Nueva Hampshire tendrá derecho a elegir tres; Massachussets, ocho; Rhode Island y las Plantaciones de Providencia, uno; Connecticut, cinco; Nueva York, seis; Nueva Jersey, cuatro; Pensilvania, ocho; Delaware, uno; Maryland seis; Virginia, diez; Carolina del Norte, cinco; Carolina del Sur, cinco; y Georgia, tres.

Cuando ocurran vacantes en la representación de cualquier Estado, la autoridad Ejecutiva del mismo expedirá un decreto convocando a elecciones con el objeto de llenarlas.

La Cámara de Representantes elegirá su presidente y demás funcionarios y tendrá la absoluta facultad de presentar cargos en Juicios Políticos.

SECCIÓN 3.

El Senado de los Estados Unidos se compondrá de dos Senadores por cada Estado [elegidos por seis años por la legislatura del mismo] [2] , y cada Senador dispondrá de un voto.

Tan pronto como se hayan reunido en virtud de la elección inicial, se dividirán en tres grupos tan iguales como sea posible. Los escaños de los Senadores del primer grupo quedarán vacantes al terminar el segundo año; las del segundo grupo, al expirar el cuarto año y los del tercer grupo, al concluir el sexto año, de tal manera que sea factible elegir una tercera parte cada dos años; [y si ocurren vacantes, por renuncia u otra causa, durante el receso de la legislatura de algún Estado, el Ejecutivo de éste podrá hacer designaciones provisionales hasta el siguiente período de sesiones de la legislatura, la que procederá a cubrir dichas vacantes.] [3]

No será Senador ninguna persona que no haya cumplido treinta años de edad y haya sido ciudadano de los Estados Unidos durante nueve años y que, al tiempo de la elección, no sea habitante del Estado por cual fue elegido.

El vicepresidente de los Estados Unidos será presidente del Senado, pero no tendrá voto excepto en el caso de estar los Senadores igualmente divididos.

El Senado elegirá a sus demás funcionarios, así como un presidente pro tempore, en ausencia del vicepresidente o cuando éste se halle desempeñando la presidencia de los Estados Unidos.

El Senado será el único facultado para juzgar Juicios Políticos. Cuando se reúna con este objeto, sus miembros deberán prestar juramento o promesa. Cuando se juzgue al presidente de los Estados Unidos, deberá presidir el presidente de la Corte Suprema: y ninguna persona será condenada si no concurre el voto de dos terceras de los miembros presentes.

El alcance de la sentencia en Juicios Políticos no irá más allá de la destitución del cargo y la inhabilitación para ocupar y disfrutar cualquier cargo honorífico, de confianza o remunerado, que dependa de los Estados Unidos; pero la parte condenada quedará sujeta, no obstante, a que se la acuse, enjuicie, juzgue y castigue de acuerdo con la Ley.

SECCIÓN 4.

Los lugares, fechas y modo de celebrar las elecciones para Senadores y Representantes se prescribirán en cada Estado por la legislatura respectiva; pero el Congreso podrá formular o alterar dichas reglas, en cualquier momento, por medio de una ley, excepto en lo que se refiere a los lugares de elección de los Senadores.

El Congreso se reunirá al menos una vez al año, [y esta reunión será el primer lunes de diciembre] [4] , a no ser que por ley se fije otro día.

SECCIÓN 5.

Cada Cámara calificará las elecciones, los informes sobre escrutinios y la capacidad legal de sus propios miembros, y una mayoría de cada una constituirá el quórum necesario para sesionar; pero un número menor puede suspender las sesiones de un día para otro y estará autorizado para exigir a los miembros ausentes a que asistan, en el modo y bajo las sanciones que determine cada Cámara.

Cada Cámara puede elaborar su reglamento interno, castigar a sus miembros por comportamiento inapropiado y expulsarlos de su seno con el consentimiento de las dos terceras partes.

Cada Cámara llevará un Diario de sus sesiones y lo publicará de tiempo en tiempo, a excepción de aquellas partes que a su juicio exijan reserva, y los votos afirmativos y negativos de sus miembros con respecto a cualquier pregunta se harán constar en el Diario, a petición de una quinta parte de los presentes.

Durante el período de sesiones del Congreso ninguna de las Cámaras puede suspenderlas por más de tres días ni acordar que se celebren en lugar diverso de aquel en que se reúnen ambas Cámaras sin el consentimiento de la otra.

SECCIÓN 6.

Los Senadores y Representantes recibirán por sus servicios una remuneración que será fijada por la ley y pagada por el Tesoro de los Estados Unidos. En todos los casos, exceptuando los de traición, delito grave y perturbación del orden público, gozarán del privilegio de no ser arrestados durante el tiempo que asistan a las sesiones de sus respectivas Cámaras, así como al ir a ellas o regresar de las mismas, y no podrán ser objeto de inquisición alguna con motivo de discusión alguna o debate en una de las Cámaras en ningún otro sitio.

Ningún Senador o Representante será nombrado, durante el tiempo por el cual haya sido elegido, para ocupar cualquier cargo civil que dependa de los Estados Unidos, que haya sido creado o cuya remuneración haya sido aumentada durante dicho tiempo, y ninguna persona que ocupe un cargo público en los Estados Unidos podrá formar parte de las Cámaras mientras continúe en funciones.

SECCIÓN 7.

Todo proyecto de ley que tenga por objeto la obtención de ingresos deberá originarse en la Cámara de Representantes; pero el Senado podrá proponer reformas o convenir en ellas de la misma manera que tratándose de otros proyectos.

Todo proyecto aprobado por la Cámara de Representantes y el Senado se presentará al presidente de los Estados Unidos antes de que se convierta en ley; si él lo aprobare lo firmará; en caso contrario lo devolverá, junto con sus objeciones, a la Cámara en que se haya originado, la cual asentará integras las objeciones en su Diario y procederá a reconsiderarlo. Si después de dicha reconsideración las dos terceras partes de esa Cámara se pusieren de acuerdo en aprobar el proyecto, se remitirá, acompañado de las objeciones, a la otra Cámara, por la cual será, así mismo, reconsiderado, y si lo aprobaren las dos terceras partes de dicha Cámara, se convertirá en Ley. Pero en todos estos casos, la votación de ambas Cámaras será nominal y los nombres de las personas que voten en pro o en contra del proyecto se asentarán en el Diario de cada una de las Cámaras. Si algún proyecto de ley no fuera devuelto por el presidente dentro de diez días (exceptuando los domingos) después de haberle sido presentado, este se convertirá en Ley, de la misma manera que si lo hubiera firmado, a menos que la suspensión de sesiones del Congreso impidiera su devolución, en cuyo caso no se convertirá en Ley.

Toda orden, resolución o votación para la cual sea necesaria la concurrencia del Senado y la Cámara de Representantes (salvo en materia de suspensión de las sesiones), se presentará al presidente de los Estados Unidos; y no tendrá efecto antes de ser aprobada por él, o en el caso de que la rechazare, de ser aprobada nuevamente por dos terceras partes del Senado y de la Cámara de Representantes, de conformidad con las reglas y limitaciones prescritas en el caso de un proyecto de ley.

SECCIÓN 8.

El Congreso tendrá facultad para: Establecer y recaudar impuestos, aranceles, derechos y contribuciones; para pagar las deudas y proveer a la defensa común y bienestar general de los Estados Unidos; pero todos los impuestos, aranceles, derechos serán uniformes a través de los Estados Unidos.

Contraer empréstitos a cargo al crédito de los Estados Unidos.

Regular el comercio con las naciones extranjeras, entre los diferentes Estados y con las tribus indígenas.

Establecer un reglamento uniforme de naturalización y leyes uniformes en materia de quiebra a través de los Estados Unidos.

Emitir dinero y regular su valor, así como su relación con moneda extranjera. Fijar los patrones de pesas y medidas.

Proveer lo necesario para el castigo de quienes falsifiquen los títulos y la moneda vigente de los Estados Unidos.

Establecer oficinas de correos y rutas postales presen

Fomentar el progreso de la Ciencia y las Artes útiles, asegurando a los autores e inventores, por un tiempo limitado, el derecho exclusivo sobre sus respectivos escritos y descubrimientos.

Crear tribunales inferiores a la Corte Suprema de Justicia.

Definir y castigar la piratería y otros delitos graves cometidos en alta mar; y violaciones contra la Ley de Naciones.

Declarar la guerra, otorgar Cartas de Marcha y Represalia, y dictar reglas con relación a las capturas en mar y tierra.

Reclutar y sostener ejércitos, pero ninguna apropiación de fondos con ese destino será por un plazo superior a dos años.

Habilitar y mantener una armada.

Dictar reglas para el gobierno y regulación de las fuerzas navales y terrestres.

Disponer cuando debe convocarse a la Reserva Militar con el fin de hacer cumplir las leyes de la Unión, sofocar insurrecciones y rechazar invasiones.

Proveer lo necesario para organizar, armar y disciplinar a la Reserva Militar, y para regular la parte de esta que se utilice en servicio de los Estados Unidos; reservándose a los Estados correspondientes el nombramiento de los oficiales, y la facultad de entrenar la Reserva Militar conforme a la disciplina prescrita por el Congreso.

Legislar en forma exclusiva en todo lo referente al Distrito (que no podrá ser más grande que diez millas cuadradas) que, a consecuencia de la cesión de los Estados en que este se encuentre situado, se convierta en sede del gobierno de los Estados Unidos; y aplicar dicha autoridad sobre todos los lugares adquiridos con el consentimiento de la Legislatura del Estado en el cual se encuentre el Distrito, para la construcción de fuertes, almacenes, arsenales, astilleros y otros edificios necesarios.

Expedir todas las leyes que sean necesarias y apropiadas para llevar a efecto la ejecución de los poderes anteriores y todos los demás poderes que esta Constitución confiere al gobierno de los Estados Unidos o cualquiera de sus departamentos o funcionarios.

SECCIÓN 9.

La inmigración o importación de las personas que cualquiera de los Estados ahora existentes estime oportuno admitir, no podrá ser prohibida por el Congreso, antes del año de mil ochocientos ocho, pero puede imponer sobre dicha importación una contribución o tasa que no exceda diez dólares por cada persona.

El privilegio del habeas corpus no se suspenderá, salvo cuando la seguridad pública lo exija en casos de rebelión o invasión.

No se aprobarán decretos de proscripción ni leyes ex post facto. [No se establecerá ningún impuesto directo ni de capitación, como no sea proporcionalmente al censo o enumeración que anteriormente se ordenó practicar.] [2]

Ningún impuesto o derecho se establecerá sobre los artículos que se exporten de cualquier Estado.

Los puertos de un Estado no gozarán de preferencia sobre los de ningún otro en virtud de reglamentación alguna mercantil o fiscal; así como tampoco las embarcaciones que se dirijan a un Estado o procedan de él estarán obligadas a ingresar, despachar sus documentos o cubrir derechos en otro Estado.

Ninguna cantidad de dinero podrá extraerse del Tesoro si no es como consecuencia de Asignaciones autorizadas por la ley, y de tiempo en tiempo, deberá publicarse un estado y balance ordenados de los ingresos y gastos del dinero público. Los Estados Unidos no concederán ningún título nobiliario: y ninguna persona que ocupe un cargo remunerado u honorífico que dependa de los Estados Unidos, aceptará ningún regalo, emolumento, cargo o título, sea de la clase que fuere, de cualquier monarca, príncipe o estado extranjero, sin consentimiento del Congreso. Sección 10.

SECCIÓN 10.

Ningún Estado podrá celebrar Tratado, Alianza o Confederación algunos; otorgar cartas de Marcha y Represalia; emitir moneda, legalizar otro método que no sean monedas de oro y plata como medio de pago de las deudas; aprobar decretos de proscripción, leyes ex post facto, o leyes que menoscaben las obligaciones que derivan de los contratos, ni conceder título nobiliario alguno.

Ningún Estado podrá, sin el consentimiento del Congreso, imponer aranceles o derechos sobre las importaciones y exportaciones, excepto lo que fuere absolutamente necesario para el cumplimiento de sus leyes de inspección, y el producto neto de todos los derechos y aranceles que establezcan los Estados sobre las importaciones y exportaciones, será para uso del Tesoro de los Estados Unidos; y todas dichas leyes estarán sujetas a la revisión y control del Congreso.

Sin dicho consentimiento del Congreso ningún Estado podrá establecer derechos de tonelaje, mantener tropas o navíos de guerra en tiempo de paz, celebrar convenio o pacto alguno con otro Estado o con una potencia extranjera, o entrar en Guerra, a menos de ser invadido o de hallarse en peligro tan inminente que no admita demora.

ARTICULO II

SECCIÓN 1.

El poder ejecutivo será conferido a un presidente de los Estados Unidos de América. Él desempeñará su encargo durante un periodo de cuatro años y, junto con el vicepresidente designado para el mismo período, será elegido como sigue:

Cada Estado nombrará, del modo que su legislatura disponga, un número de electores igual al total de los Senadores y Representantes a que el Estado tenga derecho en el Congreso, pero ningún Senador, ni Representante, ni persona que ocupe un cargo honorífico o remunerado que dependa de los Estado Unidos podrá ser designado como elector.

[Los electores se reunirán en sus respectivos Estados y elegirán mediante votación secreta entre dos personas, una de las cuales, cuando menos, no deberá ser residente del mismo Estado que ellos. Y formarán una lista de todas las personas por las que hayan votado y del número de votos por cada una; la cual firmarán y certificarán, y remitirán sellada a la Sede del Gobierno de los Estados Unidos, dirigida al presidente del Senado. El presidente del Senado abrirá todos los certificados en presencia del Senado y de la Cámara de Representantes, y los votos serán entonces contados. La persona que obtenga el mayor número de votos será el Presidente, siempre que dicho número represente la mayoría de todos los electores nombrado: y si hubiere más de uno que tenga esa mayoría y que cuente con igual número de votos, entonces la Cámara de Representantes, mediante votación secreta, elegirá a uno de ellos inmediatamente para Presidente; y si ninguna persona tuviere mayoría entonces la referida Cámara elegirá al Presidente de la misma manera entre los cinco nombres con mayor número de votos en la lista. Pero para elegir al presidente la votación se tomará por Estados, teniendo la representación de cada Estado un voto; para este objeto el quórum consistirá de uno o más miembros de las dos terceras partes de los Estados, y será necesaria una mayoría de todos los Estados para que se tenga por hecha la elección. En todos los casos, y una vez elegido el presidente, la persona que tenga el mayor número de votos de los Electores será el vicepresidente. Pero si quedaren dos o más con el mismo número de votos, el Senado escogerá de entre ellos al vicepresidente, mediante votación secreta.] [6]

El Congreso podrá fijar la fecha de designación de los Electores, así como el día en que deberán emitir sus votos, el cual deberá ser el mismo en todos los Estados Unidos.

Ninguna persona que no sea ciudadano por nacimiento o que haya sido ciudadano de los Estados Unidos al tiempo de adoptarse esta Constitución, será elegible para el cargo de presidente; tampoco será elegible para ese cargo ninguna persona que no haya cumplido treinta y cinco años de edad y que no haya residido catorce años en los Estados Unidos.

[En caso de que el presidente sea separado de su cargo, de su muerte, renuncia o incapacidad para desempeñar los Poderes y Deberes de dicho Cargo, estos pasarán al vicepresidente, y el Congreso podrá prever por ley para el caso de separación, muerte, renuncia o incapacidad, tanto del presidente como del vicepresidente, y declarar que funcionario desempeñará como presidente hasta que desaparezca la causa de incapacidad o se elija un presidente.] [7]

El presidente recibirá una remuneración por sus servicios, en las fechas determinadas, la cual no podrá ser aumentada ni disminuida durante el período para el cual él haya sido designado y no podrá recibir durante ese tiempo ningún otro emolumento de parte de los Estados Unidos o de cualquiera de los Estados.

Antes de comenzar a desempeñar su Cargo prestará el siguiente juramento o promesa: "Juro (o prometo) solemnemente que desempeñaré lealmente el cargo de presidente de los Estados Unidos y que sostendré, protegeré y defenderé la Constitución de los Estados Unidos, al máximo de mis facultades".

SECCIÓN 2.

El Presidente será comandante en jefe del Ejército y la Marina de los Estados Unidos y de la Reserva Militar de los diversos Estados, cuando se la llame al servicio activo de los Estados Unidos; podrá solicitar la opinión, por escrito, del funcionario principal de cada uno de los departamentos administrativos con relación a cualquier asunto que se relacione con los deberes de sus respectivos cargos, y estará facultado a suspender la ejecución de sentencias y conceder indultos por delitos contra los Estados Unidos, excepto en los casos de Juicios Políticos.

Él tendrá facultad, por y con el consejo y consentimiento del Senado, para celebrar tratados, con tal que den su anuencia dos terceras partes de los Senadores presentes; y propondrá, y con el consejo y consentimiento del Senado, nombrará a Embajadores, demás Ministros públicos y Cónsules, Magistrados de la Corte Suprema de Justicia y todos los demás funcionarios de los Estados Unidos cuya designación no provea este documento en otra forma y que hayan sido establecidos por ley: pero el Congreso podrá, por Ley, conferir el nombramiento de los funcionarios inferiores que considere convenientes, al Presidente solamente, a los Cortes Judiciales o a los Jefes Departamentales.

El presidente tendrá el derecho de cubrir todas las vacantes que ocurran durante el receso del Senado, extendiendo nombramientos provisionales, que terminarán al final del siguiente período de sesiones.

SECCIÓN 3.

Periódicamente deberá proporcionar al Congreso informes sobre el Estado de la Unión, recomendando a consideración del Congreso, las medidas que él estime necesarias y oportunas; en ocasiones de carácter extraordinario podrá convocar ambas Cámaras o a cualquiera de ellas, y en el supuesto de que discrepen en cuanto a la fecha en que deban entrar en receso, podrá suspender sus sesiones, en la fecha que considere conveniente; recibirá a los Embajadores y otros Ministros públicos; cuidará de que las leyes se ejecuten puntualmente y extenderá los despachos de todos los funcionarios de los Estados Unidos.

SECCIÓN 4.

El presidente, el vicepresidente y todos los funcionarios civiles de los Estados Unidos serán separados de sus cargos al ser acusados y declarados culpables en Juicio Político, de traición, cohecho u otros delitos y faltas graves.

ARTICULO III

SECCIÓN 1.

El poder judicial de los Estados Unidos será depositado en una Corte Suprema y en las Cortes inferiores que el Congreso instituya y establezca en lo sucesivo. Los jueces, tanto de la Corte Suprema como de las Cortes inferiores, continuarán en sus funciones mientras observen buena conducta y recibirán en fechas determinadas, una remuneración por sus servicios que no será disminuida durante el tiempo de su encargo.

SECCIÓN 2.

El Poder Judicial entenderá en todas las controversias, tanto de derecho como de equidad, que surjan como consecuencia de esta Constitución, de las leyes de los Estados Unidos y de los tratados celebrados o que se celebren bajo la autoridad de los Estados Unidos; —en todas las controversias que se relacionen con Embajadores, otros Ministros públicos y Cónsules; —en todas las controversias de la jurisdicción marítima y de almirantazgo; -en las controversias en que los Estados Unidos sea una parte; —en las controversias entre dos o más Estados; —[entre un Estado y los ciudadanos de otro], —entre ciudadanos de diferentes Estados, —entre ciudadanos del mismo Estado que reclamen tierras en virtud de concesiones de diferentes Estados, [y entre un Estado o los ciudadanos del mismo y Estados, ciudadanos o súbditos extranjeros.] [8]

En todos los casos relacionados a Embajadores, otros ministros públicos y Cónsules, así como en aquellos en que sea parte un Estado, la Corte Suprema poseerá jurisdicción en única instancia. En todos los demás casos que antes se mencionaron la Corte Suprema conocerá en apelación, tanto del derecho como de los hechos, con las excepciones y con arreglo a la reglamentación que formule el Congreso.

Todos los delitos serán juzgados por medio de un jurado excepto en los casos de Juicio Político; y dicho juicio tendrá lugar en el Estado en que el delito se haya cometido; pero cuando no se haya cometido dentro de los límites de ningún Estado, el juicio se celebrará en el lugar o lugares que el Congreso haya dispuesto por ley.

SECCIÓN 3.

Traición contra los Estados Unidos consistirá únicamente en declarar guerra en su contra o en unirse a sus enemigos, impartiéndoles ayuda y protección. A ninguna persona se le condenará por traición si no es con base de la declaración de dos testigos que hayan presenciado el mismo acto perpetrado abiertamente o de una confesión en sesión pública ante una Corte.

El Congreso estará facultado para fijar la pena por traición; pero ninguna condena por traición podrá privar del derecho de transmitir bienes por herencia, ni producirá la confiscación de sus bienes, más allá que en vida de la persona condenada.

ARTICULO IV

SECCIÓN 1.

Se dará completa fe y crédito en cada Estado a las Actas Públicos, Registros y Procedimientos judiciales de todos los demás Estados. Y el Congreso podrá prescribir, mediante leyes generales, la forma en que dichas Actas, Registros y Procedimientos se probarán y el efecto de los mismos.

SECCIÓN 2.

Los ciudadanos de cada Estado tendrán derecho a todos los privilegios e inmunidades de los ciudadanos de los demás Estados.

Una persona acusada en cualquier Estado por traición, delito grave u otro crimen, que huya de la justicia y fuere hallada en otro Estado, será entregada, por solicitud de la Autoridad Ejecutiva del Estado del que se haya fugado, con el objeto de que sea conducida al Estado que posea jurisdicción sobre el delito.

[Ninguna persona obligada a servir o laborar en un Estado, bajo las leyes de éste, que escape a otro Estado, quedará liberada, a consecuencia de ninguna ley o reglamento de dicho Estado, de dichos servicios o trabajo, sino que serán entregadas al reclamarlo la parte interesada a quien se deba tal servicio o trabajo.] [2]

SECCIÓN 3.

El Congreso podrá admitir nuevos Estados a esta Unión, pero ningún nuevo Estado podrá formarse o erigirse dentro de los límites de otro Estado, ni un Estado constituirse mediante la unión de dos o más Estados o partes de Estados, sin el consentimiento de las legislaturas de los Estados afectados, así como del Congreso.

El Congreso tendrá facultad para disponer y formular todos los reglamentos y reglas necesarios con respecto al Territorio y otros bienes que pertenezcan a los Estados Unidos, y ninguna parte de esta Constitución será interpretada de manera que cause perjuicio a los derechos reclamados por los Estados Unidos o por cualquier Estado individual.

SECCIÓN 4.

Los Estados Unidos garantizarán a todo Estado de esta Unión una forma de gobierno republicana, y protegerá a cada uno de ellos en contra de invasiones; y a solicitud de la Legislatura, o del Ejecutivo (en caso de que no fuese posible reunir a la legislatura) contra disturbios internos.

ARTICULO V

Siempre que las dos terceras partes de ambas Cámaras lo juzguen necesario, el Congreso propondrá enmiendas a esta Constitución, o, a solicitud de las legislaturas de las dos terceras de los distintos Estados, convocará una Convención con el objeto de que proponga Enmiendas, las cuales, en cualquier caso, poseerán la misma validez como si fueran parte de esta Constitución, para todo efecto, una vez que hayan sido ratificadas por las legislaturas de las tres cuartas partes de los Estados separadamente o por medio de convenciones reunidas en tres cuartos de los mismos, según el Congreso haya propuesto uno u otro modo para la ratificación; y a condición de que ninguna Enmienda que sea hecha antes del año de mil ochocientos ocho, modifique de manera alguna, las cláusulas primera y cuarta de la Sección Novena del Artículo primero; y que a ningún Estado será privado, sin su consentimiento, de igualdad de voto en el Senado.

ARTICULO VI

Todas las deudas contraídas y los compromisos adquiridos antes de la adopción de esta Constitución serán tan válidos en contra de los Estados Unidos bajo esta Constitución, como bajo la Confederación.

Esta Constitución, y las Leyes de los Estados Unidos que se expidan con arreglo a ella; y todos los Tratados celebrados o que se celebren bajo la autoridad de los Estados Unidos, serán la Ley Suprema del país; y los Jueces de cada Estado estarán por lo tanto obligados a observarlos, sin consideración de ninguna cosa en contrario en la Constitución o las leyes de cualquier Estado.

Los Senadores y Representantes mencionados, los miembros de las distintas Legislaturas estatales y todos los funcionarios ejecutivos y judiciales, tanto de los Estados Unidos como de los diversos Estados, se obligarán mediante juramento o promesa a sostener esta Constitución; pero nunca se exigirá una Prueba religiosa como condición para ocupar ningún cargo o mandato público que dependa de los Estados Unidos.

ARTICULO VII

La ratificación por las Convenciones de nueve Estados bastará para que esta Constitución entre en vigencia por lo que respecta a los Estados que la ratifiquen.

Dado en Convención, por consentimiento unánime de los Estados presentes, el día diecisiete de septiembre del año de Nuestro Señor de mil setecientos ochenta y siete, y duodécimo de la Independencia de los Estados Unidos de América. Como testigos de ésta, nosotros firmamos nuestros nombres a continuación,

www.ingramcontent.com/pod-product-compliance
Lightning Source LLC
Chambersburg PA
CBHW041219030426
42336CB00024B/3393